中国乡建途径探索

RURAL CONSTRUCTION IN CHINA:

From Design to Implementation

——从顶层设计到落地实施

李昌平 傅英斌——主编

杨莉——译

辽宁科学技术出版社

·沈 阳·

现状下乡建途径的多重可能

在中国现代史进程中，乡村承担着不可磨灭的作用，既起到“软着陆”的作用，又是经济社会可持续发展的“稳定器”。近十余年来，国家对乡村的政策倾斜、资金投入力度越来越大，其提法也从 2005 年的“新农村”到 2013 年的“美丽乡村建设”再到 2017 年的“乡村振兴”，一次比一次彰显着其中所蕴含的国家战略意义。

新冠疫情暴发后，乡建院顾问、我的老师温铁军曾经在直播中，溯源乡村在中国近现代发展变局中凸显的重要价值，并掷地有声地指出——“疫情，止于乡关”。这不仅仅是指人们心底的乡愁乡情，或是指肉眼可见的乡村设计规划，更是指乡村有别于城市的熟人社会网络、基层治理结构，或在当前变局中乡村场域里可能出现的创新形式。

基于此，由我们乡建院年轻有为的主创设计师傅英斌主导，乡建院与辽宁科学技术出版社联合策划出版了本书，将近几年来乡建领域中有代表性的案例甄选纳入其中。本书包括制度创新与综合乡建、城村共生空间的启发性设计、市民下乡与乡村旅游的创意性民宿、村居探索与公共空间的在地化解决方案以及个人实践与活动介入的全新融合与撬动五个章节。某种程度上来说，在这些收纳的案例中，既可以看到近些年来有代表性的乡村组织治理新模式，也可以看到规划设计的创造性想法，更可以看到多元专业介入乡村时持久坚韧又充满弹性的实践。尽管因为各种原因，仍有非常典型而优秀的案例没有进入其中，但近百年的历史一再表明，乡建之路道阻且长，需要更多力量介入，也会出现更斑斓的变化，该书只是这个阶段的一站。

序言
Preface

李昌平
乡建院院长，广东外语外贸大学云山杰出学者，著名三农问题专家。

我是农民的儿子，虽然我已经不是农民了，但我认同自己是个农民，永远和农民站在一起。我致力于毕生从事乡建，为三农服务。我创建乡建院，更是希望把服务三农变成一个很专业的职业，这本书也是为了这个目的。

最后，再次感谢为本书付出心血的辽宁科学技术出版社编辑部，感谢我们乡建院团队在实践中总结经验，也感谢在此次组稿约稿过程中给予鼎力支持的乡建师友、伙伴，是你们齐心协力的付出成就了本书，成就了这本值得读者在百忙中翻一翻会有所收获的读物。还要特别感谢乡建院的品牌部负责人吴静女士——她是本书的策划、组稿、编辑，是为本书出力最多的人。未尽之意，都在未来携手并肩的道路里，借温铁军老师一句话——“乡建之要义在于家国天下”。

2020 年 6 月

乡村的第三种可能性在何处

近些年来乡村俨然已是一个炙手可热的话题，不仅设计师，各类人士都纷纷投入到乡村中来，其热度之高已经成为了一种现象。

几年前我在安徽考察一个项目的时候看到在一个山谷中的景区正在施工，现场用脚手架和木板搭建了一条用于运输材料的临时栈道，整条栈道随山就势，与环境毫无违和，虽然这是一条工人现场搭建的施工设施，但是站在设计师的角度看确充满了生动性，犹如神来之笔。而旁边那条经过设计正在建设的水泥栈道在此映衬之下显得拖沓臃肿且毫无美感可言。

类似这种“神作”其实在乡村随处可见，乡村本身的建造过程完全自发，充满了各种民间的建造智慧，许多设计师毕生追求的设计上的某种生动性与轻松感在乡村其实随处可见，坦率地说，设计师在乡村其实严重缺少想象力，过于紧张的动作在乡间农夫“神来之笔”的对比下黯然失色，几招过后学院传授的设计宝笈根本不足招架乡村这个不按套路出牌的对手。许多被“设计”过的乡村成了一个个微缩的城市小区般的居住单元，乡村自身的创造力和鲜活性被泯灭。

当下的乡建常见的开发模式下农村沦为资本的附庸，无论是政府资金还是社会资金都期待乡村巨大的沉睡的资产的增值，这或许是这一轮新的上山下乡运动的基础动因。每个参与的群体都期望自己在其中得到价值的体现。在当下纷繁的乡村运动的幻镜之下，我们试图去从多个角度审视乡建的各种模式与探索，尽可能全面地展现当下中国的乡建图景。

在大众视野中，开民宿、乡村游似乎是代表了乡建的全部，但现实的乡建不仅存在于青山绿水的具有中产情调的高端民宿中，更多的是有大量的切实问题等待着大家去解决，一个真实的乡村充满了各种问题，农民的自建房屋有的外表光鲜，内部却如同毛坯，有的花掉一家人的全部积蓄，内部空间却充满各种的不舒适，推广了多年的水冲厕所在农村因为管网的缺失实际却难以使用，但是真正适合乡村且卫生环保廉价的厕所方案到底是什么样子？有的乡村投资巨大做了所谓“美丽乡村”，却发现没有一个能让人坐下聊天喝杯茶的空间。绿化，这个以前只有城市里才有的词，现在也堂而皇之地进到了乡村，农村的房前屋后纷纷铲掉菜园果树种上各种园林植物，巨大的资金投入以后很多地方似乎并没有被村民领情，这是否是我们期待的乡村?

乡村问题本质上不是空间问题，乡村的问题也不是设计师可以解决的，乡村中原有的联系和组织解体，导致了诸多的乡村问题。这些对乡村治理和乡村综合发展进行探索的村庄和人士是最值得研究和敬佩，软件建设也是乡村真正得以持续发展的根基。

前言 Foreword

傅英斌
乡建院傅英斌工作室主持设计师。长期从事公共景观及乡村改造的研究与设计实践工作。

多数情况下空间和视觉层面的呈现是无论哪种乡建方式的一个必要抓手。因此，设计师和相关专业人士依然是当下乡建领域里最活跃的群体，我作为设计师也经常有人问到我，我们的设计费是不是农民给，其实我们还没有遇到过村子主动来对接设计师的情况。当下的乡村设计无非是领导趣味和资本取向或者是设计师个人趣味，乡村自身其实还远没有到自发购买设计服务和需求空间设计价值提升的阶段，依然有很远的路要走。但设计师的加入为乡村带来的不同以往的空间呈现为乡村带来了新的空间可能性，“新农村”不再是一排排兵营一样的房子，不管是建新还是改旧，都为乡村空间形态带来了新活力。

为了让乡村的定义尽可能的宽泛，我们也注意到了城中村甚至是城市的旧城区，这些地方可能并不是人们惯性认识的乡村的样子，但是他们在组织方式、生活方式、空间形态上都多少与传统的村落有着某种联系，也面临着同样的问题，我们也将其作为“村”收纳了进来。

除了大投入、大规模的运动式乡村介入，还有一些人以他们独特的视角和切入方式也在进行着非常有意义的探索和实践，有艺术家或者企业家的个人理想实践，也有利用活动事件介入的巧力助推，或者联合公益组织做自我耕耘等“非主流”乡建，但乡建并无一定之规又何谈主流与非主流呢？找到每个村庄与之相适应的方式或许就是最好的。这也正是乡村丰富性之所在。

我们希望通过这本书尽可能地归纳和展现当下中国乡村建设的图景，探讨乡村建设的多种可能性。传统乡村自发生长和建设的方式或许难以持续，但是运动式和工程化的城市的建设模式一定也不是乡村的最佳选择，那么是否存在第三种乡村建设和发展的可能，保持乡村多样性和嘈杂性基因的同时实现制度与生活更新。

本书呈现的只是当下中国乡建的一个切片，并不能完全展示出当下乡建探索的丰富性，希望能通过这些案例和探索者的思考，探索我们未来乡建的第三种可能，展望我们未来的乡村。

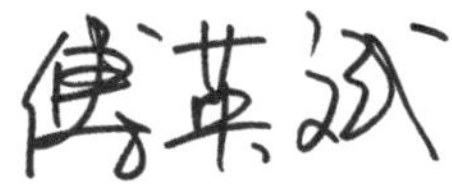

2020 年 6 月

096 **土楼公舍**
——一个廉租住宅实验

112 **北京白塔寺胡同大杂院改造**
——城市更新的全新思考与探索

126 **深圳福田水围柠盟公寓**
——深圳首个城中村人才保障房的诞生

136 **第三章 市民下乡与乡村旅游**

138 **平田村爷爷家青年旅社**
——给老土房一颗年轻的心

144 **凤凰措艺术乡村**
——废弃村落的再生营造

158 **淄博东庄村改造纪实**
——乡村振兴中的全过程设计

168 **禾肚里稻田酒店**
——罗浮山下的生态田间度假区

目录
Contents

010 第一章 制度创新与综合乡建

012 农村基层干部主导下的新型集体经济发展模式探析
——以陕西袁家村为例

026 党政主导下的县域合作社发展模式
——以兰考县谷雨联社为例

032 『搭建村社内置金融，促进社区综合治理』的系统乡建典范
——以河南信阳郝堂村为例

038 县域主导下『易地搬迁、精准扶贫』的先锋军
——以山西岢岚宋家沟村为例

046 南塘合作社的故事
——从维权、文艺活动到综合发展的合作社转型历程

062 第二章 城村共生

064 盐田大梅沙村建筑改造及公共空间提升
——村是厨房，戏隐人生

078 城市共生：南头古城保护与更新
——村／城重生：城市共生下的南头实践

256 **安徽太阳乡财神庙设计**
——重塑民间信仰空间

262 **生鲜剧场**
——镇菜市场，也是辐射全县的节庆性场所

272 **第五章　个人实践与活动介入**

274 **探索会议事件为导向的乡村振兴之路**
——以乡村复兴论坛为例

288 **往乡村导入城市资源，向城市输出乡村价值**
——三种文艺乡建模式的探索

298 **黄山西溪南村的『触媒』活化实践**
——乡村产业与文化的『触媒』活化

306 **隐居乡里**
——乡村建设的共生模式与在地化运营

目录
Contents

180 **第四章 村居探索与公共空间**

182 **保靖县昂洞卫生院**
——温暖有趣的开放式共享空间

192 **金台村重建**
——地震后的栖所：灾后可持续性社会及生态住宅

206 **西河粮油博物馆及村民活动中心**
——一次由村民和设计师共同完成的建造实验

214 **枣园旱厕**
——另一种停留

222 **武义梁家山·拾云山房**
——深山环绕的乡村书屋

240 **枣园小学改造**
——与村落差异共生的新方式

248 **上坪古村复兴计划之水口**
——身兼古与新的双重个性

第一章
制度创新与综合乡建

Chapter 1
Institutional Innovation and Comprehensive Rural Construction

乡村问题本质上是制度和产业问题，该层面的创新是实现乡村振兴的关键，这些乡村从集体经济发展、产业转型、合作社建设、村民主体性发挥等多方面进行了探索和尝试，创造了新的村庄发展模式，成为许多乡村借鉴和学习的样板。乡村发展或许并没有一定之规，根据自身实际情况和诉求，创造出适合乡村自身的模式和方向，重新将农民组织起来才能从根本上实现乡村的再次振兴。

农村基层干部主导下的新型集体经济发展模式探析
——以陕西袁家村为例

Analysis of the New Collective Economy Development Model under the Leadership of Rural Grassroots Cadres
—Taking Yuan Village in Shaanxi as an example

宰建伟：

中国乡村振兴袁家村课题组负责人，国家乡村旅游人才培训基地产业导师。

关晶：

仲恺农业工程学院经贸学院教师、中山大学博士。研究方向主要为乡村旅游。中国乡村振兴袁家村课题组成员。

著名社会学家毛丹曾用“静悄悄的革命”来形容改革开放以来中国乡村地区的变迁，他认为，农民虽然一向被视为中国现代化的主要拖累，但是一经获得很有限的一点自由选择权，他们就会在改善生存状态的过程中焕发出魔术般的创造力，创造性地改变许多区域的经济格局，甚至会成为当地现代化进程中最积极的动力。都市里的经济学家、社会学家和政治学家惊讶地目睹乡村的变化，那感觉就像是看到一堆仿佛耗尽能量的历史灰烬突然又发出了喷薄跳跃的火焰，一尊尊木讷沉寂的陈年泥塑居然变出一张张鲜活生动的脸孔。

在乡村旅游蓬勃发展的背景下，不少乡村地区通过与城市进行价值交换，重新展现出“鲜活生动的面孔”，在这些“生动面孔”之中，陕西袁家村最为引人瞩目。位于陕西关中地区的袁家村，在党支部书记郭占武的带领下，2007 年以来以乡村旅游为突破口，解决了乡村产业发展和农民增收问题，并以集体经济的模式实现了村民的共同富裕。袁家村这种以村干部主导的乡村集体经济发展模式为贯彻落实十九大报告所提出的“实施乡村振兴战略”，提供了一个鲜活的实践样本。

深入解读袁家村以基层干部带领下的新型集体经济发展模式，不仅可以对其他地区的乡村建设、发展和振兴提供重要的启发和借鉴，同时也是“基于事实和过程”总结农村基层干部主导下新型村级集体经济发展经验的必然要求。

一、袁家村概况

袁家村位于陕西省咸阳市礼泉县烟霞镇，距离西安市约 60 千米，距咸阳国际机场约 50 千米，距唐太宗昭陵约 10 千米，临近 107 省道、关中环线及昭陵旅游专线。目前的袁家村村庄面积约为 500 亩，共有村民 64 户，268 人。

目前的袁家村已获得国家 AAAA 旅游景区、中国十大美丽乡村、全国乡村旅游示范村、中国十佳小康村、中国最有魅力休闲乡村、国家特色景观旅游名村、全国一村一品示范村、中国乡村旅游创客示范基地等殊荣。

2018 年，袁家村接待游客超过 600 万，旅游总收入愈 3.8 亿元，村民人均纯收入 10 万元以上，村民财产性收入更是成倍增长。目前，袁家村有 1000 多人汇聚在开店创业，并同时吸纳周边村庄 3000 多低收入人群就业。袁家村的平日客流量维持在 1 万人左右，节假日客流量最高可达到 10 万人以上，餐饮日营业额最高超过 200 万元。

袁家村成功经营乡村旅游以后，还把“小吃”这一业态输入到西安和咸阳，即所谓的“进城”，截止至 2019 年 5 月，袁家村在西安和咸阳共开办 14 家城市体验店。此外，袁家村还把成功的经营模式向外省输出，即“出省”，目前在建的项目和意向项目已达十余个，主要分布在山西、河南、浙江、江苏、湖北、河北、青海和北京、山东等省市。

袁家村所取得的成就，引起社会各界的广泛关注和充分肯定，在全省乃至全国范围内产生了越来越大的影响。前来参观、考察和学习者络绎不绝。据不完全统计，2018 年有多达 29 个省、市（自治区）的各级党政领导和部门计两千多批次到访，开发区、特色小镇、田园综合体、旅游景区、文旅企业、高校和科研机构以及乡镇村组考察团更是不计其数，成为中国农村近几十年罕见的独特现象。

二、农村集体经济的内涵

集体经济是生产资料归一部分劳动者共同所有的一种公有制经济，其实质是合作经济。集体经济的实现形式是多样化的，市场经济条件下大多数的企业组织形式和经营方式都可以是集体经济的实现形式，如各种合作社等。“成员共有、民主管理、共享利益、形式多样”是我国集体经济的基本特征。农村集体经济是社会主义市场经济的重要组成部分，是提高农民组织化程度的重要载体。农村集体经济的发展，不仅关系到农民的切身利益，也关系到农村改革和发展的大局。

袁家村鸟瞰图（2017 年）© 课题组提供

村内游客图 © 作者自摄

党的十九大报告明确提出实施乡村振兴战略要“深化农村集体产权制度改革，保障农民财产权益，壮大集体经济”。这一指导思想集中反映了现阶段我国乡村经济发展和农村工作的主要思路。但是，自家庭联产承包责任制实施以来，农户成为农村经济的基本单元和经营主体，农村集体经济已经弱化，大多数的农村已经不存在实际意义上的集体经济。再加上城市化进程的加快及农村人口的流失，农民的积极性、主动性很难被调动起来，农村集体经济的道路也举步维艰。

中国农村的发展经验表明，把农民组织起来，调动农民积极性和创造性的村庄集体经济发展模式，是乡村发展壮大的必由之路。如发展历史较长的河南南街村、江苏华西村等以工业为主的村庄以及新兴的湖南省十八洞村、陕西省袁家村等以发展乡村旅游为主的村庄。其中，陕西省的袁家村，是基层干部带领群众以集体经济实现共同富裕的典型村庄，其在探索新型农村集体经济方面有很大创新，且积累了丰富的经验，发展模式亦较为成熟，具有一定的推广与借鉴意义。

三、袁家村集体经济模式解读

乡村集体经济的发展涉及两个重要问题，一是谁来组织，二是如何组织。复盘袁家村的集体经济发展路径可以发现，袁家村是在党支部书记郭占武的带领下，以合作社的方式实现了集体经济的发展。

返乡创业带头人的出现

袁家村在 20 世纪 80 年代，抓住改革开放的机遇，发展村办企业，一度成为陕西著名的“富裕村”“小康村”。但是，90 年代后期，随着国家产业政策调整，淘汰落后产能，高耗能、高污染的村办小企业陆续破产倒闭。2000 年以后，袁家村的经济开始萎缩，村民收入下降，青壮年外出打工，老弱妇女留守，袁家村逐渐沦为一个空心村。2007 年，在西安创业成功的优秀青年企业家郭占武响应党和政府的号召，毅然返乡，下定决心带领乡亲们二次创业，重新振兴袁家村。同年，郭占武当选为袁家村新一届党支部书记，郭占武同志思路清晰、目标明确、心胸宽广、干事执着，其上任之初就代表党支部和村干部向全村村民郑重承诺，要千方百计谋发展，带领乡亲们奔小康，绝不让一家一户掉队，并明确提出，依托农村资源、依靠村民，自主发展村庄经济。

郭占武要求全体村干部不谋私利，以身作则，全心全意为群众服务，以实际行动取信于群众。他们没有等、靠、要，也不迷信、不幻想外部力量，始终坚持村民的主体地位，树立村民的主人翁意识，激发村民的积极性和主动性，并以集体经济的形式谋求村庄发展。

合作社：袁家村发展集体经济的重要平台

对于力量薄弱的农民来说，要从传统的小农生产者转变为市场经济的参与者与竞争者，必须找到一个合适的合作组织与外界市场进行有效对接。根据 20 世纪 30 年代中国许多有识之士所开展的乡村建设运动的经验教训，可以总结出一个规律就是，农村发展必须要建立起各类农民组织，将农民有效和有秩序地重新组织起来，面对市场竞争，参与社区发展。在农村地区的各种经济合作社即是农民组织的重要形式，合作社作为一种乡村社会的“黏合剂”，可以让农民从原本的“一盘散沙”变为“联合力量”。

在市场竞争不断加剧的情况下，现有的农村经济结构滞后于农村经济的发展，不适应市场发展的要求。零散的、小规模的生产运作模式已经不能在市场体制下取得合理的讨价还价能力，不能获得产业链的延伸和提升机会，不能适应农副产品市场的多样化、高品质化的要求，因此主体必须寻求其他的发展保障。成立农民合作经济组织，从根源上说其实是适应了市场经济对农村乡土经济发展的现实需要。

1. 袁家村合作社出现的背景及初始情况

尽管现在的袁家村是以小吃街而出名，但袁家村并非由小吃街起步，2007 年袁家村开始发展乡村旅游时，只有“东西一条街、南北两排房”的农家乐格局以及一条不到 100 米的康庄老街。袁家村小吃街是在农家乐及康庄老街广受游客欢迎、游客量激增以后所建造的。小吃街的出现主要是为了分流当时农家乐的客源，同时也是郭占武对当时农家乐同质化经营忧虑所采取的重要举措。

袁家村的核心建设者在回忆村庄发展历程时回忆道：“尽管当时生意已经非常好了，但是郭书记隐约感觉到一些问题存在，62 户农家乐每一家都做一样的菜，家家户户搞得都一样，容易出现恶性竞争。还有就是农家乐这个东西它是一个低端业态，你能做的东西别人也能做，可替代性太强了。如果继续搞农家乐从长远来看肯定不行，郭书记当时就看到了这个情况。”

2011 年小吃街建成以后即开始招商，依托于已经培养出来的客源市场，再加上袁家村对食品质量的严格把控，小吃街在短时间内即受到游客的认可与青睐。从小吃街生意火爆，商户开始有巨大收益以后，郭占武开始在小吃街推广合作社，力图借助于合作社调节收入分配，并让更多的村民能参与到小吃街的发展之中。虽然现在外人看到的袁家村村民及商户从合作社中都得到了巨大的实惠，并且进入合作社的门槛也越来越高，但在最初推行合作社的时候却是困难重重。首先，对于当时已经盈利的商户来说，成立合作社让村民入股到自己的小吃店，等于是自己给村民打工挣钱，所以他们根本不愿意让袁家村的村民坐享其成。其次，对于村民来说，那些他们看不到眼前利益的生意又不愿意投资入股。因此，在合作社推行的初期郭占武面临很大的压力。

合作社这一投资与收益平台对他们来说还是一个陌生的事物，由于看不到前景和利益，合作社成立之初，不少村民都持观望或怀疑态度，在未看到利益之前，没有人愿意把钱投入到合作社。此时的农民都是“理性的小农”。尽管很多村民也想从小吃街的经营中分一杯羹，但是受小农意识的限制，他们很难有魄力在没有看到具体利益的时候主动参与到合作社之中。

曹锦清教授在《黄河边的中国》一书中认为，“农民的基本特点是他们无力在各自利益的基础上，通过平等协商的途径形成共同利益，缺乏共同利益的意识，也就不可能通过平等协商的途径建立共同的合作组织，并通过有约束力的章程与领导来解决自己的共同事务。”合作社成立过程中，由农民自发组织、协调的可能性微乎其微，通常必须由村庄有威望、有能力的人主动发起、坚决推进才能实现。尤其是在合作组织的创立和发起初期，这个角色起着非常重要的作用。另外，即便是农民有意愿成立合作组织来维护自身的利益，但囿于能力和经验，他们往往也难以如愿以偿。所以，农民的合作必须要有一个“代表”出现。正如马克思所说：“他们不能代表自己，一定要别人来代表他们。”曹锦清教授更是一针见血地指出，“中国农民历来善分，分到家庭而后止，从来不善于在平等协商基础上进行各种形式的联合，除非出现一个能发现他们的共同利益并能全心全意代表他们共同利益的‘带头人’，如南街村的王洪彬、巩义市竹林镇的赵明恩那样。”在袁家村的发展过程中，党支部书记郭占武无疑扮演了“带头人”的角色。

2. 袁家村合作社的发展与壮大

在乡村集体经济发展过程中，村民以何种途径进行联合，以及以何种方式分配其中的红利，应该成为乡村社会关系变动的重要研究视角。著名行为分析及博弈论专家罗伯特·阿克塞尔罗德在其经典之作《合作的进化》中指出，“在什么条件下才能从没有集权的利益主义者中产生合作？这个问题已经困惑人们很长时间。大家都知道人不是天使，他们往往首先关心自己的利益。然而，合作现象四处可见，它是文明的基础。那么，在每一个人都有自私动机的情况下，怎样才能产生合作呢？”

对于袁家村来说，村民开始有合作意识以及合作社的发展壮大，其实都与“利益”二字有关。村民看到实在的利益以后入股的积极性大大提高，分散的农民只有形成一个利益共识，才能在此基础上建立合作的平台。分散、独立决策的农民没有对接旅游大市场的经验，在乡村旅游中往往难以适应市场的竞争。只要是商户及村民继续处在非组织的状态下，那么他们分散经营所取得的受益必定低于集体行动时可能取得的收益。但是依托于合作社这一经济组织，农民在心理上有了归属感，并有足够的信心融入乡村旅游的发展中。伴随收益的显现，村民开始以更积极的姿态入股加入合作社。

袁家村之所以选择合作社作为利益分配平台，是因为当时郭占武看到了经营过程中所出现的各种问题，因此必须以更为深刻的改革才能消除隐藏在乡村旅游中的弊病和隐患。郭占武在对袁家村发展脉络进行梳理时说：“袁家村有两次大的变革。一次是产业转型，另一个是走出去战略。产业转型就是从小吃街开始的，这个重要标志就是成立合作社，之所以成立合作社，首先是因为游客

袁家村村民集体过年场景（2018 年春节）© 袁家村村委会提供

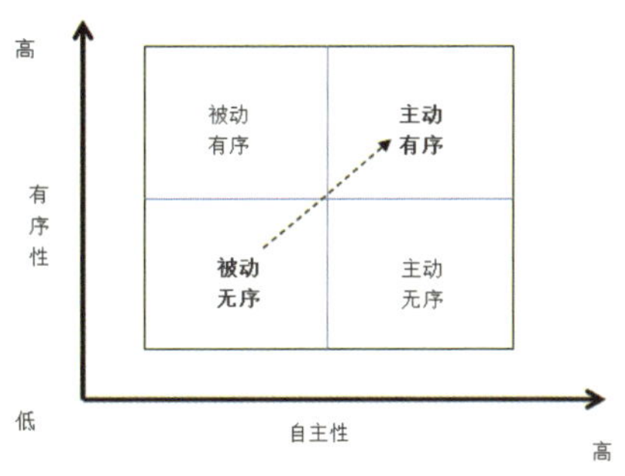

袁家村村民参与乡村发展模式图 © 作者自制

多了以后农民会慌，会出现无序状态，都会奔着挣钱走，不会顾及其他，所以肯定会出现混乱。当时游客多了以后小吃街的经营方面的一些问题，苗头已经显现。所以当时我就考虑一定要成立合作社，用合作社来管理农民，分享成果。合作社保证了袁家村市场秩序的稳定，并且不会出现乱子。”

费孝通先生在分析乡土社会变迁时候的论述，可以用来描述袁家村当时出现的情形："在新旧交替之际，不免有一个惶恐、无所适从的时期，在这个时期，心理上充满着紧张、犹豫和不安。这里发生了‘文化英雄’，他提得出办法，有能力组织新的实验，能获得别人的信任。这种人可以支配跟从他的群众，发生了一种权力。”袁家村合作社作为“新的实验”，在郭占武的主导下开始逐步推广。

3. 袁家村合作社的入股方式

以入股的形式成立各类合作社，已经成为袁家村发展过程中一个重要的组织和利益分配平台，同时也是袁家村经营和管理乡村旅游的重要形式。袁家村的股份结构多元化，充分考虑了农村和农民的实际情况。袁家村合作社的入股方式主要有以下几个方面：

一是基本股。将村集体的建设用地盘活，变为资产，按比例直接分配到每户村民名下，即对应每户村民的可记名、可量化、可分配的股权。在所有权、承包权不变的基础上，村民自愿将土地经营权流转给村集体，用于经济合作组织，并获得相应的股权。外来投资和经营项目，凡占用袁家村集体资源的，这部分集体资源就作为股份（一般为 20%）进入项目，所得股份分工收益作为村民集体收入，除用于必要的公共事业支出外，全部、直接分配给每户村民。

袁家村将原来闲置的固定资产、厂房和建设用地等进行股份制改造，集体保留 38%，其余 62% 量化到户，每户 20 万元。无现金的以土地按每亩 4 万元折股，或将其经营性房产按 10% 入股，共计入股 62 户，1240 万元。

二是交叉股。袁家村现有二十多家经济合作组织，都是农民自发、自愿，以土地经营权和现金入股的形式成立的，也有周边其他村的，已经打破了村的界限。村民同时还享有自己的土地经营权流转，加入合作社获得的股份红利。袁家村先后成立酸奶、粉条、辣椒、豆腐、酿醋等 20 多家股份合作社，入股金额达 8036 万元，入股群众 2305 户（包括周边村庄村民）。

三是混合股。袁家村每一个商户，每一家农户的持股结构都不一样，既有资本入股，也有土地入股，还有技术入股，管理入股等，形成了混合持股的结构。其中资本入股4926万元、土地入股1240万元、管理入股1870万元。

四是调节股。针对经营户收入高低不均的现实，村上将盈利高的商户变为合作社，分出一部分股份给盈利低的商户；对于低盈利但不可缺少的商户（比如手工馒头、扁豆面等15户年收入不足10万元的商户，优先参股），村上还会给他们一定的补助，缩小他们与高收入商户之间的差距。

五是限制股。限制大股，照顾小股。在二次入股权益分配的过程中，对之前股金高的商户股权进行稀释，避免因股金比例失调而出现收益差距过大的情况。

袁家村现有的二十多家经济合作组织，都是在郭占武和党支部的引导下，由农民自发、自愿，以土地经营权和现金入股的形式成立的。郭占武因事定策，因人施策，极具创造性地设计出一整套的符合乡村实际和农民特点的股份合作制度，极大促进了村民参与乡村旅游的积极性和主动性。这种股权制度独具特色、合情合理，既保证负责合作社经营的大股东的利益，又尽可能让更多的群众参与到股权分配之中。袁家村合作社秉承“全民参与、入股自愿，钱少先入、钱多少入，照顾小户、限制大户，风险共担、收益共享”的原则，各个项目互相参股，形成你中有我，我中有你的发展格局。通过合作社，调节了收入分配和再分配，避免了两极分化，实现了利益均衡，达到了共同富裕。另外，袁家村合作社的普遍推广，也有效改善了村民和外来商户之间的关系。外来商户逐渐意识到尽管实行合作社以后挣钱比以前要少很多，但是自己在村子中的地位开始提升，并且能够安心做生意，不用担心因“赚钱多”而激起村民的“相对剥夺感”。事实证明，郭占武富有远见的利益调整和制度安排，确保了袁家村在共同富裕的正确道路上能够平稳前行。这在中国农村发展史上，既是一次创新实践，也是一个重大突破，意义非凡而深远。

通过经济合作组织，袁家村实现了资源变资产、资金变股金、村民变股民的“三变”。“三变”后的袁家村集体经济，不是抽象的、模糊的、概念化的，更不是实际控制人或受托人任意支配的，而是装在每户村民腰包里的集体经济。村民看得见、摸得着，拿得到、可支配。袁家村的村民从集体经济的发展中得到实实在在的利益，所以村民关心集体经济、热爱集体经济，对入股合作社、发展集体经济抱有极大的热情和积极性，村庄有极强的凝聚力。

合作社还代表村民与合作方进行谈判，为村民提供技术信息和农产品市场信息，为村民提供咨询和培训服务，从多个方面形成了一个保护村民权益的坚实网络，并尽可能防止危害村民权益的事情发生。通过各类合作社，袁家村实现了资源村民共有、事务村民共治、利益村民共享，村民和商户的价值也得以充分实现。袁家村以农民合作为基本特征的集体经济充满了活力，并不断发展壮大，资产属集体，收益全部归村民，是袁家村发展集体经济的一次重大创新。郭占武以超前的观念，从根本上打破了对于农村集体经济的传统观念，克服了长期以来困扰和制约农村集体经济发展的体制和机制障碍。袁家村集体经济发展模式在理论上和实践上的意义都不可低估。

村民自组织：护航集体经济发展的利器

袁家村通过合作社保障了村民的利益，实现了共同富裕，但是在发展过程中依然会出现种种问题，并且很多村庄内部问题又无法诉诸法律或者通过政府进行协调，这就必须由村庄自身根据乡土社会的规则进行处理。袁家村以“道德讲堂”“村民集体决议”等形式的“自组织”管理方式解决了集体经济发展过程中村庄的内部问题。

1. 道德讲堂

集体经济的快速发展，使村民的收入在短时间内快速上升，农民“暴富”以后也带来了诸多不良社会现象，如心理膨胀、互相攀比，甚至不思进取等。在发展初期郭占武就注意到了这一现象，因此要求村干部在“道德讲堂”上对相关村民进行思想教育，并进行忆苦思甜活动。通过抚今追昔的“自省”与“自醒”，明辨是非的“讲理”和“明理”，让富裕起来的村民再次认识到今天美好生活的来之不易，去除他们的骄傲情绪、攀比心

袁家村党支部书记郭占武 © 袁家村村委会提供

理。通过持续不断地教育和引导，也让袁家村的村民和商户充分认识到彼此都是互相关联、互相依赖、互相影响、互相补充的大家庭中的一员，每家每户都是袁家村这个整体系统中的一分子，如果离开村集体，就一无所成，更不会有让人称羡的成绩，即“整体大于部分之和”。广大村民和商户由此提高了认识，从而更加热爱村集体，更加关心村集体。

2. 村民集体决议

在袁家村，村中事务无论巨细，都会摆到台面上由所有村民共同商议决定，村民或商户对村庄事务的参与几乎是全方位的，这充分发挥了基层党组织调动农民积极参与村庄事务的功能，集体决议保证了政策与制度在制定与推行过程中的透明化，打消了村民的种种顾虑。另外，村民集体决议给全体村民提供了发表意见的场合和机会，等于是给村庄的平稳运行安装了“安全阀门”，村中所出现的各种问题与矛盾都会通过民主渠道在公开场合得到有效的纾解。这种由村民自我寻求解决问题的方式，不仅没有给政府添麻烦，而且还有效促进了村民、商户之间的沟通与团结，同时也在一定程度上保证了村政决策的顺利执行。另外，今天的袁家村发展迅猛，人员陡增，传统的现场会议形式已无法满足村治理的需要。针对现实状况，袁家村与时俱进，充分利用互联网技术，在管理形式上既有线下的村民大会、股东会、座谈会和协商会等现场会议。同时还有线上的各种大大小小的以微信和 QQ 组成的“群”，工作群、实战群、合作社群、村民群、商户群、文创群、培训群、客栈群、进城群、出省群等有十几个之多。“群”已经成为袁家村进行组织管理、传达信息的重要平台。这种便捷高效的线上管理方式不仅有助于村干部传达各种上级精神和村庄事务安排，更充分保证了广大村民和商户能够及时获取信息，同时也为袁家村的各类群体提供了重要的意见表达渠道。袁家村的发展始终是以农民为主体，真正实现了“由民做主”，而不是“为民做主”，农民享有充分的村庄事务知情权、参与权与决策权。随着村庄发展速度加快、发展规模扩大，袁家村的农民非但没有被边缘化，其主体性地位反而越来越牢固、越来越突出。

“道德讲堂”与“村民集体决议”是袁家村村民自组织的重要表现形式，相对于自上而下的国家管理方式，村民的这种“自组织”治理方式能够更为民主地解决农村发展过程中遇到的各种矛盾和问题。袁家村正是通过自下而上、自我组织及自我发展这种乡村内生发展方式，才得以从原本处于个体化、分散化的乡村藩篱中突破出来，并实现了快速发展。袁家村的村民在村庄发展过程的参与情况呈现出来明显地的从“被动无序”到“主动有序”的转变。村民充分参与到乡村旅游与村庄治理的各个环节之中，并有效实现了自我组织和自我管理。

四、袁家村新型集体经济发展模式的启示

乡村集体经济的发展必须有村民认可的带头人

袁家村是农村基层干部带领农民致富的典型案例，袁家村之所以能够成为乡村旅游与新型集体经济发展中的一个奇迹，与党支部书记郭占武的引领与设计密不可分。在袁家村转型发展过程中，郭占武的超前眼光和广泛的社会关系给村民带来了巨大的利益，因此村民对郭占武都非常尊重，村民言谈之中都会流露出对郭占武的敬畏与尊重。在袁家村，郭占武与村民的关系是“传统农村庇护主义”的完美体现。即地位较高者往往会利用自己的影响力和资源向个人或者群体提供保护和支持，接受恩惠者则向地位较高者报以支持或服务，从而形成一种较为稳定并且能够持续维持的社会秩序。这种现象就是庇佑关系，构成庇佑关系的双方就是“庇护

袁家村党支部书记郭占武 © 袁家村村委会提供

袁家村党支部书记郭占武 © 袁家村村委会提供

者”(Patron) 和“被庇护者”(Client)。对于“Patron”和“Client”之间的关系，耶鲁大学政治学教授斯科特（Scott J C）曾做出如下的说明：“‘Patron–Client’的关系是不同社会角色之间的一种交换关系，可以定义为一种主要以工具性友谊为基础的特殊的二人关系；在此关系中，具有较高的社会和经济地位的一方（Patron）利用其影响和资源，为地位较低的一方(Client)提供保护或利益，而后者，作为回报，则为前者提供一般性的支持和帮助，包括个人服务。”

由此可以看出，庇护者与被庇护者之间的关系强调的是一种双方互利的关系。事实上，庇佑关系同样存在于当前的社会生活中，并以一种有别于传统庇佑的方式出现。庇佑关系对促进乡村发展以及持续性稳定起到了重要作用，在一定程度上已经成为正式制度的一种补充力量。纵观农村经济发展较为突出的地区，往往都会有一个“能人”“精英”或“带头人”在其中扮演着重要角色。乡村需要有一个具有超前意识、进取精神和有魄力的带头人去引领、庇护农民从事相关经营活动。在袁家村，郭占武作为“庇护者”，利用自己的影响力和经营策略带领村民和商户这些“被庇护者”在乡村旅游的大潮中稳步前进，从发展中获取到巨大利益的“被庇护者”以更为积极的姿态投身于各种业态的经营之中。在袁家村，郭占武及其他管理人员最为关心的是商户能否“赚到钱”，不会以虚无的说教去“教育”农民。袁家村这种以利益为导向的发展策略调动了农民参与集体经济的热情，即首先对农民进行“赋利”，农民在乡村旅游中获取到真正收益以后，再以各种形式对农民进行“赋权”，让农民在利益基础上实现自我组织和管理，“利”与“权”的结合与互相促进真正实现了以农民为中心的集体经济发展模式，并使村民对郭占武发自内心地产生了信任与忠诚。这种发展模式能够有效地把成员约束在村集体的管理体制之内，并使之自觉地服务于村集体的各项工作。

发展集体经济是实现乡村振兴的重要路径

《乡村振兴战略规划(2018–2022年)》中指出，“发展新型农村集体经济。深入推进农村集体产权制度改革，推动资源变资产、资金变股金、农民变股东，发展多种形式的股份合作。鼓励经济实力强的农村集体组织辐射带动周边村庄共同发展。发挥村党组织对集体经济组织的领导核心作用。”巩固和发展壮大村级集体经济是促进农村经济社会发展，实现农民共同富裕，加快农业和农村现代化建设的重要内容，是保障农村基层组织正常运转、巩固党在农村执政地位的重要物质基础，对于增强村级组织凝聚力、号召力和战斗力具有十分重要的意义。

在郭占武的主导下，袁家村通过一系列创新实践，成功探索出一条破解三农难题、发展新型集体经济、实现乡村振兴的新路径。袁家村已经实现了《乡村振兴战略规划(2018–2022年)》中所提出的大部分战略目标，并在新型集体经济发展模式道路上，探索出了值得推广与学习的宝贵经验。袁家村的集体经济不同于传统意义上的“村庄集体经济”，袁家村在发展之初无集体经济基础，无村集体资本金，可谓是一无家底、二无资源。袁家村之所以取得今天的成就，是郭占武摒弃“等靠要”思想，主动创新，并通过创建农民创业平台、培育和扶持优势项目、成立农民合作社等方式实现的。

袁家村探索出的新型集体经济，不仅能够有效激发村民的主动性和创造性，同时也对村民有较强的约束力，使之能够从“分散”到“团结”，在一定程度上巩固了基层党支部对村民的领导力。袁家村的“村集体＋农户”的合作社发展模式，真正实现了“资源变资产、资金变股金、农民变股民”，使村民变成乡村发展的经营主体和自我组织主体，有效推动了农村由“裂变”转向“聚变”。

以郭占武为核心的袁家村党支部一切立足于党的大政方针、一切立足于村庄实际、一切立足于村民利益，以党的政策保驾护航，以振兴乡村目标为前进动力，充分发挥基层党员干部在乡村振兴中把脉、引领、示范、后盾的作用，并营造出“前者呼，后者应，伛偻提携”的和谐发展局面。袁家村的新型集体经济是农村自主谋发展的先行者、探索者、实践者，同时也为中国乡村振兴提供了可供参考的生动样本。

五、结语

改革开放以来，中国广袤的乡村大地上诞生了很多时代的先导者和开拓者，他们抓住时代机遇，发展乡镇企业或其他类型的经济业态，带领整个村庄集体致富，从而使原本沉寂的乡村焕发出耀眼的光芒。如，江苏华西村的吴仁宝、河南南街村的王宏斌以及陕西袁家村的郭占武，等等。这些农村基层干部，凭借超前的眼光和强硬的作风，顶住各种压力，冲破层层阻力，最终带领村民实现了共同富裕。

吴仁宝、王宏斌及郭占武等人，其共同身份都是党支部书记，他们可以称为“农民政治家”，也可以视为是“村民领袖”。这些农村基层带头人强化了农村基层党组织的政治功能和服务功能，他们以自己超凡的智慧引领村民致富，村民对他们充满了拥戴与信赖，这些德才兼备的集体致富的带头人，不仅凝聚起一批经济建设的追随者，也赢得了全体村民的崇拜。但是，每一代人都有其机遇与坎坷，伴随时代的发展，国内曾经盛极一时的“明星村”有些已经衰落，有些还在继续闪耀着光芒。这些典型乡村的集体经济之路，给中国农村的发展提供了经验、教训以及蓝本，对南街村、华西村如是，对袁家村亦如是。在分析中国历史上乡村集体经济的发展历程时，我们头脑总会闪现出一个问题，即带领村民发展集体经济、实现共同富裕的村民带头人，在他们之后的“后某某村”时代，能否继续保持“红旗不倒”的奇迹，如何延续村庄集体经济的“神话”并突破“其兴也勃焉，其亡也忽焉”的乡村发展怪圈?这些问题不容回避，并值得深思。

党政主导下的县域合作社发展模式

——以兰考县谷雨联社为例

The Development Modes of County Cooperation under the Leadership of Party and Government

—Taking Guyu professional agricultural cooperatives association of Lankao County as an example

何慧丽：

中国农业大学人文与发展学院社会学与人类学系教授、博士生导师，从事乡村治理与乡村建设研究。

申慧霞：

中国人民大学乡村建设中心河南爱故乡工作站干事。

兰考县位于河南省东北部，是母亲河黄河九曲十八弯的最后一道弯，从这里入山东，直奔大海。全县总面积 1116．2 平方千米，其中耕地面积 785．8 平方千米，是典型的传统农业区域。这里走出过全国著名的为人民鞠躬尽瘁、优秀的县委书记——焦裕禄，他带领人民治沙，抗碱，与大自然做斗争，在这片土地上还孕育出——党政主导，农民主体，社会参与的县域合作社发展模式。兰考县合作社是在政府的组织引导下，以当地农民为发展主体，知识分子和大学生们共同参与，调动县乡村各级干部和一切社会力量和资源，与当地农民共同探索农民专业合作社的发展之路，在从村级合作社到乡镇一级合作社再到县级合作联社的发展过程中，政府内部运转和人民群众利益得到了很好的调试，实现政府、地方与市场直接的良性互动。

法国社会学家阿兰·图海纳提出“从劳动理解社会”，发展了“行动社会学”的理论，根据这个理论，社会学家们不再是社会生活的旁观者，而是社会运动的积极参与者，通过自身的能动参与，在社会生活体验和发挥作用，形成自身的知识。分析兰考县谷雨联社以党政主导，农民主体，社会参与的县域合作社发展模式，是对从 20 世纪二三十年代起以梁漱溟、晏阳初等为代表的大批知识分子参与推动乡村建设运动的传承，当代知识分子对“百年乡建”历史经验的继承和发展，同国家发展相结合的实践总结，在实践中形成新一代知识分子的真切知识。

一、发展背景

我国大部分以农业为主的乡村都缺乏或没有自我再生能力，兰考的乡村也不例外，具体表现为：农村经济缺乏发展活力，农民之间基于血缘和远近亲疏组成的社会关系网络，村民之间缺乏牢固合作互助黏性，农民长期依靠土地并努力耕作，始终无法实现收入的大幅度提升，村民大批外出打工，村庄成员的有效参与降低，致使农村基层组织薄弱。

2003 年，基于开封市和中国农业大学之间“市校”合作的机会，何慧丽老师来到开封市的兰考县“挂职锻炼”。2004 年，在何慧丽老师的积极推动下，兰考县借助外力获得了一些社会资源，包括三农相关领域的专家、高校的教师和大学生们。于年底，在当时中国人民大学的温铁军教授倡导下，何慧丽老师在兰考进行具体的尝试，先后在南马庄、胡寨、贺村、陈寨等地建立起合作社，开始探索一条属于兰考的新乡村建设实验道路，其主要方式是通过调动已有的党政资源，以政府的组织引导，在县、乡、村推动当地农民合作培训促使乡村的组织和制度创新发展。

兰考县谷雨农业专业合作联社在经过前期南马庄、胡寨专业合作社探索的基础上，于2015年正式挂牌成立。联社通过把兰考合作事业由开始时期的单个“点”聚集在一起形成“面”，联结了兰考20多家优秀专业合作社，在农资联合购销、生产服务、资金互助、文化教育等公益服务、城乡消费合作等领域进行统一指导和实施，把前期积累的成功经验复制推广，将合作事业在全县范围内铺开，服务当地三农事业。同时，谷雨联社在农副产品消费领域打通城市和乡村的“二元”限制，让城市消费者获得健康产品的同时了解合作社合作共赢的理念，带动他们参与到兰考的合作事业。

二、联社工作内容

1. 以文化先行培育合作理念

2004年起南马庄生态农产品专业合作社和胡寨农牧专业合作社相继成立。如何让村庄群众接受合作社理念，促使他们加入合作社，在何慧丽教授的指导下，两个合作社均以组建文艺队、老年人协会作为合作社业务开展的切入点。参加文艺队开始让农村闲散的妇女、老人以娱乐的形式聚集，原来没事就聚议论“张家长李家短”的现象减少；农村老汉聚众打牌产生纠纷的现象也减少了；第二，通过文艺队、老年人协会让大家聚在一起学习广场舞、打腰鼓、打盘鼓、开展健康讲座等，既发挥文艺能人的作用，也丰富村民的精神世界、锻炼了身体。第三，发挥村民自我管理机制，一些积极参与和组织村庄文艺的村民，具有一定的组织能力，在合作社中发挥着重要的协调和沟通作用。

2. 以联合购销增加经济利益

南马庄合作社立足于文化发展将最初的

习主席视察南马庄

现场村民

50多户社员发展到200多户。合作社之后引导社员对农业生产资料进行统购统销。第一年，合作社为180户社员、350多亩地购置了化肥、种子和农药等农资，直接节省农资开支12600多元。秋粮下来，合作社把社员的粮食集中统一销售给粮食收购企业，每斤多卖0.05元，使合作社社员得到更多实惠，截至2010年底，南马庄合作社社员发展到360多户，几乎涵盖了村内所有农户。与此同时，胡寨合作社，也按照这种模式逐步壮大。

3. 以机械服务强化生产效能

统购统销业务不断成熟，合作社尝试在更大范围内为群众提供产前产中产后的社会服务，通过提高机械化程度，提高农业生产力，让农民不再面朝黄土背朝天地辛苦劳作。自2010年以来，南马庄合作社先后购置了2台水稻育秧机，6台水稻插秧机，2台水稻收割机，3台小麦收割机，4台拖拉，1台自走式田间施药喷雾机，为村庄及周边村庄6500亩土地提供生产服务，改善群众的生产方式，为社员群众节约开支，扩展合作社服务范围，同时影响到周边村庄群众积极加入合作社事业之中。

“黄河边的中国”团队交流学习

4. 以资金互助实现当地资本活化

改革开放之后，农民以原子化状态面对经济市场，议价和抵御风险能力偏低，但受国家的宏观调控政策的影响，银行、信用社等金融机构多认为农村项目收效率低，长期不愿贷款给农民，致使乡村金融供求关系严重失调。针对资金缺乏的状况，组织农民用自己的资金入股合作社，加上外部友好人士的公共股金的支持，形成了胡寨、南马庄、贺村等合作社的互助资金，经过内部循环发展，有效解决合作社组织内部社员暂时性资金短缺的困难。

5. 以公益服务提升生存福利

合作社每年把资金互助部的盈余资金提取20%用于开展公益事业。例如每年为社员免费体检、义务为社员缴纳水电费、捐资助学、慰问贫困人员、重大节日举办村内文艺演出、兴办幼儿园、举行尊老爱幼活动、传统文化传承、“美丽庭院”建设评比，评选最美“儿媳妇”“行孝之星”“致富带头人”等等。公益活动能有效地促进乡村的和谐发展。2014年起，胡寨合作社扶持本村三亲教育幼儿园的试验，服务范围覆盖全村社员，使社员不出村享受免费儿童自然教育。

6. 以主体联合发挥集聚效应

2015年随着国家历年对合作社的大力支持，兰考合作社蓬勃发展。在众多的合作社中出现了一批优秀合作社，为了使兰考合作事业更进一步，于2015年4月20日——二十四节气“谷雨”，恰逢宜信公司宜农贷项目与南马庄合作社资金互助部顺利合作3周年庆典之际，为兰考更多农民群众提供服务，提议成立“兰考谷雨农业专业合作社联社”。“谷雨联社”在张砚斌、王纪伟以及农业局相关领导和“宜农贷”项目负责人的共同努力下应运而生。谷雨联社由兰考县20家优秀合作社组成，分布在6个乡镇，拥有社员2600多户。谷雨联社一经成立，便将南马庄合作社和胡寨合作社所积累的成功经验和资源逐步复制推广。在谷雨联社的统一指导下，各个合作社在文化建设领域，在农资的统购统销领域，在社会化服务领域，在成立资金互助部等方面逐步开展起来。

谷雨联社带领大家外出学习交流。几年来，在重庆开县和海南海口学习资金互助会成熟的小额资金互助；在吉林四平同样学习百信之家的资金互助；在山东泰安，在山西永济学习综合农协的成功经验，明确联社发展方向和信念。

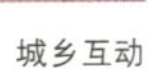

城乡互动

何慧丽老师带领北京的老师认领苞米地

7. 以城乡联动促进社会融合

联社成员通过外出考察学习逐步认识到建立城乡消费合作社的必要性。南马庄和胡寨合作社曾经初步尝试开展城乡消费合作。2006—2007 年南马庄合作社与北京部分市民消费者从事“购米包地”，2009 年南马庄与郑州消费者“快乐猪购猪认养”的城乡互助试验，并联合胡寨等多家合作社在郑州从事国仁城乡互助合作社的探索等城乡互助试验，2015 年胡寨合作社开展生鲜的社区配送，2017 年兰考县南马庄大米开仓文化节举办等标志着兰考合作社社区服务初步尝试。新时期以城乡互助消费合作社为重点内容的城乡融合实践，是有巨大社会影响的较早的中国本土化 CSA 试验。

三、经验分析

第一，坚持党政主导、农民主体、社会参与的基本原则。从推动合作社之初，何慧丽教授就提出并坚持以“党政主导、农民主体、社会参与”的形式，因为由党政对政策法规、资金、培训、基础设施建设等方面进行扶持和引导，为推动从村级合作社到乡镇合作社再到县域合作联社的发展提供了政治保证和正确方向，特别是 2006 年中共中央 1 号文件《中共中央国务院关于推进社会主义新农村建设的若干意见》等措施下达之后，兰考县政府积极引导和支持农民发展各类专业合作经济组织，大力扶持其他乡镇，同一时期就有 20 多个合作社成立。党政积极作用的发挥，有效地把农民组织起来进行农村土地、资金、劳动力的规模化整合，建设现代农业，加快转变农业发展模式。

第二，拓展产业范围，实现一二三产融合发展。县供销社参股增强谷雨联社资金服务社员的实力，与政府紧密配合参加展销会推荐和展示谷雨联社品牌之下农民生产的农产品，把农民合作社的生态农产品通过消费合作社平台形成生产者与消费者面对面的销售模式，可以把农村建档立卡贫困户的自然绿色农产品，优先推荐给城市文明消费者，进行城乡互助的精准购销扶贫模式开展，在对接过程中将更多的剩余价值留在乡村，直接促使农民增收，而不再使农民苦哈哈地辛苦一年，最后却收益最少。

第三，确保资源在地化，取之于民，用之于民。中共中央国务院《关于深化供销合作社综合改革的决定》指出，要稳步开展农村合作金融服务。《决定》要求，有条件的供销合作社要按照社员制、封闭性原则，在不对外吸储放贷、不支付固定回报的前提下，发展农村资金互助合作。至目前，南马庄资金互助部资金存量 2100 万元，先后为 1500

多户社员提供资金支持，胡寨资金互助部资金存量887万元，先后为700多户社员提供生产和生活的帮助。通过将金融服务与生产服务、流通服务、村庄公益有机融合，满足新型农业经营主体和农户生产资金需求、提升合作社经营服务能力、促进地方农业产业化发展中发挥重要作用。合作社使留在本地的费用相对增多，受益者是在地的人群，探索和开拓新的业务形成更合理的闭环，把更多的资源留在当地，县域服务体系在地区内实现完善，政府有更多精力承担行政指导职能，有精力思考和执行地方发展计划，合作联社把盈利留在当地，也为地方政府减轻投入负担。

第四，注重青年人才培养，孕育内生力量。合作社在县域内进行大范围的联合，重新对现有市场进行“洗牌”，对于每一个合作社未来极具发展潜力，探索和扩大期间需要大量的人员沟通工作，在未来的3~5年之内是信息汇集与发展创新阶段，人员通过政府组织的职业技能培训提升自身能力，引导社员的转型，培养和学习先进种植，为随着合作社后期功能不断完善做准备，使得社员更加坚定其信心，也实现他们的子代就近就业。

第五，强化社会实践与学术研究的内外关联，实现同步发展。自2003年起，以赵晓峰、邢成举、贾林州等一大批高校学生在本科或研究生学习期间积极参与于兰考合作社的探索实验，利用假期跟随温铁军、何慧丽等老师长期扎根于兰考乡村，直面乡村问题，探索合作社发展，形成理论总结，为研究生博士教育打下坚实理论基础，这批持续研究合作社的青年学者从这里走出来，进入高校和研究机构，并持续关注和书写兰考合作社发展，不断提出新的理论总结。

图片提供：兰考县谷雨联社

“搭建村社内置金融，促进社区综合治理”的系统乡建典范
——以河南信阳郝堂村为例

A Model of Systematic Rural Construction of "Building Community's Built-In Finance to Promote Comprehensive Community Development"
—Taking Haotang Village in Xinyang, Henan as an example

李昌平：

乡建院院长，广东外语外贸大学云山杰出学者，著名三农问题专家。

吴静：

乡建院品牌部经理，上海大学文化产业研究生，原河南电视台策划、导演，新媒体主管。

在过去的时间里，郝堂村——这个位于河南省信阳市平桥区东南部山区，全村 18 个村民组，总面积 20 平方千米，总人口 2140 人的村庄，和中国的大多数村庄一样，似乎将归于“沉寂”。这是一个正在凋敝的村庄，一只无形的手总是将村庄里的年轻人有组织地带往城市，伴随而来的是土地、资金、人才等要素的长期净流出，留下孩子、妇女，还有孤单的老人。统分结合的双层经营体制作为农村的基本经济制度，分的彻底、统的不足，上层建筑村支两委因无经济基础作为支撑，凝聚力日益下降，村庄犹如一盘散沙。

2009 年，作为河南省“农村改革发展综合试验区”，郝堂村所在信阳市政府在农村金融改革和新农村建设方面做出很大努力，以“村社内置金融”方式撬动村庄内生动力，用“社区综合发展模式”带动山村整体转型。如今，郝堂村在发展近十年后，依然作为国内最有代表性的系统乡建典范之一，探索和寻求出促进土地、资金、人才等要素从城市向乡村回流的途径和方法，传承农耕文明同时走向现代共同富裕的村社共同体道路。

一、“村社内置金融”作为撬动乡村发展的有力抓手

作为河南省“农村改革发展综合试验区”，郝堂村所在信阳市政府在农村金融改革和新农村建设方面做出很大努力。为了农民获得金融服务获取更多的发展机会，连续出台了一系列关于农村金融创新的文件，并为农民办齐了土地承包、宅基地、房产、林权和养殖水面等“五证”以用作贷款抵押。可是当农民拿着“五证”，贷款难的状况依然没有改变。第一，农民贷款规模小，成本高。第二，信息不对称，风险不可控。第三，小农的土地、房屋等抵押品在社区外不可转让和有效经营，抵押物难以变现。这主要是因为，在彼时存在的金融制度与农民产权制度不相适应，农民的土地等财产权很难抵押贷款，必须建立新的金融以使农民财产权变现要求，让农民的经营权、财产权作为要素变现或流动起来。

为此，李昌平提出“村社内置金融”，以“金融”为组织、建设、经营乡村的先在抓手，即在农村集体土地所有权的村社组织内部置入以村民资金互助合作为核心的金融平台。2009 年，李昌平启动郝堂村建设的“四两拨千斤之法”——郝堂村夕阳红养老资金互助合作社成立，通过以社区内置金融为核心框架建立起农民主导的农村金融组织。在不改变土地农民集体所有和农户承包经营制度的前提下，建立以农民为主导的农民村社组织的内部金融，金融组织的利息收入归社区内部农民所有。

其具体实践路径，即以政府财政10万元、李昌平课题经费5万元、村集体2万元为“种子资金”，调动乡贤和社会有孝心爱心人士的敬老资金14万元，建立以社区老人为主体的养老资金互助社。引导农民在村社内部创建互助合作金融——“村社内置合作金融”。其中，村庄内部每位老人入社2000元，年轻人向老年人申请贷款，利息收入主要用于社区老龄社员养老。农民土地、房产、林权、养殖水面权证可以在养老资金互助社抵押贷款，让农民的承包权或集体成员权在村社内置金融抵押贷款或变现退出，如果违约，其土地承包权或集体成员权直接收回村社集体，再发包或转让即可。这样，既坚守了土地集体所有制底线，又帮助农民实现了承包权和成员权的“死权变活权、死钱变活钱”。同时，内置金融合作社作为集体经济和村庄内部的“金融中心”和“结算中心”，为村民和其他合作经济组织提供信贷互助服务，促进村民家庭经济发展、社区合作深化，并在社区金融组织稳定和发展壮大的同时，壮大农村集体经济、促进农村社区综合发展，最终建立牢固的农村村社共同体。

其中，“村社内置金融”最符合农村特点的为“内置”一词，旨在强调这种金融组织在结构上内在于乡村社区，因而与正规的

郝堂村夕阳红养老资金互助合作社分红现场

商业性金融机构有很大不同。这种组织具有三个基本特点：第一，它由农民在本村范围筹资创办，其信贷等业务也只面向村内居民；第二，它的运营管理依托组织成员的民主自治；第三，它的成员享有其全部经营利润，并承担其全部运营风险。就性质而言，内置金融属于农村合作金融的范畴。在村庄范围内，属于村社内置金融；在一个县域范围内，把一个一个的内置金融村社联合起来，形成内置金融村社联合社体系，由政策性银行控股内置金融村社联合社的“信用部”。这样就形成了以政策性银行为龙头的农村土地金融服务体系。

二、“章程讨论”是培育村民自治共治农村社区的过程

由于村社内置金融的互助模式是闭合在村庄内部的，因此只有让村民亲自参与制定资金互助合作社章程，村民才能自觉遵守合作社制度。而实际上，从章程名开始，讨论互助社建立的意义，社员、社员权利、治理结构、风险控制、业务流程以及各种章程制度，争吵的过程，就是村民互助之间说服、妥协、教育、学习、统一认知、统一行动的过程，就是达成契约的过程，就是凝聚力提高的过程。在这个过程中，村庄的凝聚力、内生动力、协作管理能力都将开始培养，并在每次优化中得到提升。

针对郝堂村夕阳红养老资金互助合作社，其自 2009 年筹建以来，经过近十年的发展，其资金规模从 32 万元发展壮大到 650 万元，其间经历数十次因实际情况问题而讨论、争执、达成共识、修改章程的过程，村民、村两委、社员理事会形成了对公共事务、产业发展、环境整治、基础教育、技能

李昌平老师与合作社的老人交谈

“村社内置金融“内在于乡村熟人网络社区

培训、外部合作等村庄各层面公共事务的讨论共治模式，通过内置金融合作社汇集资源、资金、土地、宅基地、人力、智力、外部投资者等要素在一定时期和发展阶段内，得到了高效推进。

此外，由内置金融衍生出的社区综合治理模式为郝堂村引入了适宜其发展的新规则，并使规则得以有效执行。比如，每年定期召开社员代表大会决策合作社章程修订和年底社员分红等重大活动；理事会、监事会联席会议决策的日常事务；村两委、内置金融合作社股东、乡贤社员团体、普通社员团体协商的平级管理制度等，都在不同程度上有效调和了目前村庄管理经营上的问题，召唤出村民对集体组织的凝聚力，对集体资产的向心力，对于维护村社内部秩序、提高村社组织化程度有显著效果。

同时，老人作为内置金融合作社的主体受尊重，孝道在农村社区受到褒扬，养老问题逐步得到解决；合作社帮助当地盘活了闲置资源、资金、资产，使其分散的小农再次形成有凝聚力的组织，重建了村社共同体和共同体经济，带动了村庄及周边社区新农村建设的大发展，并培养出一批本土熟练的农村建设协作者，形成了对自己村庄自治共治的基本能力。也因此，在村庄组织有效和金融有效的前提下，将郝堂村作为整体，吸纳外部优质资源进入变得有效，如前沿规划设计理念的实施、自然教育模式的落地、垃圾分类与生态保护理念的全方位践行，都变得切实有效，从而实现系统性乡建。

三、“有效的集体组织”是外部力量衔接进入乡村的基石

在郝堂村内置金融合作社成立同时，村集体成立另一个集体经济组织——绿园生态旅游开发公司，从工商注册、组织架构、治理结构、经营理念开始培养村民成为公司职员，村支两委成员、村能人和年轻人作为公司的管理层。

在村庄建设之初，由村集体的开发公司自主开发土地进行建设，公司既不需要找银行贷款，也不依赖财政资金（财政仅仅通过贴息 4%），而是通过养老资金互助社贷款就可以筹集到新农村建设所需资金。夕阳红养老资金互助合作社和绿园生态旅游开发公司两个村集体经济组织共同发展，形成了以夕阳红养老资金互助社为核心，绿园生态旅游开发公司为主体的郝堂新集体经济联合体，形成了以村民大会或村民代表大会为决策层，村支部和村委会为政治组织，绿园开发公司和夕阳红养老资金互助社为集体经济组织和合作经济为主体的农村社区治理结构和党、政、经集体决策机制。

有了力量的村集体开始谋划更大发展，为郝堂村民带来更多的福祉。2011 年，平桥区委、区政府决定启动郝堂可持续发展实验村——“郝堂茶人家”项目。该项目涉及从硬件到软件的生态环境建设、乡村规划实施、民俗文化传承、村民自治模式、有机农业培育、新乡村旅游及跨专业人才培训等多农村综合性发展所需内容。

首先是垃圾分类与环境保护，通过引入外部先进理念，建立资源分类体系，组织村民全体参与形式多样的垃圾分类活动，让村民切身感受到村庄青山绿水的自然资源的优势，唤醒对居住村庄的主体认同感；其次协作农民盖房子的过程中，秉承“同农民一道建设新农村”和“农村建设过程就是增加农民就业岗位过程”的乡村建设思路，坚持“多用金融方式少用财政手段”促进村庄自主综合发展的理念，利用财政补贴和贴息方式鼓励村民参与和新建房屋 60 多户，筹措资金 800 余万元，通过内置金融的杠杆作用充分发挥财政资金的最大效益，共建设有特色的农家乐、茶社、客栈等 20 余家，解决 45 户家庭就业问题，形成了以自然生态、有机环保、生产发展、农民受益、可持续发展为主导的新农村发展理念。

在新建和改建房屋的过程中，村民在政府的引导下开始对农村环境保护模式进行“从公共区域到私人住宅”的渐进式探索。包括恢复自然湿地系统和建设集中式无动力湿地污水处理系统，采用经济方式最大限度地降低农村水污染问题；对村民原有的住所进行改造，在改造房屋过程中改水、改厕、改厨、改圈，建立家庭人工湿地污水处理系统 20 处，三格化粪池卫生改厕 450 户，建设 120 户家庭户用沼气，实现低能耗、零排放、无污染，在欣赏田园风光的同时享受城市文明的生活环境。

郝堂村生态建设与产业发展

此外，郝堂村集体组织同步对农村可持续发展方式进行产业化探索，与外部资源有效衔接，在全村1900亩农田种植紫云英等绿肥，修复土壤有机质，减少农药化肥使用，发展有机农产品种植；房前屋后栽种桃、杏、梨、柿子等适宜生长的小杂果，路边种植格桑花、连翘、野菊花等花卉植物，即作为景观吸引游客又防止了垃圾污染；修复1500亩古茶园，唤醒尘封已久的茶文化历史，重新开始了说茶、品茶、论道；对全村的水系、山林等进行调整和修复，承接生态村建设和未来逆城市化发展需要。

在教育理念和人才培养方面，郝堂村宏伟小学是“郝堂茶人家”可持续发展实验村的重要组成部分。学校占地28亩，集幼儿部、小学部、教师宿舍为一体，内建有全国首家投入中小学使用的尿粪分离式厕所、秉承可持续发展教育理念筹建的青少年可持续发展教育基地等硬件设施。村小学的教育课程设置则是按照自然教育、生态环保、艺术人文和可持续发展教育相融合为载体，以环境与科技创新教育为特色，设置茶艺、农作、陶艺等校本课程，突出学生自主探究和团队协作能力。在基础教育课程中强化资源节约、环境保护、文化多样性等内容，指导学生关注并积极参与解决社会、经济、环境与文化可持续发展实际问题。

在解决农村儿童教育同时，在学校旁设有计件工资制工作坊，为妇女提供工作岗位和家庭教育交流平台，工作坊以设备组装和手工产品制作为主，将解决留守在家的妇女就业问题和学生家庭教育问题，妇女们就可以送完孩子上学后在工作坊做手工活挣钱，工作坊辅以村小，成了一所家长学校与妇女公共活动空间，实现了孩子教育、家庭收入、文化生活三不误的格局。

四、结语

郝堂村作为“搭建村社内置金融 促进社区综合发展”的系统乡建典范，为后续新农村建设提供诸多可圈可点之处，但最核心的仍是“村社内置金融”为切入点把农民再组织起来、把资源资产资金集约经营起来、让产权流转和交易起来，即“三起来”的撬动模式。相较文化、产业等不同面向的撬动点来说，金融对村庄内部发展和党建组织来说具有更连贯、更系统、更长远的作用。在坚守土地集体所有制的前提下，该模式为农村土地、闲置房屋等资源资产能够金融化、货币化、证券化、市场化提供有效路径，可以为发展增加数百亿的“流动性”，是未来中国改革的重中之重，也是实现城乡融合发展的有利抓手。

图片提供：丁沁

县域主导下“易地搬迁、精准扶贫”的先锋军

——以山西岢岚宋家沟村为例

The Pioneer of "Relocation and Precision Poverty Alleviation" Led by County

—Taking Songjiagou Village in Kelan, Shanxi as an example

李昌平：

乡建院院长，广东外语外贸大学云山杰出学者，著名三农问题专家。

彭自新：

乡建院乡村持续发展工作室负责人，宋家沟项目主持设计规划师。

2019年端午，坐落在山西省忻州市岢岚县的小山村，在三天时间里迎来了十万游客，同时被评为国家3A级景区。在糅杂着特色小吃、“各地口音”街巷上，无论是熙攘游客还是热忱老板，回望五年前，大概没有人会想到曾经破败、偏僻、断瓦残垣、空心化严重的国家级贫困县下辖山村会有此刻高光。而这一切都离不开县域主导下、城乡统筹发展背景下“易地搬迁、精准扶贫”战略的实施。

这里是，岢岚县宋家沟村—— 县域主导下“易地搬迁、精准扶贫”的先锋军。

一、宋家沟辉煌与突围： 军事要塞与抗战根据地的“脱贫之路”

宋家沟，地处山西省岢岚县，位于209国道边上，是岢岚县的东大门。因为紧邻塞外，宋家沟常年气温都比较低，夏天平均温度只有19度。春天，站在宋家沟村向东望，苍山叠嶂，内蒙古的狂沙首先吹过芦芽山，直抵宋家沟村，构筑了整个村庄的基色——苍茫。对于山西村庄命名而言，凡是叫沟的，基本可以确定多半依山而建——北方山村，凉荒与萧瑟，便搭出了人们的第一重想象。宋家沟就坐落在这种想象的坐标中，地处晋西北高寒山区，土层深厚，气候凉爽，常年缺水；因在黄土丘陵区，水土流失严重。往南走是太原，向北走是雁门关、内蒙古。

贫穷而苍茫尽管是宋家沟的村庄底色，但回溯历史会发现，这个小村庄却披挂着宋代军事要塞的辉煌与抗战根据地的特殊身份。“宋家沟”的“宋”是宋朝的宋，彼时因宋家沟及管辖县岢岚因北邻内蒙古、雁北，南达太原，散落于群山中，叠嶂连绵，独特区位和地势使其成为历史上的要塞，——既可成为保护太原城的屏障，也担当军事防护、商家运输的依存之地，并因此留下蜿蜒盘踞在距宋家沟几里之遥王家岔村山顶上的宋长城遗迹。

宋家沟村村标

这段岢岚县境内20余千米的长城是目前全国唯一一处宋代长城的遗迹，西起岢岚县青城山，东至与五寨县相连的荷叶坪山，全由片石砌成，完好处高约4.2米，顶宽约2.1米。据传北宋时期，北方边关受契丹、党项族的严重威胁，杨业之妻佘太君（折氏）从弟宋朝名将折御卿，攻占了岢岚县，于公元980年在岢岚部署岢岚军，并在县城北的天洞堡向东修筑长城。作为军事要塞，岢岚县也是后汉刘知远建筑的一座军城，城“周围五里”，气势恢宏，建有一整套防御体系，其格调与西安古城相仿，该体系甚至在抗日战争和解放战争时也发挥了重要作用。1942年，晋绥六分区入驻宋家沟村和铺上村、鸡儿焉村，宋家沟村成为历史上晋西北抗日战争的重要根据地。

1948年4月4日，为实现全国解放，党中央决定实施战略大转移，离开延安，东渡黄河，转战西柏坡。毛泽东、周恩来、任弼时三位领导同志率领中共中央机关途中路居岢岚。毛主席在此地发表重要讲话，分析全国解放战争形势，赞扬晋绥人民深入开展土改、支援解放战争的可喜成绩，鼓励人民搞好生产，并三度留下“岢岚是个好地方”的赞誉。新中国成立后，国家着力发展航空事业之初，将我国三大卫星发射中心之一的综合型火箭卫星发射中心建于此，岢岚县团城子村也就成为我国三大卫星发射中心之一，具备现代化测试发射水平和高精度测试能力的综合型火箭卫星发射中心仍在岢岚县城边的团城子村，岢岚县仍然还在继续发挥着军事重地的作用。

但是，有着2200年历史记忆的岢岚县，却也是全国665个贫困县之一。贫困县各有各的不同，岢岚主要是集中连片贫困、深度贫困、常年贫困。山，无矿产资源，无秀丽风景；天，年均降雨量只有400多毫米，缺水缺暖；地，土地贫瘠，坡陡沟深，土质跑水、跑土、跑肥，广种薄收。所辖的区包括宋家沟乡在内，12个乡镇面积1984平方千米，人口8.4万，农业人口6.7万，建档立卡贫困人口有8442户、1.3万多人，贫困发生率高达20%之多。全县所辖村庄多、小、穷，基础设施滞后，自来水、柏油路、学校、卫生所严重缺失，村民房屋多为土坯房，且开裂严重。2012年全国贫困县中有岢岚，国务院确定全国14个集中连片特困地区，岢岚在其中；2020年实现脱贫的重点县，岢岚也在其中。面对这样历史悠久、曾经作为军事要塞和抗战阵地的贫困县，采取什么样的策略才能在城乡统筹发展背景下，目标明确地扬长避短，精准发力从而实现全县脱贫?

2013年，70后县委书记王志东挂帅此处，按下了“县域主导、城乡统筹协调发展试验田”的快进键。宋家沟，成为先锋军。

二、宋家沟吹响集结号：县域主导下“易地搬迁、精准扶贫”的先锋军

集体经济强有力发展的先决条件是有一个能够纵览全局的卡斯里玛式领袖人物。王志东，1976年生，经济学博士，一到任就开始调研岢岚县社会经济发展现状，研究如何以特色城镇化建设为平台，积极推进城乡一体化进程，开始了一场把岢岚“建成欠发达地区城乡统筹协调发展实验基地”的尝试。

多次走访、深度挖掘岢岚县辖村庄的深层原因后，王志东率领县委开启了精准扶贫的战略式步伐，将“脱贫、奔小康、乡村振兴”三项战略在岢岚县域主导下进行有机衔接：明确全县乡村建设，以农村集体建设用地增减挂钩、易地扶贫搬迁和危房改造等相关政策为支撑，采取搬迁整合、改造提升等方式，打造凸显特色的环境美、产业美、精神美、生态美的“四美”乡村。在此深度调研的基础上，编制《岢岚县县域乡村调研报告》《岢岚县域乡村建设规划（2016–2030）》《岢岚县县域乡村综合整治工程建设项目可行性研究报告》。

系列报告和规划均站在县域高度，系统分析全县优劣势，采取大集聚、小分散策略，以“大县城”为龙头，加快县城集聚发展，促进县域经济社会大进步；以乡村居民点重组为纽带，推动城乡一体化发展，形成“1城、4镇、2轴、12村”的村镇空间格局：1城，指全县城镇与产业发展的核心；4镇，为三井镇、高家会乡、宋家沟乡、阳坪乡，是县域副中心；其中宋家沟乡与高家会乡、阳坪乡确定为未来重点发展的三个中心；2轴，是由忻保高速、148县道、209国道、岢瓦铁路、218省道组成的以县城为中心的“X”形城镇产业发展轴；12村，指12个中心村，分别是各乡镇仅次于镇区的村庄，未来作为撤并村的人口聚集地。

改造前的宋家大院

村集体收购改建后的宋家大院

面对岢岚县多、小、穷乡村现状，政府采用集约型思路，将县域乡村规划设定了ABC三类建设标准：A类，执行创卫标准+美丽乡村标准+脱贫标准+乡村清洁标准；B类，执行美丽乡村标准+脱贫标准+乡村清洁标准；C类，执行脱贫标准+乡村清洁标准。每个村庄按标准分解项目，用项目匹配资金和资金使用范围，可以达到有限的资金花在整治最为需求的地方。

在这样的背景下，2017年岢岚县计划启动5个特色风貌美丽乡村、6个王家岔乡旅游特色村、100个中心村、37个重点村的建设和专项整治任务，宋家沟村作为岢岚县的东大门，就这样被选为易地搬迁扶贫安置点+特色风貌建设试点的先锋军，开始先行先试之路：要求按照规划、设计、招标、施工、管理“五统一”集约建设原则，全面实施集易地扶贫搬迁、特色风貌整治、基础设施提升、公共服务完善为一体的美丽乡村建设。

方向明确了，但面对复杂巨系统的乡村格局，尤其是贫困村中生活、生产、民俗、宗亲、土地、教育、集市、公私之间互相支撑，相互牵制，如果以政府太过强势的主体姿态介入，在现状面前，势必会引发部分村民的争议从而使进度放慢；如果借助第三方力量，是否能在理解政府整体规划意图的前提下，与村民形成有效协作，避免冲突，推动项目落地？这就使得以“村民为主体、软硬件同步进行”并规划设计过郝堂村、骆驼湾等经典乡村项目的系统乡建机构乡建院有机会脱颖而出。

三、宋家沟主体性唤回：“上下协作、新旧融合、三方共进”的示范效应

在乡村规划设计中，当第三方团队以“强势”姿态介入乡村建设中时，会发现再专业的能力和权威都会遭遇“水土不服”，因为单纯的空间规划设计无法解决乡村综合建设问题，“高姿态指导”只会带来村庄本身熟人社会关系网络刚柔并济式的抵抗。乡村规划设计问题并不复杂，复杂的是社会风俗、人情世故、利益关系。因此，规划设计者在介入乡村时，只有放下身段，以协作者身份更多地倾听与陪伴，用自身所熟知专业领域的技能、方法力所能及地提供协助，把更多的设计构想交还给村民，赋权村民、尊重村民，召唤村民对家园的主体性与积极度，才能最终完成乡村的整体规划建设。而这个过程中，在城市规划建设中看起来不太重要的沟通、协调、驻场工作、根据村民意见改进等都成了最重要的环节。

在配合此次县域主导下精准扶贫先锋军的项目中，作为第三方协作设计团队的乡建

岢岚县村庄整治标准表

序号	建设类别	建设项目	A 类标准	B 类标准	C 类标准
1	农民安居	农房建设改造	住人院落危房改造（抗震加固）+ 无人居住残破拆除+ 农房美化	住人院落危房改造（抗震加固）+ 农房美化	住人院落危房改造+ 住人院落美化（只做指引）
2	公共设施	公共服务设施建设	农贸市场+ 广场+ 文化活动中心+ 卫生所+ 便民服务点+ 公共浴室	文化活动中心+ 卫生所+ 便民服务点+ 公共浴室	文化活动中心+ 卫生所+ 便民服务点+ 公共浴室
3	环境整治	垃圾治理	垃圾箱+ 收集车+ 垃圾中转站	垃圾箱+ 收集车+ 密闭转运点	垃圾箱+ 收集车+ 转运点
4		污水治理	小型污水处理设施+ 管网覆盖100% 建成区+ 工业废水达标	小型污水处理设施+ 覆盖70% 农户（特殊情况除外）+ 工业废水达标	无
5		畜禽粪便治理	人畜分离+ 无散放牲畜、家禽+ 粪便无害化处理	人畜分离+ 无散放牲畜、家禽	人畜分离
6		厕所	1 座/300 人卫生公共厕所+ 建成区无旱厕	1 座/500 人卫生公厕+ 卫生厕所普及率100% 以上	常住户旱改厕100%
7		村容村貌治理	无“三乱”+ 集中屠宰场+“四无三净”	无“三乱”+“四无三净”	“四无三净”
8		乡村美化	出入口标志+ 主要街路两侧立面整治+ 创建卫生户	出入口标志+ 主要道路两侧立面整治+ 创建卫生户	出入口标志+ 主要道路两侧立面整治
9		村庄绿化	河道绿化+ 休闲广场绿化建设；绿地率达到30%；	300 平方米以上的休闲绿地	与村庄公共服务设施结合整治
10		河道整治	建设村边防洪堤坝+ 河道整治	建设防洪堤坝+ 河道综合治理	沟渠生态治理
11	设施完善提质工程	饮水改造	集中式饮用水水源地水质达标率100%+ 饮水安全覆盖率100%+ 自来水入户覆盖100%	集中式饮用水水源地水质达标率100%+ 饮水安全覆盖率100%+ 自来水入户覆盖90%	饮用水水质符合二级水的标准规定，供水采用集中供水，取水点，自用水井结合
12		道路工程	路网体系完善+ 主要道路沥青路面+ 次要道路100% 硬化+ 主要道路绿化+ 主要道路电力照明，次干道太阳能照明全覆盖	路网体系完善+ 主要道路沥青路面+ 次要道路100% 硬化+ 主要道路绿化+ 太阳能照明全覆盖	路网体系完善，道路路面平整完好+ 太阳能照明集中片区全覆盖
13		电力通信	动力电+ 广播电视+ 电话+ 网络+ 邮政	动力电+ 广播电视+ 电话+ 网络+ 邮政	动力电+ 广播电视+ 网络

摘自《岢岚县域乡村综合整治工程建设项目》

院介入宋家沟村时，也是从入户与村民沟通着手、详细调研村庄开始的，但同时依据《岢岚县县域乡村建设规划（2016–2030）》中宋家沟村的定位，即为专项整治型 B 类村庄，保证村民利益的同时，满足县域规划中扶贫移民安置建设、特色风貌整治、公共基础设施包括公厕浴室等、垃圾污水处理、绿化亮化、河道整治和饮水安全等县域规划要求。在 77 天完成宋家沟“易地搬迁 精准扶贫”项目中，第三方协作团队乡建院展示出因地制宜的独特乡村建设方法论。

首先，深度调研确认村庄现状。调研包括用地权属情况、建筑质量和风貌情况、村民诉求与整体规划情况等，这些调研都保证将规划落地实施过程中，将公共建筑、私人住宅有效匹配规划在同一村庄社区内，且满足村民继续居住生活的“实用”需求；将住宅质量提升改进同时，增加在地建筑文化元素符码提炼和再设计，满足村庄转型旅游目的时外地游客“观光”需求；将村民争议矛盾梳理纳入意见方案中，找到最恰当的平衡政府规划与百姓生活的解决路径，满足高效、快速推进项目落地的需求；将政府、村民、第三方的协作结合点找到，扬长避短制定三方共进的执行方案，满足村庄在规划建设中实现“自下而上”与“自上而下”相结合的需求。

公共食堂

村史馆

老屋复原

三棵树广场

其次，新村区与传统村落区规划时的功能互补。根据村庄调研情况和县域规划对宋家沟的定位，设计团队将宋家沟定位为“打造通往王家岔旅游区的旅游集散入口村庄，建立古朴宜人养老居家体验为特色的村落”，同时以宋水街为主轴，分为四个功能分区：景区门户区、新村区、生态河道区、传统村落区。其中，新村区主要以宋家沟已有的大棚作物为主，提升大棚经济和庭院种植，发展观光体验农业和市民土地认养等，从空间开始，引导村民产业转型意识；传统村落区则是保留了宋家沟传统建筑风貌的特点、村庄肌理，形成了迁入村民与旧有村民和谐发展的综合示范区，设置特色空间包含村史馆、巧手坊、三棵树广场、老人食堂等。

第三，循序渐进保证村庄公共空间与村民住房建设。在宋家沟项目上，首先整治改善的是村民住宅，需要满足2017年村庄建筑风貌改造后搬迁145户265人至宋家沟居住，同时充分利用易地搬迁资金住新房，建设控制成本，按每人20平方米的标准建设移民安置房，统一装修和配置家具，保证在现有资金体量基础上，使村民住宅情况得到质的改善；其次，村庄原有公共设施如戏台、广场等普遍陈旧，因此根据村民长久以来保留下来的行为习惯，将其村民活动中心、公共广场、戏台、浴室、儿童乐园、河道景观等重新设计，在方便村民公共活动的同时，保证其作为衔接城乡未来旅游乡村社区的公共属性。

第四，在新增建筑样态上延续传统建筑纹饰、形制，使在地文化脉络得以传承。村庄旧民居有明显的屋脊式样，屋顶为典型的山西硬山屋顶，由瓦、木制檐口、黄土搭建；墙体大部分用石头堆砌和黄土抹草灰搭建，有明确的花纹式样；门窗花纹大多成方格状简朴纹理；部分院落有传统的木制门头和石窑门头；建筑墙裙为石头堆砌。设计团队在此基础上，根据不同旧建筑情况，采取“整体旧建筑搬迁”“旧建筑构件再造”“新建筑采纳旧居符码”等策略，使得村庄新民居在保证居住质量的同时，保持地方民居传统建筑特点，强化建筑文化传承。

作为岢岚县“城乡融合，精准扶贫”县域整体规划的先锋军，宋家沟村通过上下配合、三方协作的模式，在77天内完成了整村规划与落地实施同时收储闲置废弃房屋、宅基地2.29万平方米，新建移民安置房265间5300平方米，翻新改造旧房屋206户、公共建筑2.92万平方米，将安置房平均造价控制在1200元以内，承接全乡16个村145户易地搬迁户、265人无自筹拎包入住。从中可以看到，规划设计团队介入乡村时的模式既传承了我国新农村运动起始以来就保有“自下而上”的基因，将乡村本身人文地景、血缘熟人社群自治模式等高度融合，同时又满足了县域主导“自上而下”规划的整体性和高效性，有效配置村庄建设需求和实际工程投资预算，在实施过程中将资金分配细化，最终实现召唤出村民主体性的基础上，三方协作、上下配合完成了“示范区”所需达到的建设效果。

四、结语

事实上，扶贫作为国家重点工作，在我国大致经历了四个阶段：第一阶段（1979—1985），依靠家庭联产承包责任制推进，大量农村家庭通过农业生产脱贫；第二阶段（1986—1993），中央成立国务院“贫困地区经济开发领导小组”开始，政府主导大规模“开发式扶贫”，通过开发带动脱贫；第三阶段（1994 年国务院印发《八七扶贫攻坚计划》），在 2000 年前，用 7 年时间基本解决农村 8000 万贫困人口的温饱问题；第四阶段（2000 年至今），扶贫战略下沉、帮扶最低收入者、实现村村通阶段。

岢岚县作为全国贫困县、全国 14 个集中连片特困区，同时作为 2020 实现脱贫的重点县，其下辖的如宋家沟等深度贫困乡村，在第四阶段“精准扶贫”阶段迎来了转型曙光。县域主导、城乡一体的整体规划下，宋家沟村作为县域主导的“易地搬迁、精准扶贫”先锋军，通过第三方团队的协作，以 77 天高效完成村庄本地和易地搬迁人口的安置、空间改造，引导村庄从传统农业转型文旅产业、以资金互助形式成立的内置金融合作社、以社区总体营造方式培育村庄共治能力的尝试，都对挪穷窝、换穷业、拔穷根的“精准扶贫，易地搬迁”项目有启示性作用，在特定时期内具有示范效应。

村民在建设好的村庄内生活娱乐

图片提供：焦东子

南塘合作社的故事

——从维权、文艺活动到综合发展的合作社转型历程

The Story of Nantang Cooperatives

—The transformation of cooperatives from rights protection, cultural activities to comprehensive development

胡跃高：

山西清徐人，1959 年生，中国农业大学农学院教授，博士生导师，中国防治荒漠化工程研究中心主任。

龚剑华：

广东韶关人，1991 年生，南塘兴农合作社刘老石图书馆管理员。

一、南塘合作社概况

安徽省阜阳市颍州区位于淮河北岸的江淮平原腹地。当地土壤肥沃，气候温润，是我国最大的平原黄—淮海平原的粮食生产大区。阜阳主要农作物为小麦、玉米、大豆，经济作物有生姜等。近年来大棚蔬菜、花卉生产在当地发展规模大，产品行销全国市场。历史上的阜阳因地处大江大河下游，灾害多发，经济落后。《阜阳县志》记载，当地灾荒肆虐，洪水、干旱、瘟疫多发，人民生活贫困，荒年四处逃荒要饭。1949 年后，伴随着淮河、黄河治理，生态环境与生产条件逐步改善，发展成了有名的平原高产农业区。

南塘兴农合作社隶属安徽省阜阳市颍州区三合镇三星村，地处三合镇西 4 千米处。2019 年 12 月统计，合作社有社员 700 多户，来自南塘村周边 2 个乡镇 9 个社区。南塘兴农合作社是《中华人民共和国农民专业合作社法》公布实施后，于 2007 年初注册的安徽省第一家乡村合作社。目前合作社设有老年协会，妇女文艺队，儿童图书馆，农资统购统销小组，合作社资金互助，兴农合作社便民服务中心，高粱酒坊等多项活动与经营，是一正在蓬勃发展的乡村综合服务合作社。

每年二月初六，给社区老人过集体生日

二、南塘合作社发展基本历程

南塘兴农合作社的建立与发展经历了 4 个阶段。

第一阶段，理性维权建立了群众威信

1998 年，南塘村民因村干部作风与农户负担重等问题上访反映情况未果，曾 4 次进京。西北政法大学法律专业大专毕业、正在南塘家中准备律师资格考试的杨云标意外地参与到了其中。当时杨云标 25 岁，正是敢想敢为的年龄，他应用所学知识，引导大家实事求是地上访反映问题。2017 年在与本文作者回忆当时情景时，杨云标很感慨："我当时其实算是个理想主义者。"

这一历时两年的上访事件对于南塘当地的村民也是一堂活的教育课程。总结这一经验，村民获得了反映问题要依据法律的理性认识。2001 年 3 月 7 日，三合镇 7 个村约 30 位村民通过了"三合农民维权协会章程"，

共同成立了“维权协会”。此后不久，因农民补贴问题协会组织村民向上反映，使问题得以迅速解决。协会理性活动显示出力量，增加了群众的信赖。

多年之后，有位区领导在谈起当年的情况时曾对杨云标评论说：“你们反映的事实客观存在，而且都是涉及群众利益的事。”这在某种程度上肯定了当年行为的积极意义。今天回头来看，尽管村民反映的问题看起来是普通事，但对南塘群众意义可不一般，而且事件过程与事件本身都十分重要。首先，群众得到了理性锻炼，这也为团结群众、积极合作行动，打下了好的基础；第二，活动赢得了乡镇与区政府对群众意见的重视，建立了良好的新型干群关系；第三，乡村社会正能量上升，为后来的合作社发展积累了基础。

第二阶段，通过文艺组织和经济合作团结村民

2002 年，杨云标应邀参加中国乡村建设论坛交流，会上见到了国内关注乡建工作的部分专家学者，南塘的故事逐渐向社会传播开来。2003 年，《中国改革》杂志社的刘老石带领大学生支农队 28 人来到南塘调研。受调研活动启发，南塘以村民骨干为基础成立了“老年协会”“妇女文艺队”。村里老人、妇女积极参加，开展文娱文化活动，老年人、妇女到合作社演唱民歌、戏曲，扭秧歌，村民刘世勤、时永清还把村里的好人好事编到歌曲里进行表扬，或宣传党的好政策，搞民间文艺活动，学习健身操等等，群众豪情满满。

南塘“村晚”

2004 年，在老人协会、妇女文艺队基础上，筹备成立“南塘兴农合作社”，取代原有维权协会。这是一次成功的华丽转身。2006 年村级行政区划调整，合作社所在的南塘村与相邻的孙庄、赵王合并建立“三星村”，归属阜阳市颍州区三合镇管辖，直到今天。

从 2004 年开始，合作社组织种子、化肥、农药统购统销。合作社派人到生产厂家或高级代理商处议定低价统购农资，再以低于市场价格销售给社员。减少了中间流通环节，物美价廉，降低了社员生产成本与假货风险，受到大家拥护。这项活动成了农资经营部的前身，有关工作一直延续到了今天。合作社春季和秋季统购统销化肥有时多达 200 多吨，甚是繁忙。

经销农资工作启动后，合作社发现缺乏初始资金，其经营活动受到制约。于是他们转而启动资金互助项目。2005 年开始时资金互助实行单独股份制，每股 200 元。2006 年资金互助项目与合作社股合并。2009 年阜阳市银监局与中国人民银行阜阳分行来到合作社调研，备案了合作社开展存贷款的资金互助业务，规定贷款针对合作社社员发放。之后这项工作一直坚持进行。2010 年资金互助项目有存款近 40 万元，存款人有 200 人左右，当年贷款 30 万元，资金流动性较好，达到除规定储备金外全部贷出水准。有关业务能力得到群众与管理部门的肯定。

这一阶段发展的重要意义为，根据《中国改革》杂志社刘老石 2003 年南塘调研时的指导意见，南塘村民由维权形成的群众组织及时转向合作社发展方向；成立文艺队、老年协会，在当地产生了良好社会影响；开展农资服务，进行资金互助，合作发展初具规模。

第三阶段 成立合作社，创立自酿高粱酒品牌开启市场

2006 年 10 月，国家通过《中华人民共和国农民专业合作社法》。兴农合作社得到消息后立即申请，成为安徽省注册的第一家农业合作社。合作社于 2007 年成立，当年有 80 多户社员在原有基础上登记加入，覆盖到 3 个行政村。成立后的南塘兴农合作社继续在老人协会、文艺队、农资经营部、资金互助方面发展。

2005 年之后，属于长江经济带东部区域的安徽省，受苏浙沪经济与东部地区城市化发展影响，农村经济弱势地位显露，打工成为村民的必需选择，乡村建设受到较强烈的冲击，成立后的合作社经历了多方面考验。

2008 年，合作社曾与区农委合作，成立“沼气工程队”，为社员建设和维护沼气池，到 2013 年累计建成了 300 多座沼气池。这项建设工程因主要劳动力进城，养殖业衰落，今天除个别沼气池在沿用外，大部分遭废弃。

合作社性质与维权活动毕竟存在巨大差别。在合作社发展初期，部分社员因“政见不合”、名利关注点不一致等，发生争执，有的选择离开了合作社。老年协会、文艺队与后期的合作社发展也经受了考验。实践教育了社员，大家对合作社的发展变得更加珍惜。2017 年作者访问时见到 10 多位合作社的老社员，交谈中深深感到了大家爱社如家的真情。

2010 年，合作社成立高粱小酒坊，自酿高粱酒，“南塘大曲”品牌经营先是以低于市场（比同类白酒价格低一倍）价格，供应社内居民，经质量检验合格后开始在市场上流通，逐步获得市场认可，建立了信誉，成为合作社发展的重要经济支撑。事实证明这在当时是一个重要的项目抉择。

这一阶段中，合作社经受了来自社会经济发展中的冲击与内部成员不同思想认识斗争的考验，寻求到了符合自己特点的新的生存之路。

南塘大曲

第四阶段，积极发展社员，建设公共活动空间与夯实经济基础

2004 年合作社初建时，入社人数曾经达到 80 余户；2007 年正式登记时为 200 多户；2014 年基本合作社社员有 415 户，养老资金互助合作方面为 273 户（2017 年 4 月底统计），加上其他形式的合作户，目前社员总数发展到 700 余户，分布在三合镇、程集镇两镇的 28 个自然村。近年来吸收部分乡村经济发展中的经营能人入社，进一步增加了合作社的活力。

2007 年，因合作社公共活动需要，由乡村建筑师谢英俊设计，合作社动员社员集资建起了坐北朝南的合作社办公楼。合作社从此有了自己的家。乡亲们至今想起当时的情景都激动不已。从那以后，2013 年在东侧由北向南联体续建了 4 间两层房屋，2015

年继续向南延伸出 5 间建筑，2016 年完成了南部戏台与围墙大门的建设。在此过程中，合作社集体经济持续发展，从开始的零资产，积累到今天总额为 1000 余万元的水平。

2011 年 7 月，合作社调整社区互助金融，调整养老资金互助等项目，相关工作稳步发展。到 2016 年合作社金融资产发展到 300 多万元。2017 年以来，流动股金进一步扩展到 360 多万元。此外，“南塘大曲”信誉度持续积累，连年发展。2016 年酒厂利润达到 20 万元，成为合作社的重要经济支柱。2015—2016 年酒厂设备租赁期到期，酒厂主要制造部分停了下来，目前经营部分主要为陈酿储藏部分。

2017 年至 2019 年，合作社用时三年，将原孙庄小学的校园逐渐改造成南塘艺术部落（简称部落），部落包含住宿、厨房、餐厅、小花园、酒吧、会议室、阅读空间和艺术展厅等空间，合作社从此多了一块文艺、质朴和充满乡村民宿气息的活动场地，开启了文艺活动组织、住宿、吃饭、团队接待的经营模式活动。2019 年，部落为南塘合作社带来了一定的经济收入。

此外，2018 年底，合作社与王瑞合作的发酵床猪舍建成，开始投入使用，养殖了几十头不喂添加剂饲料，不打激素，顺应自然成长的生态黑猪，生态猪广受消费者好评，在当地也具有了一定的知名度。

三、合作社的“返乡新青年”带头人与核心“老成员”构成

从维权开始到合作社建设，南塘集体的核心骨干始终未变。他们是今天村里德高望重的一群老人家与杨云标。其中杨云标是最年轻的一位。这样的组合好比是“众星捧月”。“众星”，指一群寿星，平均年龄在 70 岁左右，“捧月”，指在合作社的多次选举中，杨云标始终高票当选理事长。这样的组合保证了近 20 年中合作社始终能克服困难，稳步发展。

20 年前，乡村社会几乎被清一色的读书进城谋生活的观念笼罩着。当年 25 岁的杨云标舍弃常规的城市发展的路径，毅然投入到故乡乡亲们的集体之中，一路走到了今天。伴随着合作社发展壮大，杨云标不断成长，一路上凝结了他无私、团结大众，担当、智慧、容人、忍耐行为。这样的工作日积月累，一件件在合作社、在村民中、在阜阳、在国内合作社建设方面竖立了一座现实的人格形象。

在初期的维权过程中，杨云标是依靠自己的真诚心与法学专业知识参与依法理性维权，最终获得了公正的结果。这一过程中体

现了他大众意识强、政治觉悟高、有大局意识、智慧水平高、勇敢担当，并且协调能力与执行能力强的素质。

2002 年，杨云标辗转到北京，参加中国乡村建设论坛，介绍南塘经验，引来 2003 年刘老石带领大学生到南塘调研，然后及时与乡亲们调整思路，走上了合作社道路。这一抉择表明他思维敏锐，有战略眼光，有决断能力，而且善于做乡亲们的思想工作。

从 2002 年成立维权协会到 2011 年前后合作社调整，大约 10 年左右的时间里，南塘乡村集体历经维权到经济合作的转变，有关工作涉及内部人员结构、思想与行为的调整，也涉及合作社集体与村里受维权影响村民关系的处理，还与乡镇、区县及地市管理部门关系的处理，以及与国内乡建、合作社学界联系等一系列关系的处理。在这一无形、严肃的转型过程中，最终使合作社一步步走向正轨，壮大发展，体现了他对合作社发展道路的坚定认识，而且能够一旦认准了道路就勇于担当，坚忍不拔，忍辱负重，不怕一切困难，利用多种机会，团结乡亲们不断努力向前的理想情操与品德。

近 20 年的操劳，杨云标付出了青春年华，付出了个人利益。但也收获了沉稳冷静，收获了更多智慧，收获了社员的信赖，收获了朋友们的尊重。在此期间，2002 年杨云标应邀参加中国乡村建设论坛；2005 年参加“公民社会国际论坛”；同年参加德国总理斯密特“中国问题”私人讨论会，当年《南风窗》还评杨云标为“2005 年度公益人物”；2008 年被众德杯评为“年合作经济年度十大人物”；2009 年应邀参加香港社会运动年会；2010 年应邀参加台湾社会运动年会；2011 年应邀参加联合国可持续发展青年领袖论坛，同年评为“2011 年未来力量人物”；2012 年描写南塘合作社的《可操作的民主》评为十大好书之一；2013 年安徽省社会工作者协会评杨云标为“首届民间公益人物评选入围奖”；2015 年度被三星村两委评为“三星好人”。杨云标成了大忙人。2017 年作者在 4 次约访时都是几经反复才见到面。杨云标已经成长起来，成了乡亲们的主心骨，成了国内乡村合作社领域的名人。

南塘合作社的核心团队是在持续的集体活动与工作中建立的。他们从农村普通的老人、妇女身份转变为积极参与乡村建设和组织的力量。

这样的人员有唐金铎、王秀华、时永金、时永清、刘金全和刘世勤等人，此外还有张俊贺、王绍成、王思敬、唐殿林等，他们都是些村里普通的年长者，却在合作社的发展过程发挥了重要作用，积极参与组织的经济与文艺活动。2017 年作者访问南塘时见到合作社正在制作群英榜。进入合作社群英榜的还有：王思夫、常刚、申永新、邓兰英、邢彩英等。合作社在时刻提醒着自己：当我们越走越远，不要忘记我们为什么出发！

2012 年后，合作社进入了新发展期。一批新人陆续入职合作社，有王凤仙、张永芬、闫秀秀、龚剑华、张巧珍、王霞、唐玉、张军辉、杨干才、张丽丽等人，他们主要是来自村里的中青年。

今日合作社核心团队成员有老有少的年龄结构，决定了今后 5~10 年中，合作社将处于团队新老交替的时期。稳定传承合作社前辈人的作风、精神与传统，在此基础上因势利导，坚定推动合作社稳步健康发展，正在成为越来越重要的任务。

四、合作社的建设成就与经验

团结乡亲们、丰富精神文娱活动是合作社建立与发展的基石

中央党校的刘忱老师在总结合作社发展时曾经说过：建设乡村不能指望别人，只能靠村里老少爷们儿团结起来一起干，而文化活动是最重要的基础。2003 年受刘老石调研活动的启发，合作社启动文艺队活动，这成了南塘合作社转型与建设发展的关键，也是当地乡村建设的真正起点。大家热情高涨，一段时间里，20 多位队员几乎是每天都有排练与演出活动。活动使参与者打开了过去只盘算自己私利的小圈子，确立了更高的发展目标，从而将村民们团结起来，共同尝试做自己家乡的主人。

在这一过程中，老人与妇女拥有了展现自己精神面貌的舞台，激发出了旺盛的创造力。有文艺特长的老人们把 60、70 年代曾喊过的劳动号子编排成舞蹈节目，铿锵有力的号子声勾起了人们对当年集体劳动的美好记忆。丰富多彩的文化活动使淡漠的人情关系回暖，紧绷着的心绪逐渐松弛下来，换上了由衷的微笑。

针对乡村老龄化发展趋势，合作社在反复尝试基础上，创新出了老年资金互助项目。项目允许每位老人加入 4 股资金，每股 10000 元，给予每股每年分红 1000 元的优惠。该项目受到老人的欢迎，已经发展到 273 户。

2009 年开始，合作社启动平民追悼会社会活动，对于新时期乡村社会建设产生了一定影响。各种各样的合作社文化活动与生产建设，使合作社越来越成了南塘人的理想寄托之地与圆梦之地。合作社所在地白天晚上都聚满了老人、妇女和儿童，成了社员与

村民们的活动中心。

2012 年后合作社文化活动仍在进一步发展。当年启动了以广场舞为基本形式的“舞林大会”、同年还启动了“敬老文化节”，给合作社 60 岁以上的 99 位老年人集体过生日，迄今已举办了五届。2016 年发起“大地民谣音乐会”，2017 年这一活动中出现了千人参会的盛况，会议期间太和县的一位领导参加了活动，鼓励合作社要把这项活动办下去。这一鼓励对合作社触动很大，大家增长了信心。此外，现代信息传媒体系已经进入乡村。阜阳市朋友的许多微信群里相互传讯合作社的消息，给了合作社更多鼓励。

随着时间推移，与城乡融合的大趋势越来越明显。自 2018 年起，南塘合作社的文艺活动逐渐根据其类型和现有条件，演化成涵盖社区活动、生态环保、教育和文化四方面的“南塘文化生活圈”，并逐步将其建设成为了四个中心：

1. 以南塘民府为中心点的社区中心。确立了一年有四季的社区文化活动：春有大地民谣（敬老文化节）、夏有南塘好声音、秋有丰年庆以及冬有南塘村晚。由此持续丰富和凝聚乡亲们的精神力量。

2. 以南塘艺术部落为基点的文化中心。这里具备住宿、舞台、休闲交流、酒吧、阅读、餐厅和儿童游乐等活动空间，可以承接小型表演、团建、自然教育体验、乡村食宿体验和文化交流等活动。从 2019 年初投入运营起，部落已组织过周末弹唱会、生活与艺术分享、星空下的演讲、养猪大学论坛、中国式众筹开班仪式等文化活动，吸引了一批阜阳市民的参与，产生了南塘前所未有的与城市相互动的效应。

3. 以发酵床养猪、农家院、生态农场为基点的生态中心。目前采用生态的方式养殖猪、鸡，种植生姜、黄豆和小麦等，在实际的生产中践行与环境和谐共处的理念，为大家提供健康的食材。

4. 目前尚在规划中的教育中心。以一栋闲置的别墅作为基地，早前合作社在乡村图书馆、幼儿园、儿童夏令营等工作上有所尝试。大家觉得，儿童属于未来，他们成长的环境适宜与否，决定着他们未来的人生光明与否，也决定着未来这个村庄的样子。合作社一直期盼，并且努力能在南塘给儿童营造一个成长的乐园。

与此同时在发展过程中，经过合作社新老骨干充分讨论，征求社会各界专家学者意见后，达成了南塘应该在“社区、文化、生态和教育四个领域有所建树，共建可持续、和谐、健康幸福、生态统筹发展的未来型村庄”的共识，并计划在现有四个建设中心的基础上，从四个方面推动合作社的持续前行：1. 成立社区中心，推进社区服务；2. 成立艺术中心，丰富乡村生活；3. 成立教育中心，推进乡村人文教育；4. 成立生态中心，推进生态生产、生活。

集体生产生活的共同信念，使合作社站稳脚跟

南塘合作社是在大家要集体生活、集体生产的强烈的共同信念基础上发展起来的合作社。这意味着即使遇到再大的挑战，合作社终将能够克服困难，走向未来。唐金铎说，2004 年组织合作社时，没有一分钱，群众硬是凭着热情，一户 200 元集资，搞起了资金互助。在服务群众过程中，求得生存。2010 年之后开办酒厂，开展新一轮资金互助项目等等，逐渐找到了经济增长点，增强了合作社的生存能力。今日合作社已经从开始时的一贫如洗，发展到有资产 1000 多万元水平。近些年统计，社员从合作社直接增加收入超过 150 万元。

如何在发展过程中化解维权时期结下的关子，是合作社长期发展应该必须考虑的问题。这既需要耐心，也需要真心、细心与机缘。

2004 年以来的合作社建设发展中，重视及时向村级、乡镇级领导主动汇报工作进展，及有关活动的安排，积极征求意见，争取项目支持。由维权转向合作的过程，对基层管理部门也是一种考验。例如在文艺队演出节目上就曾经有过正面交流。当时镇政府担心文艺节目有问题，于是文艺队就把相关领导请来，10 多个节目，一个一个全部演了一遍，最后发现全都符合政策。类似这样的照面，使大家变得熟悉起来。近年来，上级政府曾多次以不同形式在经济上、政策上支持过合作社发展。

合作社也与当地企业单位主动建立联系，相互支持发展。作者在访问南塘期间，曾两次拜访邻近掩龙村的牡丹园项目，合作社与张亮先生在商讨掩龙村关于刘秀脱险历史传说的旅游开发项目合作事宜。

随着南塘合作社在国内名声扩大，也给阜阳带来了大量荣誉。点点滴滴积累起来的资源正在为合作社赢得越来越实惠的支持。南塘合作社作为南塘历史的部分只能在南塘历史发展中展开，绽放出自己的风采。南塘合作社在历经风雨后，正在一天天坚定自若地成长起来。

城市支援力量是合作社建设发展的关键因素

生态小黄姜

回顾迄今为止南塘合作社的发展历程，合作社发展的每一关键时刻，都得到了来自城市方面支持力量具有决定意义的推动。1998 年维权活动开始时的杨云标，已经法律专科毕业，曾经在律师事务所实习，具有了一定经验，且是有抱负的“城市人”，这一力量的介入使得维权活动从一开始就走上了依法维权、理性维权的正确道路，为以后省委省政府推动问题的解决提供了逻辑严谨，行为理性，合理合法的事件基础结构框架。由于这件事的发生是如此的“自然”，杨云标就是家乡人，很容易让人忽略这一重要作用力量的“城市”背景性质。

2002 年，在维权已经告一段落，人心思稳的时刻。杨云标参加中国乡村建设论坛，与专家交流，引来 2003 年刘老石带队到南塘调研，发动群众开展文化活动，不失时机地把理性维权活动转向了积极的合作生产与生活方向，直接导致 2004 年老人协会、文艺队与南塘兴农合作社的建立。这件事在南塘留下了永恒的印象。15 年过去了，在南塘几乎人人都知道刘老石这个人，老人们谈起来无不激动不已。这是第二次南塘受到来自“城市”方面力量的推动。

2008 年是合作社转型建设的关键时期，各种矛盾在这一时期先后暴露了出来。这些问题包括合作社内部经济如何运行问题，文艺活动的方向问题，农资统购与资金互助经营管理问题，合作社办公大楼后续建设问题，管理人员定位等问题。客观而言，合作社经历了近 5 年的探索发展之后，需要进入更成熟的稳步发展状态了。这时曾长期关注过杨云标的作家寇延丁，在考察与实践罗伯特议事规则的基础上，将议事规则专家袁天鹏引入到了南塘合作社。袁天鹏团队在南塘创造性地将严谨复杂的罗伯特议事规则改造为“南塘议事规则十三条”。这一改革对南塘合作社建设发展具有革命性意义，这是中国农村自改革开放以来第一次探索，并且找到的合作社水平高度进行科学管理的现代方法。

事实表明，对乡村而言，来自城市的建设力量有的是正面的力量，也有反面的力量。幸运的是，南塘合作社在每一次关键时刻所遇到的都是正面的推动力量。这种事件在统计学上属于小概率事件。所以，南塘合作社能有今天，似乎是一种奇迹。这种情况可以称得上为“南塘之谜”，而这只能留待以后研究了。

研究归研究，今日乡村社会经济处于绝对弱势地位，城市力量好比是大象的力量，乡村力量好比是草地的力量，而未来发展恰恰需要有好的草地，才能形成有前途的大象与草地构成的命运共同体。南塘合作社几乎是在不可能的情况下取得的奇迹般的初步成功，能够启发我们的城市与乡村向这个方向共同努力吗？这正是我们的期望所在。

党员及党组织为合作社发展起到了决定性作用

走进南塘，访问合作社，很快就会发现一批老党员、老干部在直到今天合作社发展的每一阶段，都发挥了决定意义的作用。

据统计，合作社建设发展史上，曾经有20多位共产党员参与相关建设工作，发挥过重要作用。数十位优秀共产党员始终不渝地直接参加合作社建设，与长达近20年的时间里南塘发展坚定不移地走在正路上，合作社从小到大，从弱到强不断发展，合作社一直保持强大的向心力与凝聚力，合作社事业不断壮大是绝对分不开的。他们的共同努力为党在南塘基层保持崇高的威信做出了重要贡献。此外，安徽省委对维权工作的及时查处，地方管理部门对合作社事业发展的长期坚定支持，为合作社党员开展工作开辟了道路，提供了根本保障。在南塘合作社创造自己奇迹的背后，有如此多的基层共产党员与基层党组织参与建设应当说是自然不过的事。但如果考虑到这是一群多数已经退休或离职的基层老党员，分散在两三个乡镇，没有统一的支部，能够长期自觉地以共产党员的崇高标准要求自己，默默地承担起时代创新任务，相互配合默契，克服重重困难，能够创造出如此伟大奇迹的事实，不能不惊叹他们的伟大！不能不惊叹培育他们的组织的伟大！

合作社的文艺新风与城市休闲方式形成“互补”

乡村就像母亲一样，有着世界最开放的胸怀。她随时都在把自己最美好的东西无私地贡献给世界，也随时用自己的无限宽容，接纳着世界的人们。冥冥之中的她知道，这些都是应该做的。乡村汇聚着历史，是文明的源泉，它包含了一切，且生发了一切。

南塘合作社的文艺队、老年合作社不仅在当地有名气，逢节日、庙会进行宣传表演，为群众喜闻乐见。他们还把节目带向了城市、学校，带去了乡村新风。2011 年合作社文艺队与阜阳师范学院合作进行了“城乡共舞”演出；2012 年 5 月与北京工友之家共同举办“劳动者之歌”演出，2013年初参加北京“打工春晚”演出。合作社因为与社会公益组织的合作，而成为系列“大地民谣音乐会”的长期合作机构，他们的文艺活动和演出活动每年都更新主题，形式百变，影响着城乡大地。这为 2016 年以来在南塘合作社启动“大地民谣文化节”打下了历史基础。

南塘合作社建设发展的消息不断传播到了各地，一批批的人们像探望自己的亲人一样，走进南塘，关怀着南塘合作社的成长，合作社成长的每一步都看到了他们的身影。到今日，合作社接待了数以千计来自全国各地的专家、研究人员、大学生、NGO 组织的代表、农民朋友。

2018 年初，合作社向社会发起寻找 200 位南塘之友的消息，邀请大家每年向合作社捐赠 200 元，以支持南塘的公益事业，这一活动得到了许多人的热烈响应，到 2019 年为止合作社已获得 100 多位南塘之友，他们生活在全国各地，却都有一颗了解南塘、支持南塘的心。

五、南塘合作社的经验与启示

始终坚定走综合合作社发展道路

乡村社会的简单再生产与扩大再生产在本质上要求乡村社会合作。这是千百万年来乡村社会结构单元长期稳定存在的根本原因。1978 年以来，我国实行分户承包责任制，所具有的为解决温饱问题的策略意义，其价值与功能在 1984 年前后基本解决温饱问题之时已基本完成释放。在生态文明战略建设的今天，面对情况更复杂、难度更大、水平更高的建设任务，我国乡村正面临必须重新组织起来，在村级意义上建立综合合作社的客观要求。2007 年以来，我国尝试进行农村专业合作组织建设，部分农户、单一专业经济合作组织建立了一定经验。今日乡村建设工作在客观上要求走向全村庄、多重意义上的农业综合合作，以及以此为基础的多村庄共建的合作联社。近 20 年来，南塘合作社在实践中探索发展的事实一再证明，只有将合作社向综合服务方向推进发展，才能充分释放出合作社的无限生机活力，获得社员们的衷心拥护。

恪守“服务第一、协同发展”的建设方针

乡村社会稳定，乡村经济繁荣，乡村生态环境优美是合作社兴旺发达的根本源泉。而南塘乡村要由现实状态到达目标状态首先

是合作社建设的基本目标与基本任务。一个小小的合作社，在今后几十年里要与各种类型的农业经济体、社会团体，还有千千万万的城市建设力量和谐共处，保证自己每一步都走在正确道路上，最终协同实现如此宏伟的建设目标，就必须要有坚定的不达目标不罢休的理想信念，必须有全心全意为乡亲们服务的合作社建设意识，必须时时刻刻用点点滴滴诚心诚意服务行为建造的活生生的合作社大厦去温暖乡亲们，最终动员乡亲们一道完成建设任务。这意味着合作社要认认真真服务好内部每一位社员群众，要全心全意服务好社外乡村群众，要真心实意地服务好城市消费者。发展经济肯定是重要的，但更重要的是服务民众。合作社在服务民众中发展壮大，在服务民众中与民众生长在一起，共同健康成长，成长为常青树，将为城乡和谐发展奠定牢固基础。

明确有机农业方向，践行乡村振兴战略未来发展趋势

南塘地处黄淮海平原国家粮食主产区，当地实行"冬小麦－夏玉米"轮作机制已经几十年。2017 年典型调查结果显示，27 户村民有土地面积 151.7 亩，其中粮食生产面积占 143.2 亩，经济作物生产面积 8.5 亩。粮食作物（玉米、小麦）占比 94.4%。人均粮食占有量 646 千克，生产方式仍属于常规现代农业类型，在黄淮海地区具有典型代表性，粮食生产能力高于长江下游地区平均水平。

南塘合作社也在积极尝试改革。2014 年开始，合作社尝试小规模蔬菜、小麦的无化肥、无农药种植；2017 年，安排 2 分地生态有机小黄姜、10 余亩大豆、1 亩玉米、2 亩花生及芝麻、甘薯的有机种植试验。到 2019 年为止，合作社种植小黄姜三亩多，另种植四亩多的生态黄豆，以及少量的红薯。合作社的有关建设处在初期阶段，存在紧迫的社会需求，需要利用有利时机，加大力度，做好试验示范工作，寻求乡村集体产业发展的道路。

根据有机农业国内外理论探索与实践进展，展望其未来发展趋势与农业安全目标方向间的关系，可以明确推断：第一，有机农业可以保障农产品质量，能够从根本上解决食品安全问题；第二，在单位面积产量保障技术已经取得部分进展形势下，可望实现有机农产品生产基本不减产，甚至增产，能够保障粮食安全；第三，由于有机产品价格更稳定，将使农产品总体市场价格有提升，消费者愿意为有机产品支付更高的价格，进而可整体稳定与增加乡村收入，这在根本上可为解决乡村社会安全问题提供根本保障；第四，有机农业大量使用环境友好技术，可全面解决自然地理系统存在的安全威胁问题。由此可见，南塘合作社应将自己的发展与有机农业发展的历史大趋势结合起来，导入有机农业，自觉用有机农业标准严格要求自己，引导未来当地乡村振兴，产业兴旺的建设大趋势。

文化建设、社会服务、生产发展三方面统筹共建

乡村为地理系统的基础结构单元。地理系统性质决定了乡村系统三元结构特征。其一为农业生产系统；其二为乡村社会系统；其三为乡村区域社区系统。乡村系统具有开放的复杂巨系统的性质。分析今日乡村建设的实践路径，基本归纳为三种类型：第一，从农业生产系统开进路径。如甘肃吕坪合作社，是从马铃薯生产经营入手的，朗坤集团海南石山镇项目，是从互联网切入，落脚于石斛等生产与经营项目；第二，社会系统开进路径。如山西永济的蒲韩合作社最初是从妇女健身活动、广场舞开始。此外，河南灵宝市罗家村项目建设最初也是从社会系统导入开始的；第三，社区资源环境系统开进路径。如安徽三瓜公社南瓜村建设始于村庄改造建设。现实案例中，也有两条路径结合导入的情况发生，如河南省郝堂村建设是社会系统与乡村区域社区系统综合建设导入开始的。

值得注意的是，无论是单一或两条路径结合进入乡建系统，都将迅速面临向乡村系统综合展开发展的要求，即殊途同归，最终走向以农业生产系统为抓手，乡村社会系统为主导，乡村区域社区资源环境系统为基础的发展方向。假如一段时间内，农业生产系统不能建设好，那么乡建工作则将面临“皮肉之苦”；如果乡村社会系统建设不能跟上步伐，乡建工作就会遭受“心腹之痛”；而倘若乡村区域社区资源环境系统处理不到位，乡建工作则终将难免“性命攸关”的生死考验。乡村建设中存在三元结构木桶效应这一客观规律，曾使许多乡建工作者吃尽苦头，许多情况下不得不铩羽而归，其教训惨痛，值得汲取。

乡村建设工作三位一体，同步建设，协调发展的建设方针，无疑增加了有关建设工作的难度，但也平生出了其特殊性、科学性、客观性、戏剧性。这充分彰显出生态文明建设是一场深刻的以产业革命、“文化革命”、政治革命、生态革命为基础的社会革命伟大变革。南塘合作社应在原有工作基础上，分别农业生产、村庄社区、乡村社会建设三方面布局工作，因势利导，有效利用合作社内外积极因素，推动合作社健康有序地向前发展。

社会经济生态协调发展，协助务工人员参与返乡建设大潮

2017年春节期间，南塘合作社曾组织召开在外务工人员座谈会，有30多人参加会议。这是与合作社直接关联的数千名进城务工人员的代表。1978年以来，受国家社会经济发展的影响，一批批乡村青壮年进城务工。他们为国民经济建设做出了重要贡献，如今仍积极活跃在各地城市与各行各业中。在全国看，这是一支数以近3亿人计的农民工城市建设大军。

农民工很显然是未来乡村建设的主力军。这是因为，第一，农民工及其子弟是乡村社会的核心力量，他们年富力强，受教育程度较高，是国家最优秀的劳动力资源；第二，从改革开放开始，农民工便不辞劳苦，走南闯北，东奔西往，在生活中磨炼，已经成为当今中国社会跨越城乡、兼通工农、甚至往来于中外，成为当今世界最不同寻常、最具战斗力、最具智慧的生产力队伍。他们是联结当今我国整个国民经济与社会的最强有力的载体与社会新生网络，他们中相当部分人已经成为国家建设的栋梁之材；第三，作为撑起中国社会脊梁的农民工及其子弟从乡村来，对乡村最熟悉，与乡村社会的感情最深，与乡亲们心连心，在村民中威信高，一旦转向乡村建设，就能够凝聚人心。今日中国，面临城市建设基本告一段落，工业产能总体过剩，工业生产力智能化大发展，乡村建设重新成为主战场的战略格局。动员优秀农民工返乡或在城市参与建设乡村的时机已经成熟。近代中国用自己的发展历史已经造就了一支建设乡村，繁荣乡村，城乡和谐的大军。

建立党支部、争取城市力量，“党政合一、城乡融合”推动合作社均衡稳步向前发展

南塘合作社发展的历史证明，当前乡村建设的重要立足点就是积极利用城市先进生产力量支持乡村建设。在当前城乡结构格局下，国家的科技力量在城市，金融力量在城市，政策制定的力量在城市，甚至优势劳动力资源也分布在城市。这意味着城市是国家社会、经济、科技、政治决定性力量的所在地，表明乡村建设战略地位要由潜在形式转变为现实方式是一个长期的生长过程。在此过渡期间乡村必须争取城市力量参与建设，并且要注意发现并利用城市支持乡村的健康力量，而规避不健康力量的破坏性。因我国乡村历史积淀深厚，近代以来经历激烈的工业化与城市化进程，未来发展中全球乡村繁荣、城乡和谐的建设地位突出，城市建设力量已经在发生分化，部分优势工业化建设力量向国际系统逸散，其余部分转向乡村建设及城乡一体化建设。目前正处于分化过渡期。南塘合作社应继续保持开放思想意识，积极争取城市建设健康力量支持，稳步推动合作社均衡发展。

安徽南塘合作社的发展过程证实，党的农村基层党员们在关键时刻、关键问题上曾发挥重要建设作用，他们是可以信赖的。2014 年以来，贵州塘约村用 2 年多时间发展建设的事实，再次给了我们启示。当地政府在总结中特别强调了四点经验：一是突出基层党建引领，二是强化农村综合治理，三是大胆改革创新，四是找准发展路子。四点中最终可归结于党组织强有力的领导。合作社面临长期进行伟大的乡村建设任务，像南塘这样已经成为数以 700 户计的经济与社会组织，多年来党员群众已经自觉地以个人身份加入其中，并且建立了崇高的威信，新时期一大批青年人已经加入合作社，未来还将迎接有更高生产力水平的进城务工队伍入队，在全局意义上形成国民经济建设的重要基础性领域。我们党应不失时机地制定政策，在有条件的合作社建立党组织，党政合一，领导相关建设，在新的历史时期建功立业。

后记：

2018 年 10 月。北京打工艺术团团长孙恒、九野乐队主唱段玉、中国社会科学院卜卫教授与南塘合作社的老人代表、青年代表一起在艺术家部落，发掘南塘历史、展望南塘未来，共同创作了南塘村歌。让我们唱着村歌，走向未来！

《南塘我的家》

您不顾辛苦，一生奔波劳碌
汗水洒满田地，泪水流淌心里
你一砖我一瓦，一砖一瓦建家园

浓郁醇香的南塘酒，坚硬岩石铺起的路
合作的歌声迎风飞，伴着晚霞把家归

花挑子划旱船，人间舞台四季唱
民府小院书声琅，农耕劳作放光芒
蓝天白云下，南塘就是我的家

浓郁醇香的南塘酒，坚硬岩石铺起的路
合作的歌声迎风飞，伴着晚霞把家归
浓郁醇香的南塘酒，坚硬岩石铺起的路
合作的歌声迎风飞，伴着晚霞把家归
蓝天白云下，南塘就是我的家
南塘就是我的家

图片提供：南塘合作社

504
消防箱
501
502
417
消防箱
416
415
消防箱
消防箱

第二章
城村共生

Chapter 2
Coexistence of Village and City

城中村与城市旧街区按照乡村传统的定义虽然不属于乡村范畴，但是它们的空间形态和社区组织关系与乡村有极大类似，面临着很多类似的问题，这种介于“城”与“乡”之间的空间有重要的研究意义，很多设计师对此类空间的探索也将为乡村空间带来启发。随着城市发展，此类空间或许会成为联系城乡之间的纽带与桥梁，成为一种介于城乡之间的第三空间。

盐田大梅沙村建筑改造及公共空间提升
——村是厨房，戏隐人生

Spatial Re-production of Dameisha Village in Yantiaan
—Village as kitchen, drama inherent in life

项目地点：深圳，盐田大梅沙村
项目类型：建筑改造 + 公共空间提升
设计单位：南沙原创建筑设计工作室
主持建筑师：刘珩
设计团队名单：
刘珩、黄杰斌、吴义娟、吴丽娴、张继源、杨嘉惠、黄赞宁、洪荻、徐志波、Ivana、李诗瑶（实习）
业主：深圳市盐田区人民政府
设计时间：2017 年 4 月—2017 年 10 月
建设时间：2017 年 10 月—2017 年 12 月
建筑面积：
菜田地展览馆：407.9 平方米
榕树边的十号楼：206 平方米
九号楼：260 平方米
规划 + 建筑 + 景观 + 室内：南沙原创建筑设计工作室
结构：深圳佰邦建筑设计顾问有限公司
重点照明：深圳汉都灯光设计咨询有限公司
摄影：CreatAR Images + 南沙原创建筑设计工作室
材料：菜田地展览馆：混凝土、玻璃、青砖
榕树边的十号楼：钢板、透明阳光板、青砖、玻璃
九号楼：钢板、玻璃、马赛克、彩色自流平

背景

2017 年深港城市 / 建筑双城双年展（深圳）以“城市共生”作为展览主题，选取深圳南头古城的城中村作为展览的主展场，探讨当今世界和中国快速城市化的语境下，城市生活的另一种愿景和可能性。南沙原创主持建筑师刘珩受到盐田区政府的邀请，作为盐田分展场的建筑师和建筑策展人，她的出发点是希望延续在 2015 年深港双年展的策展中关于城市改造更新的实践方式：以大梅沙村为样本，用文献研究、田野观察、实践介入和跨界合策的一脉相承的方法论，给盐田区的社区改造和城村共生探出一条新的思路或可能性。

航拍图

大梅沙村

有别于那些夹杂在深圳中心城区众声喧哗、鳞次栉比的城中村，盐田大梅沙村是一个不急不躁、慢条斯理的“非典型”城中村；它的北面是 Steven Holl 设计的深圳万科中心；南面是每个节假日就拥挤不堪的大梅沙海滨公园和度假酒店。

始于经济和政治的地缘优势，大梅沙村同深圳的其他城中村一样，经历自上而下的城市化进程，周边新建的高端楼盘和旅游业的快速发展在给大梅沙村的原住居民带来大量的直接经济收益的同时也创造了大量就业机会，伴随而来的是不断涌入的外来人口对于廉价租赁空间的需求。而地处旅游区的大梅沙村由于规划管控，没有像其他城中村那样疯长出高密度的握手楼，这里依然是邻里街坊随遇而安、岁月静好的模样：多年来原有村落一直只是一二层楼高；虽是客家聚落，却没有传统客家民居的宗祠和祖屋，村里唯一一处与民俗信仰有关的场所是北入口进村的一个老榕树和榕树下放着的各种信仰的神龛；除此之外，村里的公共空间也只有南入口进村几十米处的一个市场集散地以及东入口附近的菜田地，这二个公共空间通过旧村落自然发展出来的基本街道串联起来，加上散落在街道之间各式各样民宅和小菜田，就构成了整个大梅沙村的日常生活场景。在高层林立和车来人往的现代环境里，这种半自给自足的村庄生活突显出它的另类和别样风味。当然，不无例外的，大梅沙旧村西侧还有依据 10×10 平方米标准宅基地规划出来的方格新村，但相比于自然生长的旧村，新村显然缺乏一种自下而上的亲和力。

建筑实践展：空间再生产

经过数次场地踏勘和与当地村民沟通后，我们逐步梳理出一条清晰的空间再生产叙事策略：遴选出 10 栋点状分布的民宅进行建筑改造，村里现有 500 米长的街道串联起这些民宅，以及榕树广场、中心广场和菜田地，同时因为展览本身的诉求，我们选择在菜田地上建造一个临时展馆，作为供整个展览集中展示的大空间。以厨房为展览和改造的主题，将之嫁接于“1+10+500”的空间上——依循村里旧建筑的改造与村中的

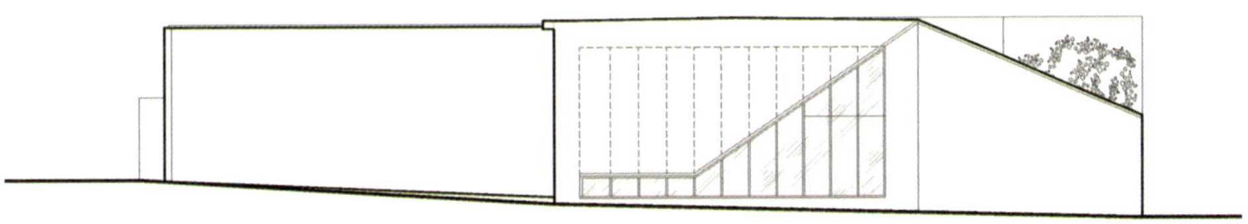

西北立面图

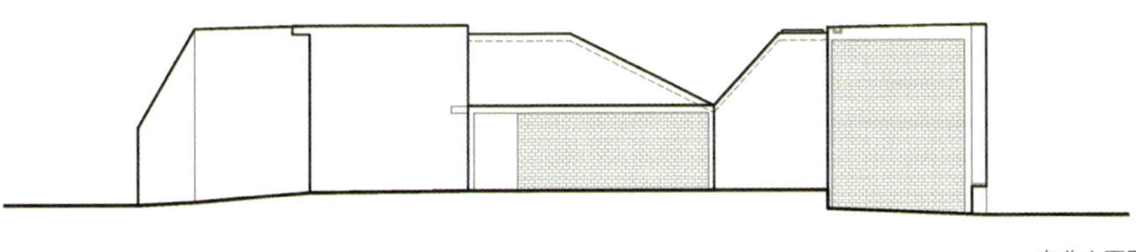

东北立面图

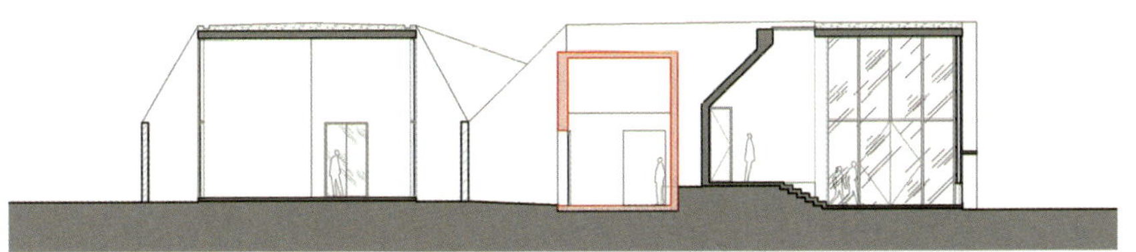

A-A 剖面图

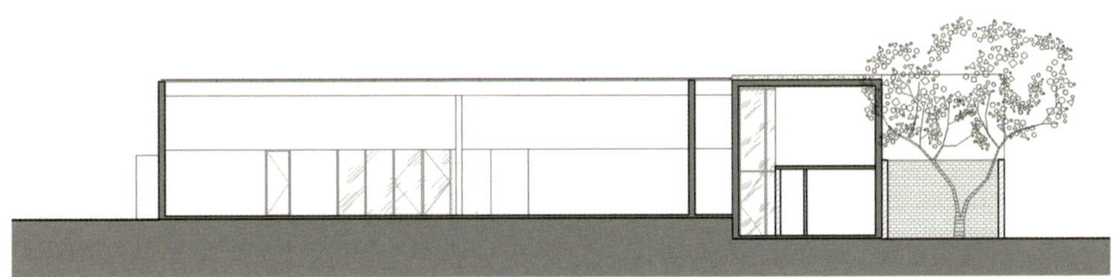

B-B 剖面图

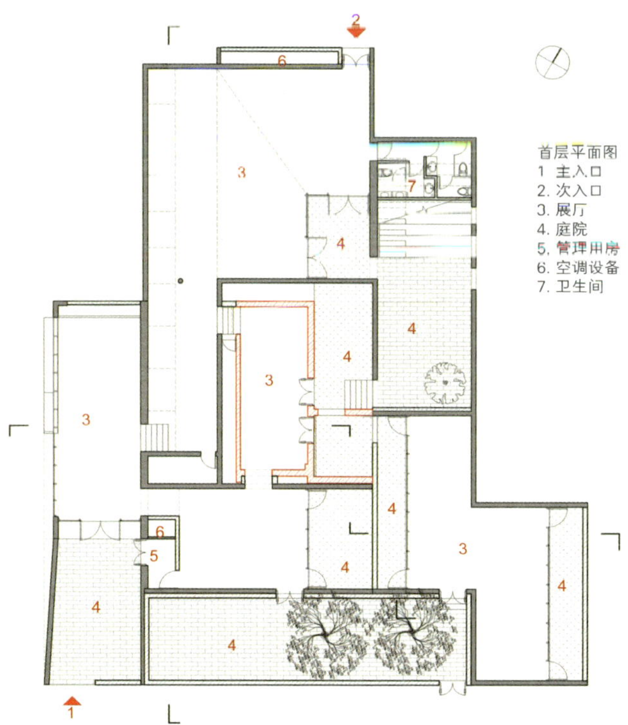

日常生活在同一时空并行，相比空间改造而言，我们更注重大梅沙村居民生活品质的提升，希望以此能撞出不一样的实践。

邀请有相似经验、不同角度的建筑师参与改造，是创作出多元差异性空间的前提和基础。这次实践展邀请了来自北京、上海、深圳的不同设计风格的五家建筑师事务所（刘珩 + 南沙原创、俞挺 + Wutopia Lab、杨小荻 + 普集建筑、张斌 + 致正建筑、臧峰 &James SHEN& 何哲 + 众建筑），以半命题作文的方式参与建筑的微改造。建筑师根据现状建筑的空间形式因地制宜地进行改造，发挥各自独有的创作风格。其中，榕树边的十号楼、菜田地展览馆和九号楼，500 米公共街道由南沙原创建筑设计工作室设计完成。

榕树边十号楼

如同典型的南方自然村落，榕树是一个村的灵魂和生活中心。由于没有一个固定的宗祠，以及大量外来人口的涌入，大家都不约而同地在这榕树下参拜各自信仰的神仙，榕树下就类似于一个百家神的聚集地。榕树旁有一个约 100 平方米的单层封闭建筑（现为 10 号楼），是原来老村的粮仓，已经废弃多年。虽然只有一层，但封闭的混凝土墙体与旁边开放性的广场和街道肌理格格不入。当我们接手这个项目的时候，考虑到其地理位置的特殊性，认为这栋建筑应该是一个开放的空间，与居民生活有互动，能成为一个公共场所，一个社区服务中心，例如书店或小的戏剧社，可以带动整个村落的活力。甚至能跟榕树和神龛产生一些跨越时空的对话。

改造遵循着因地制宜，顺势而为的原则，提出“通”“融”“透”的设计理念。“通”——斜切的楼梯通道嵌入原建筑，打通了巷道与榕树广场的路径，延续城中村巷道四通八达的特征；“融”——保留原建筑首层框架结构作为基本结构体，架起一个新二层，曲面屋顶的弧度及天窗与神龛处的大榕树遥相观景，并突出场所感；“透”——采用透明阳光板减轻建筑的体量感，建筑室内空间与室外空间相互渗透，新二层立面及屋面的轻和透，与原混凝土结构的重和沉，形成鲜明对比。虚与实、新与旧，独立与融合，改造后的建筑，一方面通过保留原有承重结构和回应榕树的空间关系，尊重了原有村落文化和空间记忆；另一方面，又通过拼贴式的城市设计手法，打破围墙，将自身“强行”植入到原来街道肌理中，给居民带来了不同的空间体验和时尚感。

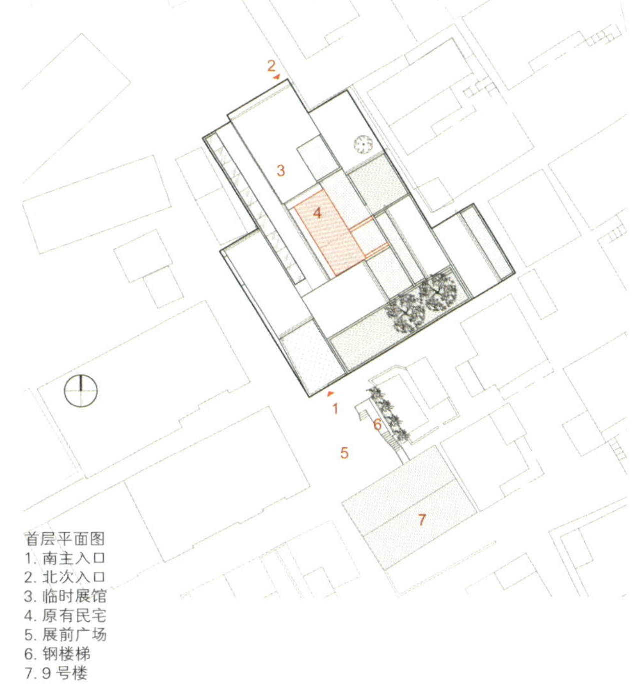
首层平面图
1. 南主入口
2. 北次入口
3. 临时展馆
4. 原有民宅
5. 展前广场
6. 钢楼梯
7. 9 号楼

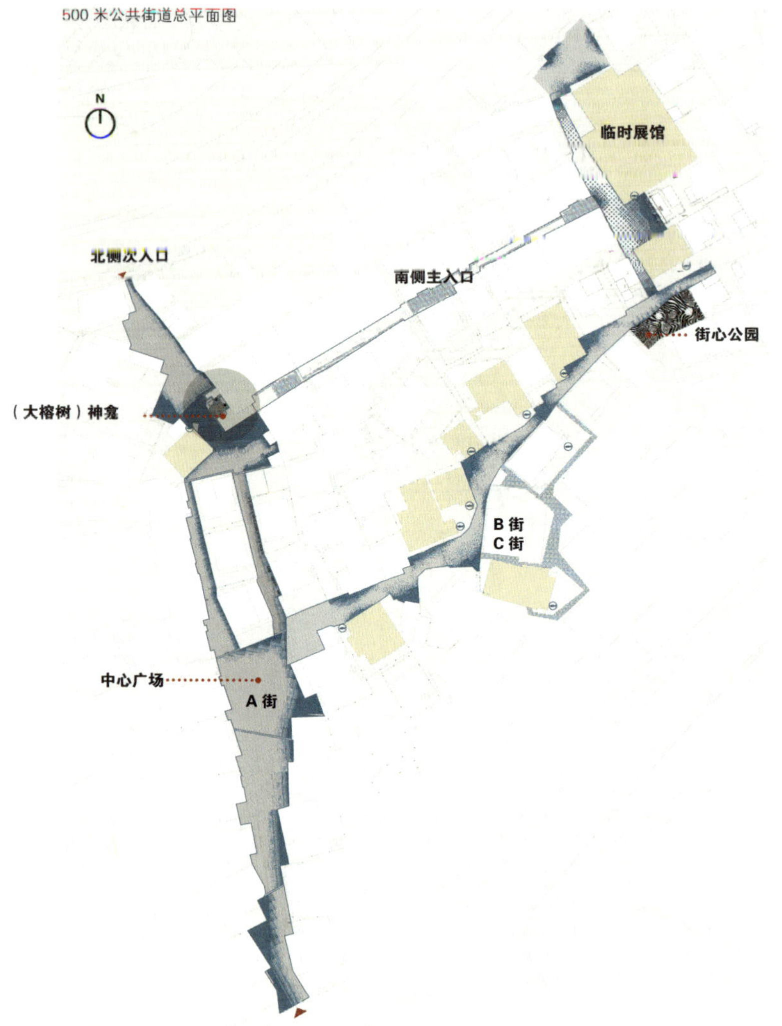

500 米公共街道总平面图

值得一提的是 10 号楼这次的“艺术介入”。艺术家宋冬一开始就对老村的这个榕树下的神性空间特别关注，因而希望借此旧粮仓进行创作。这是刘珩和宋冬的第二次合作，但这次合作双方没有碰过面，最后发现宋冬的作品《城中村中城》跟 10 号楼的空间策略竟然不谋而合。也许是共同的出发点和榕树所具有的精神性的作用，让建筑师和艺术家在这里做出各自的想象，彼此共生共享，共同激发出城中村的活力。

菜田地展览馆

村于东南角，在民宅之间保留有一处约 800 平方米的空地，那里曾经也是宅基地，但如今已然废弃，变成了几户居民家的菜田地。由于展览需要一个较大的空间去承载，这里是最佳的场所选择。我们注意到大梅沙的建筑基本上都是 10 米 ×10 米的宅基地尺寸，在场地中间现存有一栋约 100 平方米的 L 形住宅。设计构思源于对这栋需要保留住宅的尺寸的演绎以及由宅基地的面积所带

剖面图

来的村落肌理空间的思考。我们的设计首先将整个场地划分为若干 100 平方米的宅基地尺寸，并在此基础上将每一个宅基地尺寸二次分解为室内和室外，室内空间和室外庭院的排列组合形成 6 个相对独立又彼此串联的展览空间。多个室内与室外的交叉组合让“盐田盐怎么·盐田田”的专题展览空间具有一条清晰的线形流线，也让游客在进入同一空间时拥有多种选择。

菜田地展览馆和 9 号楼之间的广场是我们最后的一个设计内容，一开始没有考虑到两者之间的关系，设计过程中发现在这两栋建筑是可以在空间上产生对话的，所以我们在广场上引入了楼梯，希望人们可以在这里逗留，逗留的时候既可以看到 9 号楼也可以看到新的展览馆。在 9 号楼的立面上做了银色的反光漆，反射对面新的建筑。在广场上，则尝试使用发光石，夜幕下的广场有着星星点点的浪漫，成为村里独一无二的邻里交往场所。

五百米·游戏间

500 米的展览路径围绕大梅沙居民靠海生活的“水文化”展开，通过将场地现有零散空间进行梳理和整合，发展

出 A、B、C 三条展览路径，以及神龛和街心公园两个重要空间节点。街道地面以灰色透水砖方式来修复和整合不同材质的原始地面，部分灰砖表面涂刷渐变蓝漆来延伸“水文化”意象。

在 A 街的设计中，以“街道客厅”作为主题，回收利用废旧家具，将不同的情景装置作为一个个人性化的公共设施放入到大梅沙村的公共街道中。B 街作为本次展览的主路径，衔接了 1~9 号楼以及展览馆，每栋改造建筑都对应着一个鱼灯作为建筑入口的导引，而鱼灯设计原型来自盐田区享有国家级非物质文化遗产的沙头角鱼灯舞所用鱼灯。C 街作为本次展览的特别路径，其设计从“日

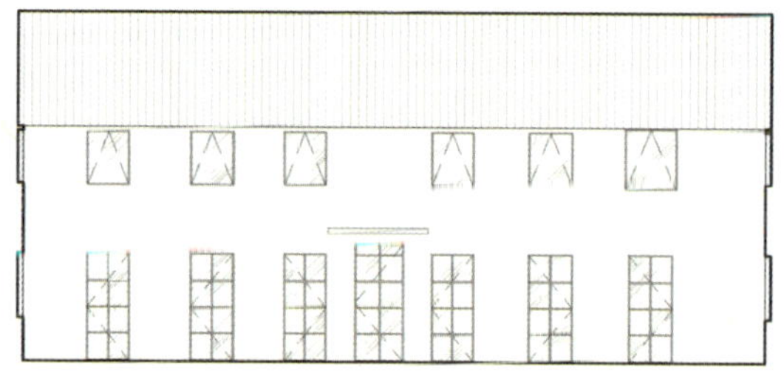

东南立面图

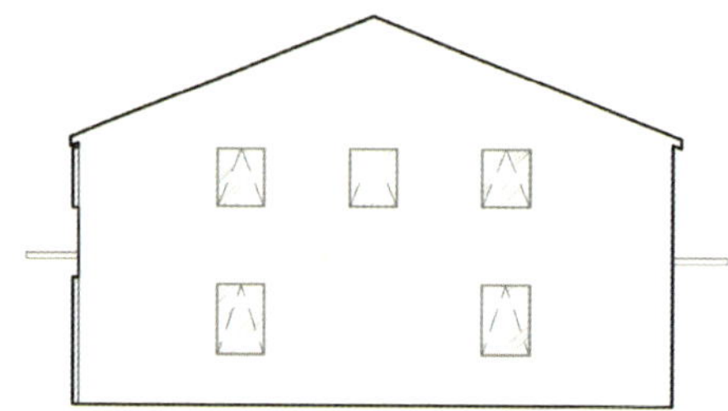

西南立面图

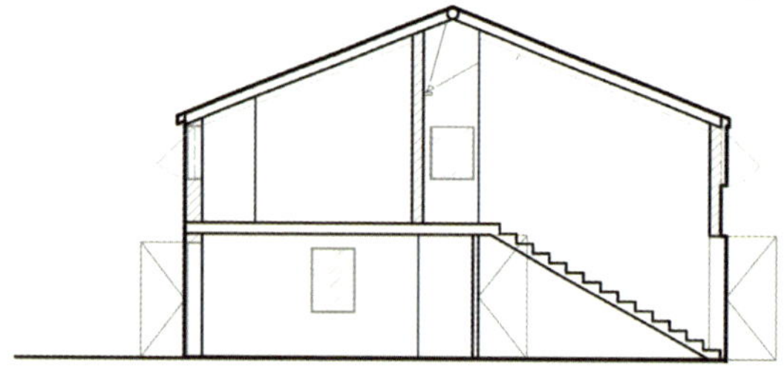

A-A 剖面图

常性”街道主题切入，糅合了村民生活中晾晒、储物、种植、休憩等日常行为，用模数化的框架结构整合设计，同时也让村民真实的日常生活成为展览的一部分。

后记：城村共生

法国著名哲学家Henri Lefebvre在他的著作《城市革命》（The Urban Revolution）中对“城市”定义为“The Urban”，而不是“The City”。他认为，“城市创作了什么？什么也没有。它只是把创造变成了它的核心动力，因而它又是所有。如果没有交换，没有联合，没有接近，即是说，没有相互作用和关系，城市就什么都不是；城市创造了一个场景，在这个场景里，不同的事件一件接一件地发生，所有这些差异，不是独立存在的，而是因为差异而产生了相互作用和关系。”

因此，城市（The Urban）是一个纯粹的空间：相遇、集结和同时性的场所。这空间里没有具体的内容，但却是活力和吸引力的核心。城市是魅力的场所，但它不是一个形而上的集合体，而是一个具体的、不断实践中的抽象性。有生命的生物，工业的产品，财富和科技，文化产物，生活方式、阳春白雪下里巴人的日常。城市积累了各色各样的内容，但又不同于也多于单纯的“积累”……总之，城市，“既形式也容器，既空虚也丰富，既超物体也无物体；超越意识又是意识的集合体，与形式和内容差异性和复杂性的辩证逻辑相关联。”

村是厨房，只是在快速城市化的过程中，城和村有可能共生共荣共享在建筑和艺术领域的实验和尝试。它不是一个乌托邦，是一场完全可以操作和实现的“软硬兼有”的空间再生产实践。

深港城市
建筑双城双年展
B4

城市共生：南头古城保护与更新

——村/重生：城市共生下的南头实践

Urban Coexistence: Nantou Old Town Preservation & Regeneration, Shenzhen

—Village/City coexistence and regeneration in Nantou

项目地点：深圳，南头古城
设计单位：URBANUS 都市实践
建设单位：深圳市南山区人民政府
主持建筑师：孟岩
城市设计与研究阶段
建设单位：深圳市南山区文化体育局
项目时间：2016 年
占地面积：282,637 平方米
项目经理：林怡琳
项目组：李聪毅、刘勘、张雪娟、吴然、田林、郑娜、王一帆、韩偲颖（实习生）
建筑改造阶段
代建单位：深业置地投资发展（深圳）有限公司
设计时间：2016 年—2017 年
占地面积：38,150 平方米
建筑面积：12,485 平方米
景观面积：24,469 平方米
项目总经理：林怡琳
项目经理：臧敏
项目建筑师：饶恩辰、Milutin Cerovic
建筑组：游东和、姜轻舟、刘勘、郑植、陈卉、李聪毅、廖梦君、申晨、张超贤、杨浩洲、肖世豪、翁永琪、曹竣（实习生）
景观组：魏志姣、李冠达、许潇、蔡琪、刘雨浓、韩珂（实习生）
合作：深圳市清华苑建筑与规划设计研究有限公司（施工图）
深圳市共和设计工程有限公司（室内施工图）
2017 深港城市/建筑双城双年展（深圳）
城市 + 建筑板块总策展人：孟岩、刘晓都
摄影：张超、吴清山、URBANUS 都市实践
图片版权：©UABB、©URBANUS 都市实践、© 吴清山

1. 南头，城还是村？

深圳一直以来在有意无意间被塑造为一个只有短短三十几年历史的年轻城市，直至今天，深圳奇迹般从一个“小渔村”一夜间演变成现代大城市的神话仍然充斥着主流媒体和大众的想象；与此同时，一个凭空出世、没有历史记忆、缺乏文化滋养的经济特区城市形象多年来也如咒语一般如影随形。事实上，位于今天深圳市南山区的南头古城有着始于晋代的1700余年建城史，明清两代曾经是深港地区的政治、经济、军事中心，管辖着包括今天的深圳、珠海、香港和澳门等广大地区。南头城池在清代前期“禁海迁界”期间曾遭损毁并放弃，之后又复建，直至新中国成立初期宝安县政府外迁，南头城才终结了她1700余年的城市历史而回归为一座古城墙环绕的寂静村庄——南头村。随后几十年，随着经济发展和人口增长，村庄逐渐突破了城墙，城内外大量历史建筑被重新改造和拆除，古城不断消失而村庄不断生长。

20 世纪 80 年代，随着深圳经济特区的建立，深圳的城市化先是以政府和国有企业主导，之后是以规划为依托、开发商大规模介入实施、自上而下的城市化进程；与此同时，和其他被不断扩张的城市所包围的村庄一样，南头村也经历了一场平行于外部城市世界的自发而另类的城市化进程。不同的是，在城乡土地二元化的历史遗留和日益增长的市场化需求双重裹挟下，这场演变既受迫于外部城市的挤压又得益于市场需求和城市政策的疏漏，它是一场自发的以村集体和个体为实施主体的非正规实践。村民在自有宅基地上原本可建造两层自用住房的规则被突破，自家居住被出租房屋的市场行为替代；之后随着市场需求的暴增，通过村民一次次的翻建、抢建而不断增大增高的小楼最终最大限度地充满了宅基地，形成了高密度的“握手楼”群——一种遍布珠三角地区城中村的典型空间格局。城中村正是在城市管控失效和纯粹经济理性驱动下形成的特殊而另类的城市空间以及经济和社会环境，它们往往位于城市中心却提供了相对低廉的出租房和多样在地的就业机会，成了新来者适应外部严酷的城市竞争环境的临时缓冲区和避风港。时至今日，深圳和珠三角地区城中村的意义绝不仅仅是一块块被城市所包围分割的农村飞地，而是早已拼贴与融合到城市现实生活之中的“城市化的村庄”；更确切地说，它已经成为一种不同于中国当代城市和村庄二元格局下的新的第三种类型——“城 / 村”，它不仅成为不断涌入的新移民首选的“落脚城市”，而且早已融入今日我们生活的城市血脉之中，与之生长一处不可分割。

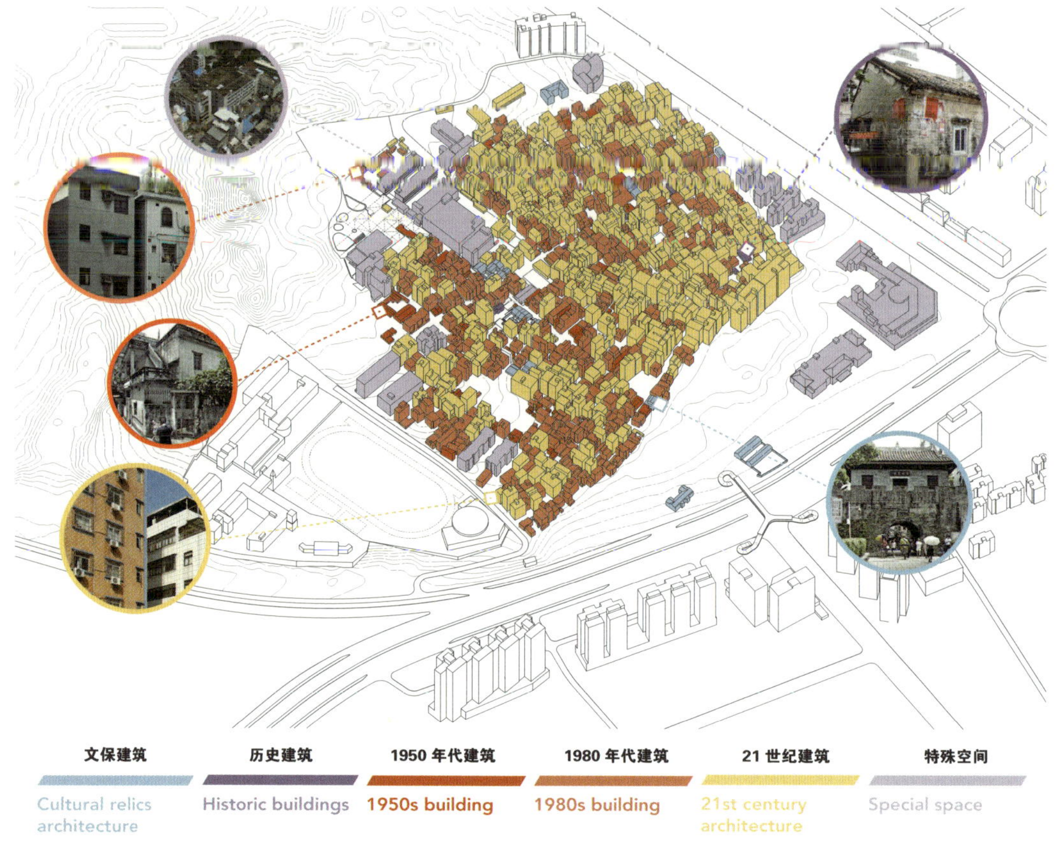

2. 南头，古城保护？城中村改造？

南头村经过几十年的发展，相比于其他城中村，稍感庆幸的是尽管古城早已面貌皆非，主要街道格局仍然依稀可辨。古城南门和东门仍然健在，城内外还保留有数处祠堂、寺庙、民居、教堂等历史建筑，地下更是拥有非常丰富的考古遗址。今天的南头是一座千年历史古城与当代城中村的共生合体，在历史和现实的时空交叠之中，它既是城也是村，既非城也非村，在密集嘈杂的当下生活现实底下暗藏着古老历史的空间线索和时间记忆。

过去的十几年间，南头一直纠结于古城保护以传承历史和城中村改造以改善民生的矛盾之中，城内外零星的保护和改造从未间断。几届地方政府也一直试图重新开发古城的文化和旅游资源，这期间虽然积累了大量研究和策划提案，但由于种种复杂的历史原因一直难以实施。2016 年初，当都市实践的设计和研究团队介入南头保护与更新项目之时，我们发现长期以来困扰南头未来发展的焦点除了不得不同时面对历史遗产保护与城中村改造两个似乎相互掣肘的命题，更为重要的是如何同时准确定位南头的历史以及当代价值，这才是关乎它的未来走向的大观念问题。我们的研究借由叠加古城多重历史信息入手，梳理古城文脉；同时开展详细的现场调研，在历史和现实之间交叉比照，逐渐明确古城未来的发展定位。一部南头古城的发展史就是一部完整浓缩的深圳城市发展史，相比空间改造而言，古城重生更需要的是居民生活品质的提升以及它所承载的本土文化的复兴。

我们研究了国内外大量城市历史片区改造实例，分析了历史保护与改造观念的不断迭代，认为只有尊重历史原真性，且珍视各个时代的文化层积和历史印记，才能塑造一个本土文化历久弥新、永远鲜活的城市历史文化街区。我们提出：今日的南头不再是传统意义上的“古城”，而是承载着千年古城文化，且沉淀了深圳各个发展时期空间、社会和文化遗产的“南头故城”。她是深圳仅有的能将千年文化传承谱系与近三十余年中国高速城市化的过程全光谱式并置呈现的珍贵城市文化样本。

3. 城市即展场，展览即实践

基于前期在南头的城市研究，都市实践为南头古城保护与更新提出了以介入实施为导向、由点及面渐进式激活、以文化活动促进古城复兴的发展模式，并依据现场情况提出近期可行的6项量身定制的改造计划：游园复兴计划、边界重塑计划、古建保育计划、主街领航计划、文创工厂计划、内城动态更新计划等。这些计划特别关注以重点公共空间改造及公共活动引入对激活和推动古城重生的意义，在此之后也正是基于前期充分的现场调研、分析策划、城市设计和研究工作，我们在本届双年展选址过程中提出了将“深双”嫁接到南头的设想。

展览选址通过以后，经过更深入的历史文献研究和现场调研，我们逐渐梳理出了一条空间改造和展览植入高度吻合的叙事主线。围绕这条主线的一系列改造可以通过最有效的介入，对城内现有居民生活最少打扰却能最大限度地提升古城公共空间品质，并为未来的发展留有足够的空间。

现今的南头古城坐落于深南大道以北中山公园以南，依南向缓坡而建。古城历史上曾有东西南北四座城门，北门在清中叶被废弃，传统县城十字街格局的北街随后也渐渐失去活力。古城北部的中山公园曾是深圳最早的公共公园，建于民国年间，古树参天、绿荫环抱、游人如织。而环绕20世纪80年代建造的工业区的围墙把中山公园与古城彻底隔开。我们决定打通这一关键节点，重新疏通中山南街的北向延伸，部分恢复古城十字街格局的同时把中山公园、古城和南门公园直接连通，这一结构性的关键步骤成为古城未来改造的起点，接下来的改造介入和双年展的一系列展场便都以这条结构主线渐次展开。

秉承南头古城保护与重生的城市设计思路，结合双年展展场空间遴选，我们尝试重建南头十分匮乏的公共开放空间系统，将以点状分布的建筑空间和室外场地串联为展线，展场分布由北向南分再向东西延展为5个板块：A. 工厂区组团，B. 十字街组团，C. 南城门组团，D. 古建筑组团，E. 春景街组团等。整个展览的空间叙事继而由以下7个环环相扣的主题计划串接而成，类似文学和戏剧结构的起承转合、高潮起伏。

创意工厂与集市广场 -A123
A5
A4
A3
A2
A1
A6
B4
B3
合：报德广场
转：十字街广场
乘：书院广场
起：南门公园
隐：城中绿洲

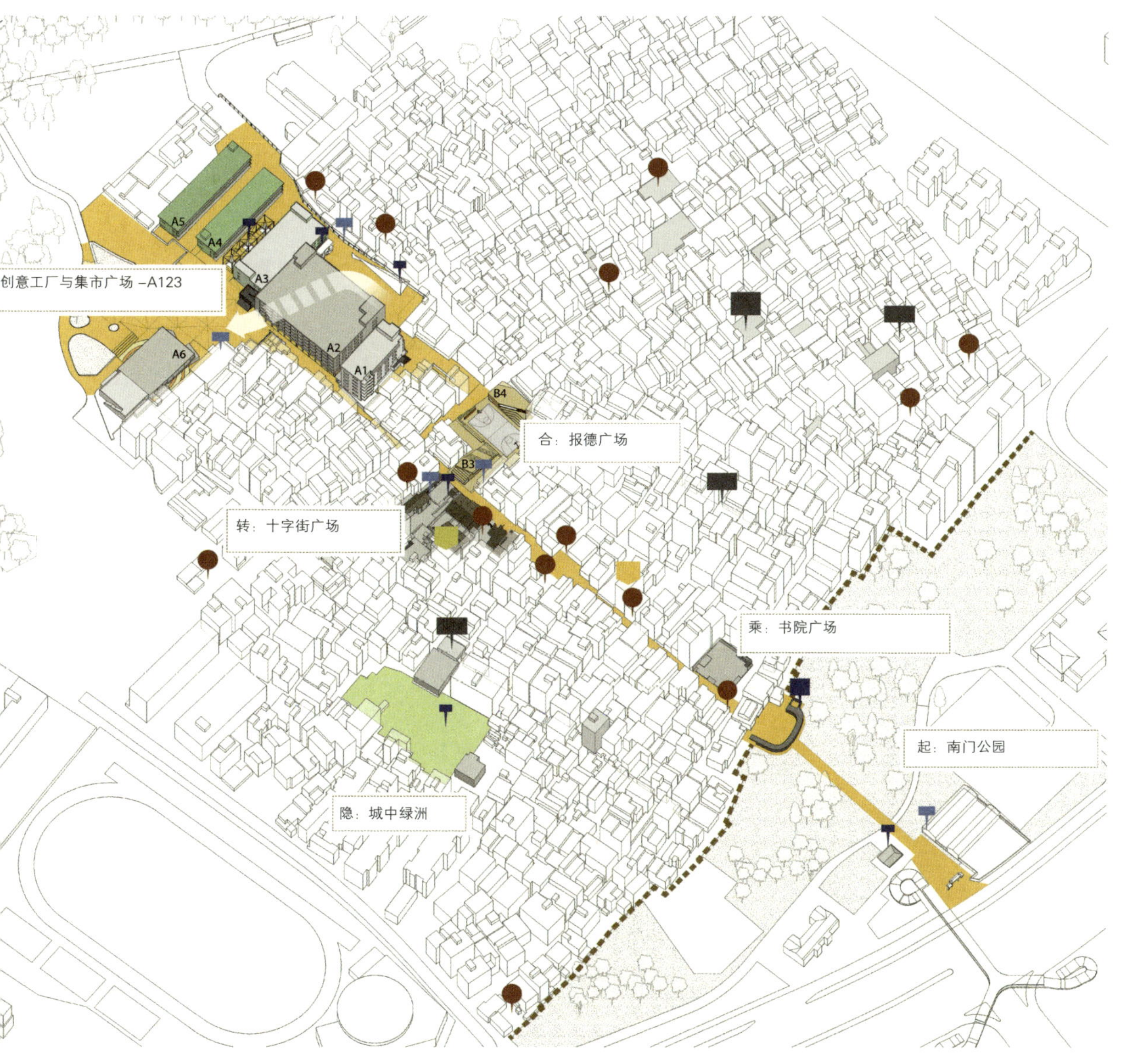

平面图

4. 空间结构与展览叙事

南门公园

沿深南大道西行过南海大道不远就能见到南头古城牌坊，东边是关帝庙，西边不远处是南头博物馆，原为建于1950年的宝安县政府所在地，北侧围墙内是东晋城壕遗址的发掘场地。古城南门是南头现存最古老的建筑物，已有六百余年的历史。南城墙早已不存在，有趣的是随着近年来不断拆除南门以外至深南大道之间原有一些建筑物，古城的原有轮廓逐渐被剥离出来；继而沿着原来古城墙密集建造的城中村小楼被刷成灰色或贴上灰瓷砖和坡屋檐，加上部分新修的城墙片段，可以看出试图恢复原有古城风貌的努力。我们认为仅仅满足视觉化的风貌还原和再造并不可能真正恢复古城，只有把古城重生当作一个综合解决当代城市问题的命题，才有可能找到历史时间与现实空间、物质遗产与人文生活的平衡点。

我们希望在南门外现存的人文景观资源之间建立联系，同时在公园里植入新的互动体验以重塑进入古城前的空间序幕：穿过南头古城牌坊，西边新建一处由非常建筑设计的信息和小卖亭，似旧时村道边的路亭，它出挑的砖砌屋檐可供路人在其下休憩小饮。往北是临时搭建的“瓮城广场”装置，在展览期

间用轻质材料“重现”了历史记载中南城门的半圆形瓮城，这是历史考证和文学虚构的并置共生，它昙花一现般的出现将临时改变人们对古城门的日常经验。展后这里会遗留下一个半圆形小广场——“瓮城广场”，人们可以不再是匆匆穿过城门，还可以在此驻足，凭吊，沉思，从这里开启一条贯穿着古城人文与历史脉络的城市探访路径。

书院广场

进入南城门内正对店铺林立的中山南街，东侧街角是高出街道的一片小台地，即“书院广场”。据史料记载，书院广场东侧最早为海防厅旧址，19世纪初在此基础上兴建凤岗书院。这里也曾经是南头中学遗址，之后几经变化，现状东、北两面围墙背后便是密集的城中村楼群。这里的改造尽量保留原有树木和空间的整体氛围，只在广场南面除去了原有的绿篱，加建了台阶与坡道，使朝向城门一侧更加开敞；西侧临中山南街的一道半通透的青砖花格墙分隔了台地与下面的街道。广场中间辟出一小片空地，沿北墙设置一方小舞台，可以承载各种小型表演和社区活动。小庭院中动静相宜、绿树成荫，倚在东南角的小廊亭供游客与居民在亭中小坐欣赏市景。

十字街片区轴测图

十字街广场

随着古城内居住人口的激增，大部分传统民居被拆除重建为“出租屋”，十字街片区当中的东莞会馆是极少数幸免的历史建筑之一。邻近还有20世纪90年代为迎接香港回归重新翻修的新安烟馆、义利押当铺、鸿昌赌场等，背后紧贴几十年来所建的民居小楼，建筑风貌多样混杂。我们锁定这一小片由传统建筑与当代民居围合而成的闲置空地，在城市设计策略中作为连通主展场片区与西侧展线的春景街片区的枢纽节点。从这里设置了由外部街道空间到内部街区半公共空间的逐级过渡，回应现状地形地貌，对原场地标高进行整合；混凝土矮墙作为不同标高场地的分隔边界，室外铺装遵循了岭南传统建筑青砖红砖混合砌筑的做法，植被也以岭南本地果树作为骨干树种，传承岭南文化经世致用、务实求新的传统。

对于大量存在的违章建筑及构筑物并不采取全拆的方式，而是具体分类决定整治方式并依据周边居民的反馈不断调整策略。改造重点是因势利导、顺势而为，结合古城内缺乏公共开放空间的现状，在各主要节点营造小尺度广场、廊亭、绿地等放大的公共活动节点，依据场地现状特点回应古城生活方式演变、传统空间类型的转化、岭南建筑尺度等话题。

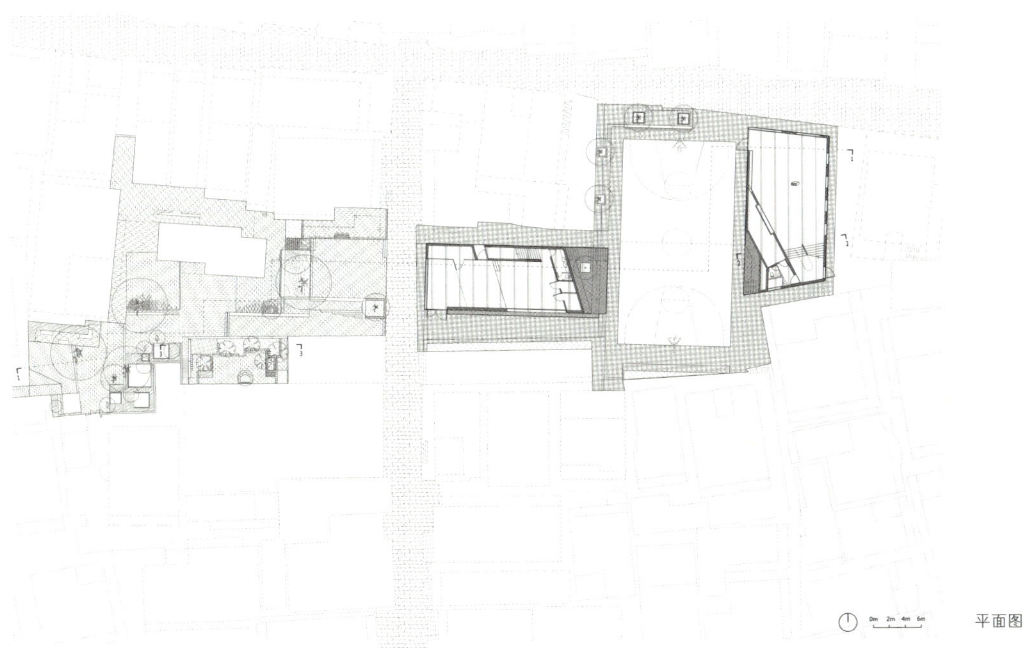

平面图

报德广场

这里原是位于古城中心的一块小空场，20 世纪 70 年代曾经作为南头公社的打谷场，广场附近有县衙遗址、报德祠等历史建筑。现状四周被不同时期建起的村民小楼密集环绕，中心还留有 20 世纪 90 年代建造的水磨石地面的篮球场。白天由于气候炎热，广场显得十分空旷，缺乏人气，而从傍晚时分到入夜，这里却会摇身一变，孩子们在球场上奔跑追逐，大人们围坐在边上吃烧烤，喝啤酒。白天空场、夜晚剧场，日常生活在此上演，寂静与喧嚣周而复始，既嘈杂混乱又活色生香。

位于广场左右两侧的是在前些年被拆除建筑的基地上见缝插针嵌入的两栋铁皮屋，临时作为服装杂货市场和水果超市出租。经过与村民协调，腾空拆除了这两个铁皮屋，作为置换，在原址重新植入了两座临时建筑。除了补偿给村里同样面积的使用空间之外，两个建筑的顶部朝向广场逐级跌落，形成可以从广场步行上屋面的连续界面，建筑的屋面转化为可以观看篮球比赛以及广场文化活动的观众席。我们在广场四周增加了树木，即使在夏天也可以提供有树荫的室外场地。朝向中山南街一侧建筑屋面再次跌落退台，形成面向街道的屋顶看台，街道上和对面小公园里的日常生活尽收眼底。建筑的体量和外形也呼应了西面东莞会馆历史建筑组群的小尺度和丰富的屋顶轮廓。历史上城中村中的建筑物往往偏爱各种颜色和图案的面砖饰面，而广东佛山一带又是陶砖的原产地，于是我们选择将整个建筑连同周边的广场铺设同一种定制陶砖，完整保留广场中间现状水磨石球场。在这里，东西两座小建筑的植入整合了广场边界并与之融为一体，沿街的布告栏也被融入进来，放大并立体延展了城中村里原本稀缺的公共空间，形成南头古城核心的交流共享场所。植入的这两个建筑在展览期间将会作为信息中心和书店以及展览和活动空间，未来希望作为书店以及文化中心持续服务于城中居民。

一品烧

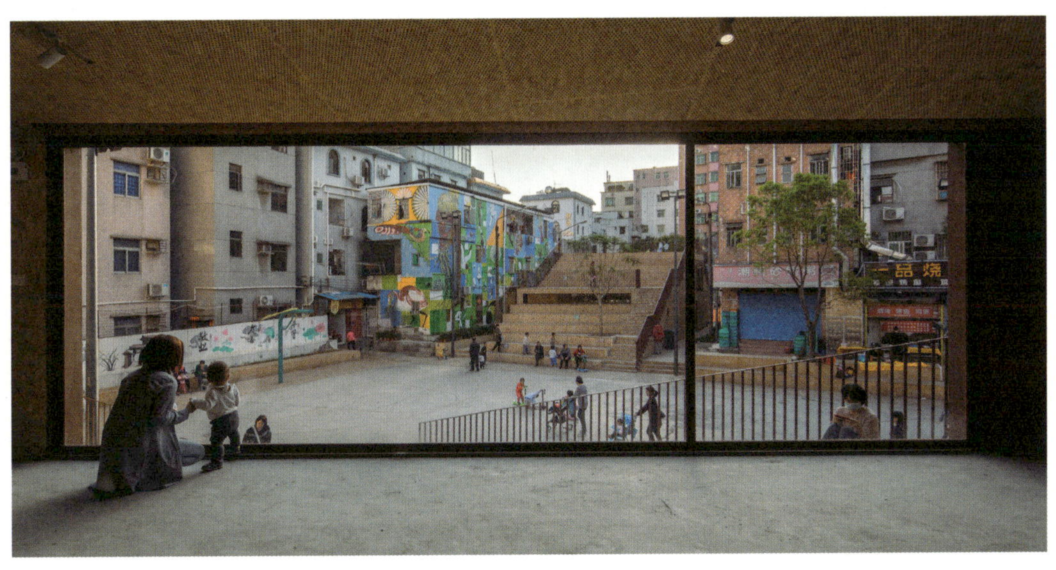

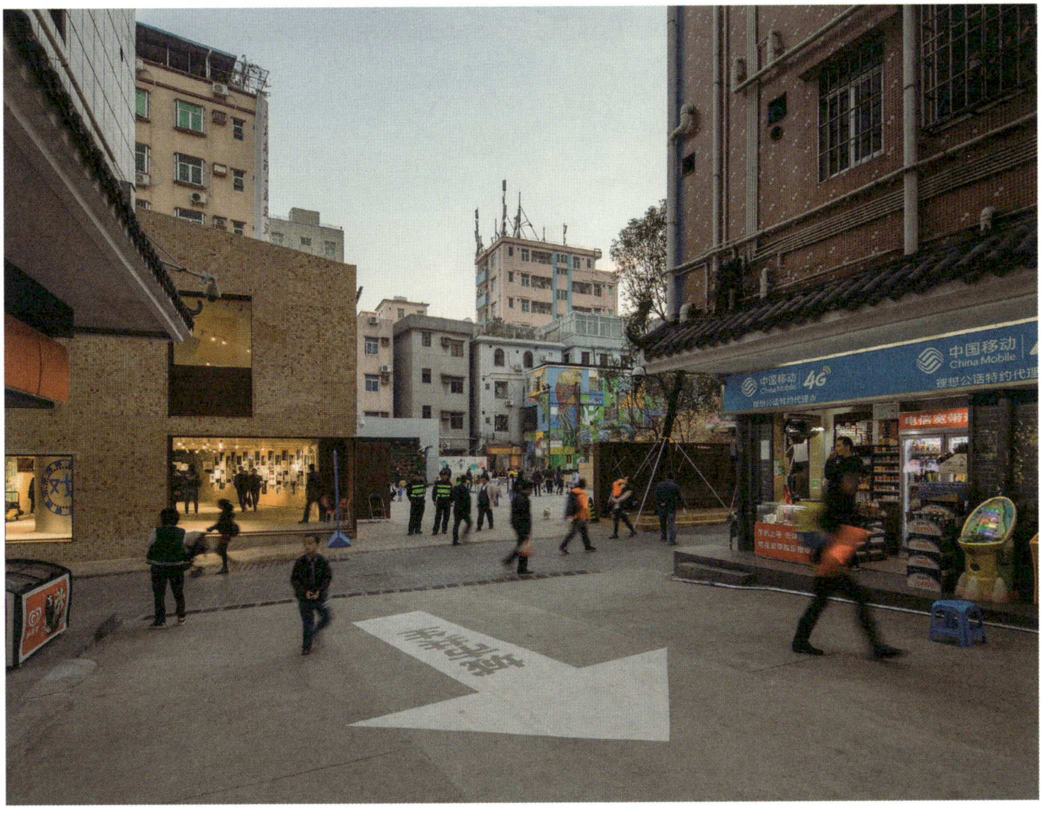
中国移动
China Mobile
4G
理想公话特约代理

创意工厂与集市广场

20 世纪 80 年代起，深圳农村开始大量兴建工厂，几乎每村都建厂出租，这是村庄快速脱贫致富的捷径，在提高村民收入的同时也为村中的年轻一代提供了就业机会。随着城市化加剧和城市包围村庄，依附于村庄的工厂也被包裹其中，外来人口不断涌入，出租楼不断攀高，城中村成为开放的、高密度、高流动性的生产和居住混合区而融入城市。南头的万力工业区位于古城北部，建筑面积 14 000 余平方米，20 世纪 80 年代末建成。厂区内有三栋厂房和两栋宿舍，四周环绕的围墙隔绝了古城与北侧中山公园的联系，东部设有两个厂门，由于正当连接南头城小学与古城的必经之路，从工厂大楼前广场上穿行的村民和小学生川流不息。

厂房和宿舍楼的外墙基本维持原样，现状水平带形窗、茶色玻璃、水刷石、竖贴白色瓷砖或拼贴几何图案的彩色马赛克等，这些都是 20 世纪 80 年代至 90 年代不同时期的典型外墙材料的样本，因此尽量加以保留，只有大幅壁画在原有旧厂房墙面上叠加了一层新的时间痕迹。厂房东侧广场上拆除了一个临时铁皮棚架，紧贴围墙建起一个轻盈舒展的透光天棚，下设露天咖啡座，当夜幕降临，天棚内部灯光亮起宛如灯笼飘浮于广场之上。拆除厂区西侧的围墙，让工厂区域与周边街区融合一体。中间大厂房首层外墙也被打通，中间开辟出一条

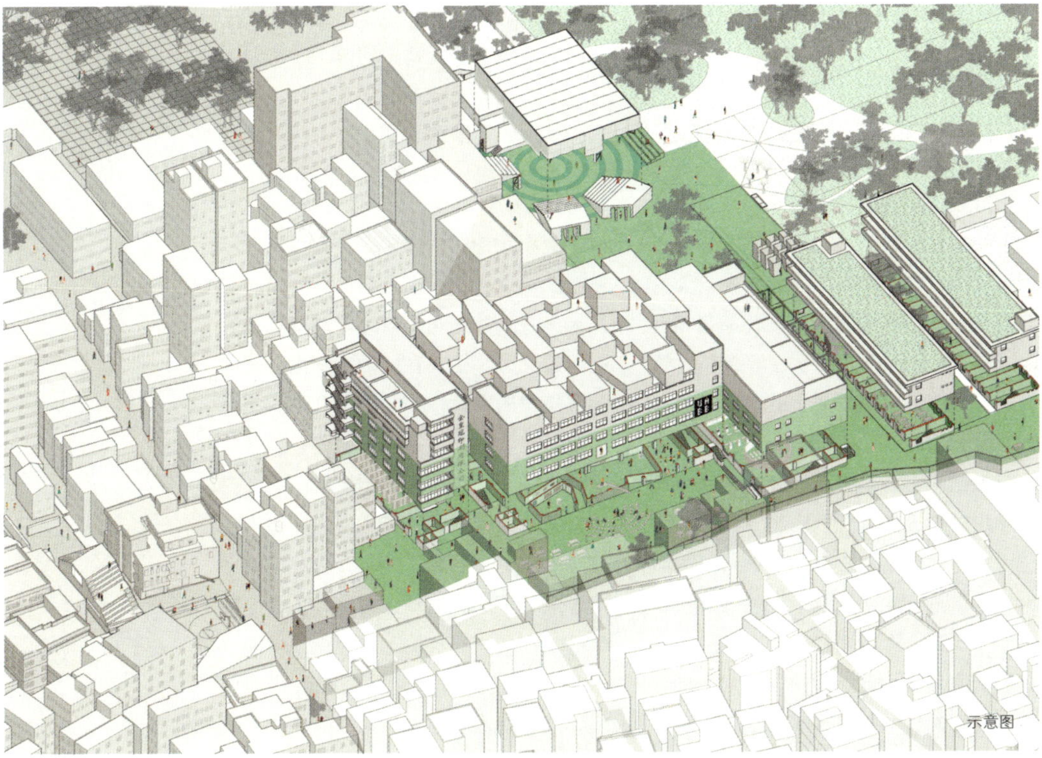

示意图

南北走向的内街贯通了其他两栋厂房，另一条十字相交的通道连通了厂房东侧广场与西侧的街巷、大家乐小剧场和中山公园。打通后的厂房底层散落着一组形状各异、色彩不同的围合空间，展期内设置不同主题的特色展区。大盒子之间不规则的小巷如迷宫般错综复杂，墙上有植入的显示屏、大型灯箱、影像墙、海报和小招贴，展期中内容会不断增加，于是展览会不断自发生长，氛围也会不断变化。与户外广场相连一处，它既像一片开放的街市，也像是一座充满欢愉的缩微主题公园，暗示着这里展后或将成为开放的创意聚集区和古城内年轻人的新生活区。

“大家乐舞台”/开放式小剧场

“大家乐舞台”出现于20世纪80年代后期，是深圳早期打工文化的见证。当年伴随着深圳快速工业化以及乡镇企业兴旺发达，为满足大量年轻务工人员的业余文化生活而在全市范围内兴建了大量“大家乐舞台”，当年各种自发的自娱自乐的群众性表演活动曾经遍布全城。然而随着城市发展和工厂外迁，这类底层民间的大众娱乐方式渐渐消失，“大家乐舞台”也被拆除殆尽。在南头现场踏勘时，我们惊喜地发现古城与北侧中山公园交界处仍然完整保留有一座“大家乐舞台”，它南侧紧贴拥挤的城中村，北侧则向中山公园绿地完全开放。它至今仍是一个面向普通群众、用于业余表演和当地社区活动的半露天剧场，其座椅区的屋顶下可聚集多达500名观众，炎热天气里有老人在此乘凉，下棋读报，看着小孩玩耍打闹。我们决定利用这座民间舞台作为本届双年展的多功能厅，在展览期间组织演讲、论坛、戏剧、电影放映等各种活动；同时又希望最大化保留“大家乐舞台”在现有环境中的非正式演出场所的特征，在空闲时仍然可以作为居民日常休闲、集会的场所。

我们在现有钢屋架下方置入了3座坡起的观众席，在提供更好的演出氛围及观演视线的同时，如几块散落巨石般的布置又构建了非正式的戏剧性空间。围绕屋架四周设计了一个可升降的织物幕帘系统，它不再是一座封闭、静态的常规剧场，而是通过控制使观众区在封闭和开敞两种空间模式中方便转换。在幕帘的落下和升起之间，为种种正式和非正式、室内和室外、演出和集会等各类活动在同一场所的上演提供了可能。作为双年展实质性介入城市改造的成果，“大家乐舞台”新的多种使用方式也将延续至展览结束之后居民的日常生活之中。

2017深圳·香港城市/建筑双城双年展主题为"城市共生"，主策展人孟岩、刘晓都将城中村作为展览现场，为城中村现场量身定做展览，它的主题与内容旨在涵盖全球视野下的另类城市化经验和先锋实验，突出展览内容的在地性，结合城中村的特殊空间类型，以日常生活熟悉的主题为切入点，对城中村进行深入探索和反思。不是把城中村视作需要改造的对象，而是把城中村作为探求新的城市成长模式的出发点，展览植入城中村并与城中村有机更新同步。参展单元的国际化构成拟将城中村与全球各地极具特色的另类实践并置于城市、建筑、艺术与文化互动过程中加以研究与讨论，为公众呈现一个既充满未来想象又直面生活现实的展览现场，并在呈现方式、大众导览、公众教育及村民参与多角度最大限度地调动公众对于双年展、对城市议题的关注与参与。本届双年展将城中村作为展览现场是双年展历史上的一大突破。

土楼公舍

——一个廉租住宅实验

Tulou Collective Housing

—An experiment in affordable housing

“土楼公舍为社会住宅提供了一个参考标准，它表明了一个态度，社会住宅不一定是低品质社区的代名词。低收入者也有享受高质量建筑空间的权利。”

——刘晓都

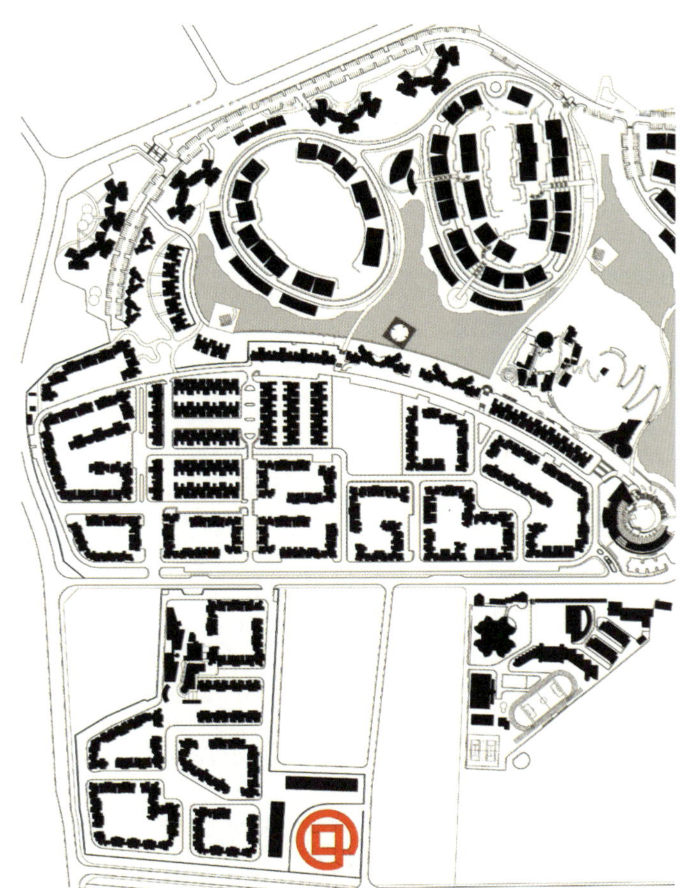

土楼区位图

项目地点：广东，南海
业主：深圳万科房地产有限公司
设计：URBANUS 都市实践
主持建筑师：刘晓都、孟岩
项目组：李达、尹毓俊、黄志毅、李晖程昀、黄煦、左雷、丁钰、魏志姣、黎靖、王雅娟、郑岩、沈艳丹、朱加林（技术总监）
占地面积：9141 平方米
建筑面积：13,711 平方米
合作：郭群设计（室内）、博万建筑设计（施工图）、黄扬设计（标识）
摄影师：杨超英、黄展鹏、URBANUS 都市实践

1. 背景

中国社会正在转型，快速城市化的进程不可逆转。城市大都会这种高度密集、高度综合和高度效率的聚居场所的产生是现代的社会和经济所需要的。深圳就是城市化的一个典型代表。它在短短二十多年时间内从一个边陲小城聚集起 1500 多万人口，形成名副其实的超大城市。在城市建设，初期曾有政府建设的安置周转房类似宿舍的形式存在过若干年，而随着土地和住宅的商品化，这种方式就消失了，其后持续过一段时间的安居房和微利房的建设，实际只是为中高收入人群提供了廉价住宅，并没有解决低收入和流动劳动力的居住问题。随着土地和住宅的商品化，住宅开发建设已经从政府完全转向开发商，当房产开发用地全为了城市有产阶级的需求存在时，原本已经不能满足需求的低价租赁房屋更难寻踪影。

从深圳关内租房广告中可以看出，所有的房型价格均超过 1000 元，这使得城市经济活动出现痼疾，毕竟城市需要大量低端劳动力，而经济收入和工作状况又迫使他们必须就近居住于城市中。所幸，深圳这样的城市具有在精心规划下的混沌无序，这为城市低收入者提供了多种栖身的选择。

一类是 80 年代建设的多层住宅小区，原本为各国营单位的员工和干部建造，现更多是被打工族中的低层白领所占据。它们无差异的不断重复，密集而有序，简易而有效。另一类就是著名的城中村，几十座被曾经的农民的私产扩建出的超过 3 以上容积率的低层高密度居住区散布于深圳特区内，它们多位于城市中心地带，有着交通和生活上的便利性，以及低廉的租赁价格。数以百万计的劳工和服务业人员聚居于此，它们成功地扮演了城市低收入住宅区的角色。然而，高度的流动和缺乏城市管理，使得许多城中村出现严重的社会问题和安全隐患。商品房出现于 90 年代中后期，随着经济的发展，商品房的价格已经远远超出普通居民的购买承受能力。

万科土楼公舍这个项目就是在这样一个大背景下产生的。

2. 策略

2005 年底都市实践与万科开始讨论低收入住宅的设计可能性问题。万科集团作为中国地产界的领军企业，在企业公民的意识上开始关注中低收入人群的居住问题。当时万科集团的王石董事长在对福建土楼民居进行考察之后提出土楼是一个很好的小单元的居住形态，是否可以以此为蓝本做一个低收入住宅的研究。我们对福建客家民居土楼的形式也有一定的了解，直觉上认定这种形态应当是可行的。于是接受了这一命题作文形式的项目。Urbanus 都市实践作为项目建筑师的期望就是在政府支持下由民间经济力量进行低收入住宅的建设和运营，通过这个实验能为中国大量性的城市低收入住宅打开一条思路。以下是在设计的过程中，我们思考并回答的几个策略和操作性问题。

问题之一：什么是能令城市低收入的劳动者付得起的住宅？

项目开始的第一原则就是设计一个纯粹的低收入住宅。它是任何进入城市的劳动力都能够付得起的居所。举例：一深圳保洁劳工，其丈夫在某工地做保安。他们在工作地区很近的某工厂出租宿舍与另外三对亲友夫妻合租一间 30 平方米左右单房，租金为 800 元 / 月，室内摆成 4 张床，仅以布帘相隔，公共厕浴，没有厨房，实无个人隐私可言。在深圳十几人合租一套单元的打工者比比皆是，这实际反映了低收入劳工的城市生活的窘境。离开这样的社会现实去谈论低收入住宅的标准都是十分空洞的。所以我们的标准就是建造当今低收入劳工真正能付得起的住宅，同时使他们的生活状况有所改善。万科地产测算出一个标准：30 平方米单元可以分隔成两对夫妻，最多 5 个人的生活单元。以每个单元 600~700 元的月租金，每人每月的租金范围可以控制在 120~180 元之间。我们认为这个价格是符合深圳最低收入的“三保”劳工（即保安、保洁、保姆）的基本居住支出能力，而通过精心设计，可以令其生活水准大为改善。

问题之二：是否应当集中建设低收入住宅？

这个问题向来存在着争论。在西方，特别是美国，大量集中建设的低收入公寓小区最终沦为贫民区的事实是一个很大的论据。现在西方社会学家和政府都在设法鼓励高收入和低收入人群混居的做法。这对于打破阶层樊篱，保持社区健康发展和促进社会和谐方面是有益的。中国政府近来出台的 90 平方米以下小户型配比开发的住宅政策基本也会出现类似效果。但这种政策显然遭到了社会的广泛抵制。因为在现实的中国，土地政策和住宅开发政策导致的大型和超大型封闭式的所谓花园住宅小区业已成为社会标准。中国社会已经出现阶层的分化，富人和中产阶级的自我意识开始建立。他们迫切要求他们的住所能够充分表达他们的社会身份而拒绝与低收入人群的混居。原本万科计划在其深圳著名的中式住宅小区“第五园”内建设第一个实验楼。消息公布后即刻遭到了意想不到的小区业主的激烈的集体抗议，使得这一计划不得不推迟，后转移到广州四季花城一个偏僻的边角地块进行建设。我们希望采取一种折中的手段，即将土楼设计成小规模的，相对独立的

小型社区，零星布局在与大型花园小区相近的地区，以此达到大尺度上的混居效果。其次小批量的低收入人员的散居状态实际无法满足这一人群的社会交往需求，也不利于信息流通。城市中新移民通过亲朋同乡帮助落脚是一个主要方式，古今中外皆如此。旧时中国曾有过的会馆就起过类似作用。所以所谓这种做法会是将不同阶层的人群隔绝开来的担心是不必要的。

问题之三：如何借鉴传统土楼民居

土楼民居基本上特指在福建省山区内的客家围屋形式的住宅。这是一种非常特殊的住宅形式，福建地区的著名建筑师黄汉民先生对此有相当深入的考察研究，并有专著[1]。这种传统民居是当时客家人因各种原因从北方迁徙进入福建山区定居逐渐发展出的模式，它仍然传承了中国传统的院落式住宅的特点，以家族为单位的居住组织，具有比较清晰的等级制度以及公共和私密空间的分布。此类民居以圆楼最具特色，它以内向的空间形式，城堡式的实体外墙使其具备极强的防卫色彩，与军事要塞的类型接近。这种向心的布局在社会组织上具有比较有效的社会交往的优势，但也同时强化了中心和家族权力，与封闭、等级、强权的概念联系在一起，与自然环境是采取独立和对抗的姿态，而在城市环境中便具有反城市的倾向。这便是我们在考虑借鉴福建土楼模式挖掘其令人激动的建筑价值的同时必须面对回答的问题。在深圳的传统客家人的聚落称为客家围屋，在龙岗区有几个保存完好的围屋，现在实际上已经转变成外来民工租用的低收入住宅。在福建的土楼也已经出现分化的趋势，其功能除仍然自

住之外已有转变成旅馆、出租屋甚至博物馆的实例。

传统土楼的居住单元单外廊式放射性布局是最适应现代小单元式住宅布局要求的，其他的功能需要添加和改良的是我们介入设计所认真思考的问题。首先，我们认为这应当是一个小型的配套齐全的社区，不可以出现面积和位置上的等级差异；第二，必须打破传统土楼的封闭性，实墙的外立面从功能角度必须开窗，底层应该开放；第三，这应该是一个名副其实的低造价的具有现实意义的住宅模式，但在建筑设计上具备较高的水准，做到低价不低质，我们反对以普通小区的高标准建设低收入住宅，而通过政府大量补贴的形式去实现，这显然不是科学的和有普遍意义的做法。

在开始阶段我们做了大量的尝试，进行体量的研究，确定一个基本直径。影响因素实际是两个：一是规模，我们必须能够让这个建筑形成一定的规模，而且使得建筑内部房间之间的距离达到相对舒适的状态；二是达不到足够的直径，每一个居住单元的平面形状就会出现较大的变形而出现使用效率变低。

传统的客家土楼平均直径仅有 50 多米，高度也只有三四层高，这显然不适应现代住宅的规模需要。我们曾经尝试过达到 120 米直径、9 层高的规模，终因考虑体量以及对场地的限制而放弃了。最终我们确认了 72 米、6 层高的直径单位。

问题之四：如何形成一个适应现代城市居住需要的完整和有效的住区

设计一开始我们就出现两个方向。“漫游的聚落”是被发展的方案之一。着重于研究在高密度的聚居下，土楼与周边城市公共空间和商业设施的交融，以及住宅中室外公共活动场地如何在高密度聚居中定义。一种是将完整的圆楼架在一个比较自由分隔街道格网化的小建筑群上。这种格式是受城中村格局的影响。我们期望这个住区是一个异常活跃的商业发达的区域。它非常容易和邻近的城市街区连成一体，同时又能十分轻松地取得城市特色。底层的街道空间可以在土楼中心上升，形式有些类似城中村模式的居住单元。这使得社区有条件形成一个完全能够自我服务的充满活力的场所。它有着极强的适应性、灵活性、延展性和自我生成修复能力。它能够提供部分的就业机会并给初来移民工搭建一个最大的信息交流平台。“e 形环体”是第二个被发展的高密度方案。它由内部的方形和外部的圆形体量交错产生，这样使其内部产生两层交错的庭院空间。这不仅规整了土楼的形式，使其整体上更接近传统土楼，同时外部的庭院也为土楼居住提供了开放性。这使其成为最终被选定的实施方案。第二个方向就是放弃满铺底层商业的做法，直接在圆楼本身体量上下功夫。这种方式相对简单实际，规模能够控制，也比较统一，更接近一个原型。反复比较之后，我们选择了后者。

在建筑布局上第一要点就是打破圆形的封闭格局。设计最终采用了 e 字形的平面方式，打开一个通高的切口作为一个开放性入口。体量上采用一个台阶式螺旋形的姿态，既保持统一完形的圆楼形象又能有效打破其封闭平淡的缺陷，使其脱离传统民居的框框为创造活跃和丰富的现代建筑风格打下良好基础。

“漫游的聚落”方案图

“e 形环体”方案图

设计全面贯彻完整配套自成一体的城市社区概念，在建筑功能布局上做到齐全。居住单元外圆内方分两层单廊排列。中央方形院落作为主要公共空间与内圈角部的公共空间和屋顶平台组成区内公共空间的系统。底层外围为半地下全部架空用作自行车库和消防车道，中心部分为全地下室，为设备和公共用房，内部设公共活动空间，如乒乓球室、阅览室和管理用房等。首层入口处安排部分商业零售面积。在内圈部位考虑若干间招待所以备亲友来访时临时租用。

外圆内方的两层之间隔出了几个弧形空间。这些看似狭窄的内庭实际效果要远远优于内廊式的布局。这一系列的内庭、外廊和转角平台形成土楼公舍里最主要的公共交往空间。它们的积极意义是非常值得期待的。

传统土楼的实墙处理主要用于防卫功能，这在现代城市住宅中已经失去了意义。土楼公舍的外侧全部做成阳台，采用预制纤维混凝土花格预制板外挂在外面的阳台上，加上一扇可开启的木百叶窗，视觉上能够达到完整统一的效果，功能上既满足了通风采光的要求，也代替了普遍使用的防盗网。四个弧形内院的立面两边基本都是住宅的外廊，外侧只安装栏杆，栏杆是以土楼中心点为圆心，2.5 度的弧度做成单元进行安装。方楼情况相对复杂，除了外廊以外还有部分住宅阳台、公共空间。因此采用木百叶单元建立一个遮蔽系统，木百叶以防腐木内外疏密不同交叉钉成网格，外加钢框，根据百叶所遮蔽的功能，决定木百叶的疏密程度，阳台最密，走廊次之，公共空间最疏来形成一个符合实际使用变化的立面系统。中心院立面都是阳台，跟四个院落遮蔽方法一样，用同一种模数的木百叶遮蔽，使得院落立面统一，同时又减少了在院落和在住宅里的人的活动的互相影响。

木百叶格橱
木百叶格橱
屋顶花园
公共空间
公共空间
公寓
木百叶格橱
斜屋顶
可开启木百叶窗
公寓
混凝土格栅
宿舍
旅社
旅社
内庭院
旅社
餐厅
商店
图书馆
自行车停放室
健身室
电脑室
桌球室
自行车停放室

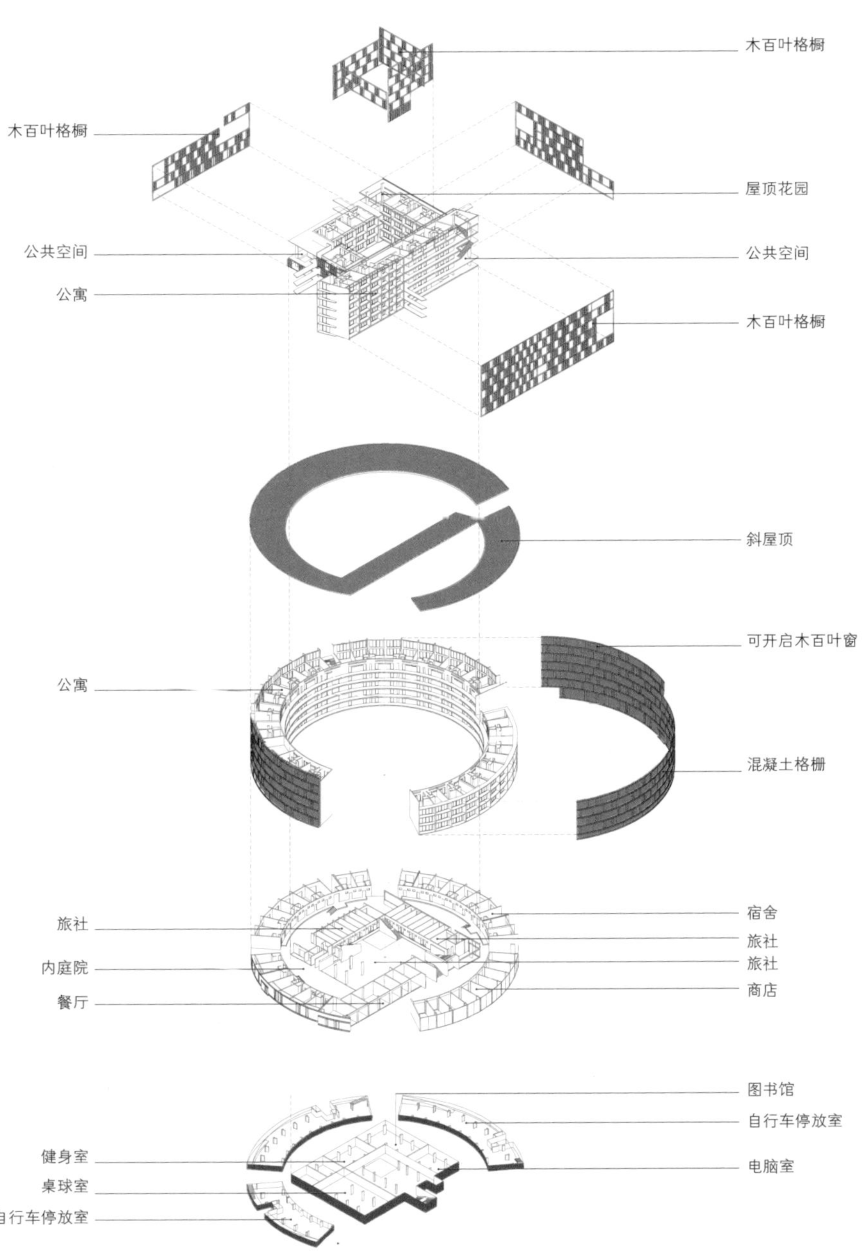

土楼整体结构轴测图

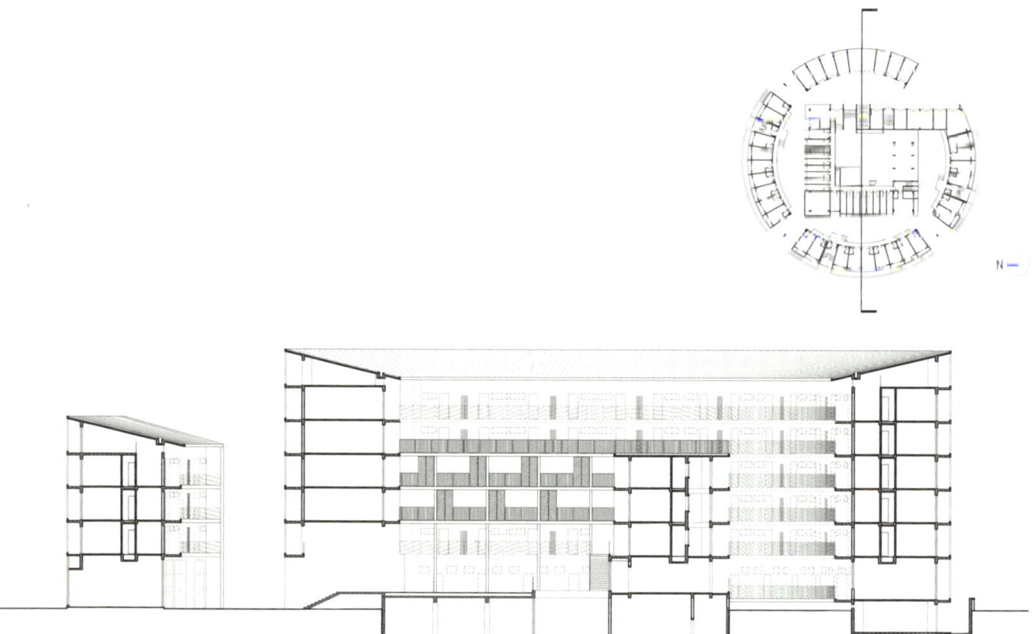

东西向剖面图

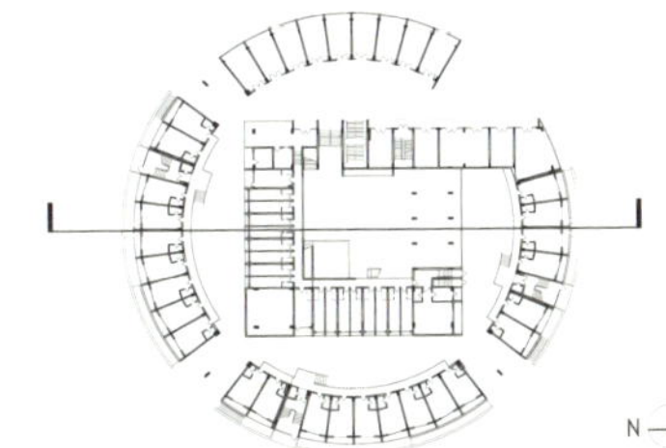

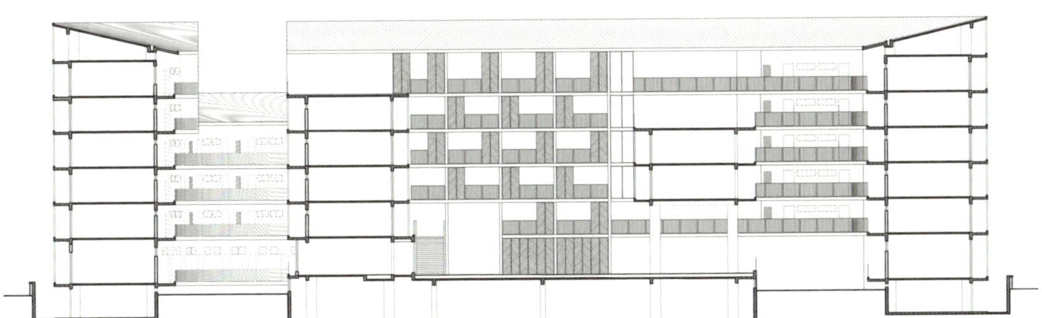

南北向剖面图

问题之五：如何创造“最小居住空间”

对于低收入人群来说，他们用比较低的租金去获得一套住宅，那么其面积会比一般的住宅单元空间要小，但是在生活上人们对住宅的各种功能要求又必须得到满足，这样必然会产生每个生活功能所能获得的空间上的减少，甚至是最小尺寸。土楼公舍标准单元的使用面积在 30 平方米左右，里面包含了客厅，两个卧室，厨房，卫生间和阳台。那么在每户空间里面，各种使用空间出现重叠，借用或者多用途的空间就成为了解决“小空间，功能全”的策略。公共空间的客厅和饭厅是重叠的，以一套桌椅简易解决平时看电视、聊天、吃饭等行为，同时厨房采用开放式的设计，令厨房的操作空间跟走道重叠，使得小空间里面不出现非必要的墙面分隔。而两个卧室的设计是单元设计的中心，因为使用人群中大部分都是在外打工的年轻人，单身或有伴侣，那么对于他们来说在卧室的时间会比公共空间的时间要多。卧室的开间 2 米，我们决定把卧室一分为二，一边是满足几乎所有基本功能的一个居住装置，一边是灵活的使用空间及走道。装置上包括了 900 毫米的单人床（可向灵活空间折叠成 1500 毫米的双人床）、电脑桌、小衣柜、书柜、储物架、空调和窗户。这个装置我们希望它不仅仅是解决这些行为，而是能让用户发挥他们使用的创造性，产生更多使用的可能性。而阳台和厕所这两个功能性的空间是互相借用，因为厕所能占据的室内空间很小，几乎就是最小尺寸，那么很多在厕所的使用行为便转移到阳台上，如洗衣服、洗被子等，同时当卫生间使用紧张的时候，如早上洗漱，阳台上设计的洗漱台也分担了卫生间的部分功能。

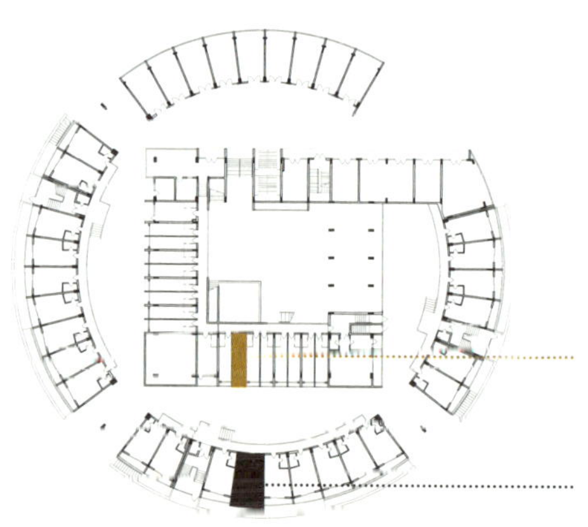

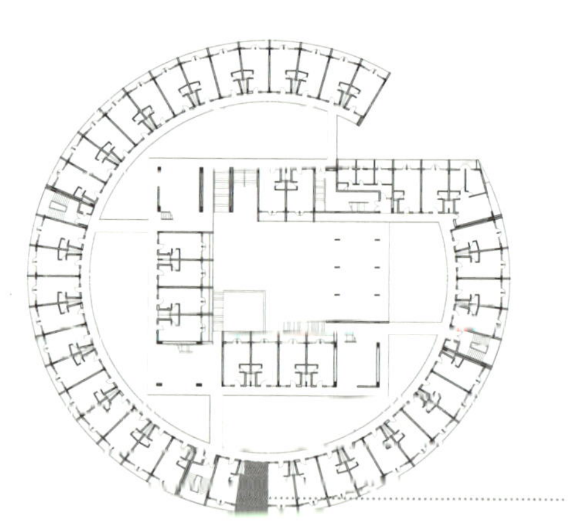

DORM 员工宿舍

APARTMENT 公寓

INN 旅社

问题之六：从实验到规模化生产的构想

万科土楼公舍的第一座实验楼万汇楼已经在广州南海建成。它不仅利用了边角地，更将该建筑与中、高端居住小区比邻。项目自建成以来即如预期之中的得到大众、媒体和学者不断关注，标志着低收入人群的居住状况已开始进入大众的视野，这个新形式建筑的发展及其对社会产生的影响。但都市实践真正关心的目标并不是仅仅建一个原型，而是进行一定规模的实际应用。我们意识到，仅依靠开发商的力量在土地商业化运作的机制下是无法进行大量的低收入住宅建设的。我们建议应当由政府出台土地政策，由政府找地，可以是零星的，不具备商业价值的用地，以优惠的地价由开发商介入开发和管理。在这里，土楼不仅是一个建成的实验性低收入住宅原型，同时也是一个帮助政府和开发商寻找建设低收入住宅用地的策略性建议。在城市边缘填空，将城市遗留的不可用的土地利用起来。让土楼与城市边角、绿地拼贴，与城市立交桥拼贴，与高速公路拼贴，这些尝试都是在探讨如何用土楼这种建筑类型去消化城市高速发展过程中遗留下来的不便使用的闲置土地。开发利用闲置土地有益于城市管理，还可降低项目成本。“拼贴”成为土楼进入城市的一种自发性的策略游戏，在城市中那些可能不具备商业价值，或者由规划导致死结的地方，进行城市填空，再生那些可能缺失其自身城市价值的城市空隙。

3. 意义

传统土楼的质朴浑然的形象与自然环境形成的关系的确具有很高的建筑美学意义，是具有重要的借鉴价值的。土楼公舍的设计中都市实践所坚持的同样是简单质朴和统一大气的气质。我们坚持土楼公舍是一个能够大量性建造的建筑产品，是大众平民的住房，它不使用高档材料，它追求合理的低造价。但另一方面我们力求在建筑学意义上达到一个高度，成为低价不低质的优秀建筑作品。

土楼公舍的圆形体型极具特色，同时也带来许多质疑，为什么一定要用圆形。我们的态度是明确的：1. 我们不隐晦土楼公舍借鉴了福建土楼作为原型。2. 我们认为土楼的圆形环廊放射性单元对于现代居住模式具有很强的适应性和实用性，完全可以借鉴。3. 土楼所表现的公共空间的凝聚力是现代住宅设计所缺少的和需要挖掘的价值。4. 土楼作为古代移民的建筑传统与现代移民城市的状态并不矛盾。5. 圆形表面的受光面很大，利于小单元的均好性。6. 作为低收入住宅原型之一，它不具备唯一性。相反，它是都市实践对深圳城中村低收入住宅研究的继续。我们相信它将是今后一系列其他形式的低收入住宅研究的开始。7. 我们期望将土楼公舍设计成为具有视觉冲击力的建筑。它一方面表达了劳动阶层同样应有的尊严，另一方面期望引起公众对低收入人群居住问题的关注。

土楼公舍是一个低收入人群的生活领地，是他们生活在城市当中的一个地点。我们设计的土楼公舍就是要让这个人群建立这种地点感。“为了培育一种地点感，社区必须滋养那些有提升作用的、富有灵感的、令人难忘的建筑环境和居住模式，从而形成特殊的归属感……在可持续发展的社区，每一分努力都是为了保留和创造那些能促进与社区社会结构更紧密联系的地点、仪式和事件。”[2]

[1] 参见黄汉民著.《福建土楼——中国传统民居的瑰宝》.生活.读书.新知三联书店出版，2003 年.
[2] [美] 安东尼 · 奥罗姆，陈向明.《城市的世界》p.29. 上海人民出版社，2005 年.

北京白塔寺胡同大杂院改造

——城市更新的全新思考与探索

Beijing Bai TaSi Hutong Courtyard House Renovation

—New ways of thinking and exploring the city

越来越多的年轻人离开了胡同中的老宅，选择在高楼林立的城市新区中生活。老城区变得越来越像是老年人的城市。如何让年轻人重新回到老城中生活，是城市更新的一项重要内容。

因此，我们希望在这个改造项目中，一方面尊重院落的原始空间格局，保留以前的空间特质。另一方面，将其改造成为适合现代年轻人生活方式的居住空间。这是街区更新及此类建筑改造项目应循的方向。

概况

项目位于 33 片历史文化街区中的阜成门内历史文化街区，区域占地约 37 公顷，总建筑面积约 24.2 万平方米，区域内约 5600 户，户籍人口约 1.6 万人，常住人口约 1.3 万人。在这个区域老龄人口占 19%，外来流动人口近 50%。将近 807 个院落，现存 4000 余幢建筑，房屋质量 70% 较差，是一片居住环境有待提升、建筑质量有待改善、文化功能有待梳理的历史街区。

项目地点：北京，西城区
建筑设计事务所：B.L.U.E.
占地面积：246 平方米
总建筑面积：215 平方米
竣工时间：2018 年 1 月
摄影师：夏至
外墙材料：青砖、黑胡桃木、透明双层夹胶玻璃、锈蚀钢板
屋顶：瓦、透明三层中空夹胶玻璃、防腐木地板

因此，在当前北京推动老城整体保护与复兴的背景之下，众多建筑师用单体院落或单体建筑改造的项目作为触媒，紧密结合当地居民的具体需求，进行城市更新的思考与探索，从而进一步提升当地居民的生活品质，延续城市历史文化脉络。

本项目是一个位于北京二环里胡同中的传统合院建筑改造项目，院落占地约250平方米，我们将曾经的破旧杂院改造为四合院民宿。结合业态要求，试图在北京传统的四合院空间中融入新时代的居住生活方式。

院落位于一个Y字形路口，相对难得的可以看到完整的两个沿街立面，院墙可以较为完整的展现在人眼前，视觉上对院落整体有非常直观的感受。院内原本容纳了8户人家共同生活。为满足生活面积的需要，院内违章加建现象较为严重，形成了典型的大杂院格局，空间杂乱局促。因此，我们将院落中心位置的加建建筑拆除，还原出合院的原始格局。

关于设计

入口进门首先是一条笔直的廊道，右侧是对公众开放的咖啡馆，廊道尽头是内院的大门。

院内共设计 6 间客房，建筑面积与功能布局各不相同。其中最小的房间为 20 平方米，最大的房间为 30 平方米。其中 3 间是 loft 格局的小客房，另外 3 间为大客房。且在房间内部色调有所区分，3 间客房为浅色调，3 间客房为深色调。除客房外，其余室内空间均为公共空间，日常作为展览空间使用。

轴测图

拆除加建建筑后，6 间客房及展览空间重新围合出一个方形庭院。在庭院南侧中心位置，我们使用拆除原有建筑而保留下来的旧青砖搭建了一座楼梯塔。顺“塔”盘旋而上，是展览空间的屋顶，经过结构加固之后作为屋顶露台。在大树的庇荫之下，近可俯瞰整座院落，远可眺望妙应寺白塔，而展现传统建筑群体魅力的连绵起伏的屋顶立面也尽在眼前。

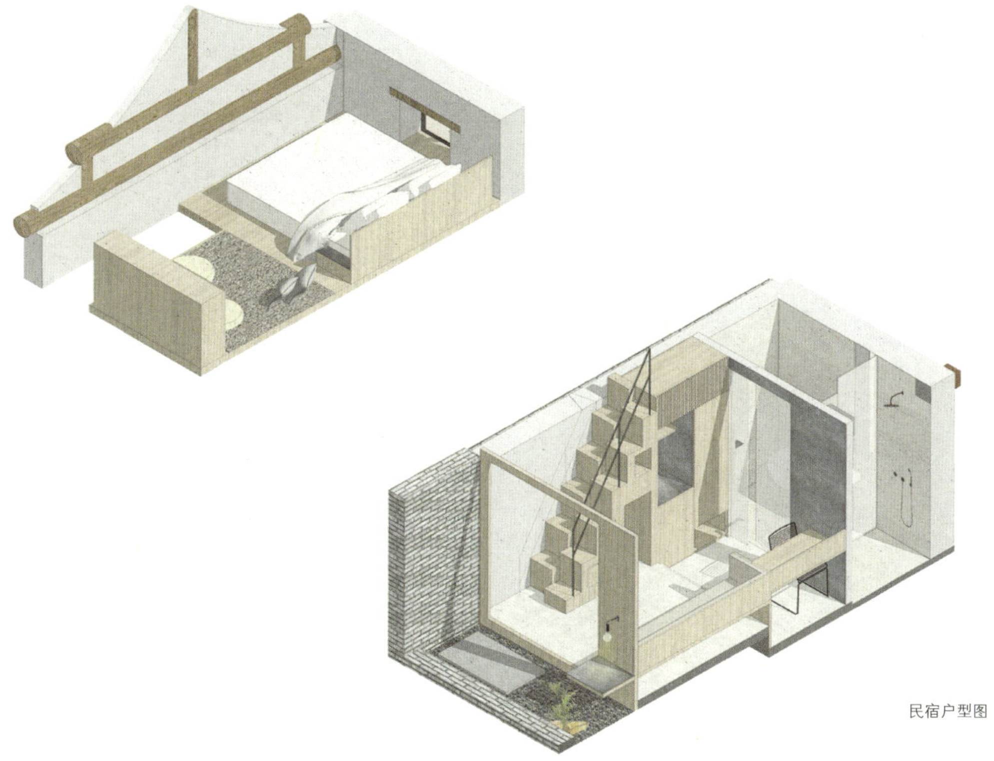

民宿户型图

1. 解决老宅的痛点

建筑改造类项目首要解决的问题是原始条件不足。大杂院改造同样如此。根据以下几个现状特点，我们采取了相应的解决措施。

问题 A. 室内面积不足

根据设计任务要求，需要在有限条件下塑造出舒适的居住环境。我们采取竖向使用空间的方法，提高空间使用效率。局部下挖地面，并拆除原有天花吊顶，利用传统建筑的屋顶空间做成 loft 格局。

问题 B. 采光通风不足

我们几乎为每间客房都设计了屋顶天窗，大幅度增加采光效果。根据冬季采暖保温需要，大窗选用双层玻璃（平面玻璃顶使用三层中空玻璃）来降低导热效应。并在房间立面，每个客房门侧都做了开启窗的设计，辅助通风。

问题 C. 采暖保温不足

除了在玻璃的使用中选取保温性能较好的材料之外，我们将全部室内地面铺设了地暖，作为冬季的主要采暖措施。

问题 D. 隔音不足

根据房屋现状情况，为每个房间的隔墙增加隔音材料，一定程度地解决了原本的砖墙隔音差的问题。

问题 E. 卫生间搭建不规范

现状院中已有院厕，但未经任何处理，直接将生活污水排至市政管网。现状宫门口二条胡同中的下水管道为雨污合流设计，如此夏季难免会有气味散发。我们在院内建造了标准的化粪池，将所有的卫生间内污水排至化粪池，经过处理后合格达标的生活污水，沿用原有管路排至胡同内市政管道中。

2. 空间记忆的传承

这个项目的设计逻辑是在现有条件下因地制宜，着重对现状材料的发掘与再利用。在改造过程中，不断出现的意外发现给设计带来了新的思路。跟随施工阶段的新的进展，设计也不断地变化发展，由此也可称为“没有逻辑的逻辑”。

比如，将建筑的木结构脱漆处理之后，露出的原本的木色干净朴素，展现出古朴的气息，于是我们就保留了木结构的本色。在做地面基础和院内排水时，在现状地坪下约一米处挖出 7 块大约是清代的条石。我们选取其中 4 块作为客房与院门门口的踏步石阶，重新赋予了新的功能与使命。

原有建筑的旧的窗框我们予以保留，在不同的房间中重新组织利用，处处可见这座院落旧时的生活气息。

予以保留的还有大量的旧的青砖，具有几十年至上百年不等的历史。我们使用这些老青砖搭建成庭院内中心位置的楼梯塔，其间点缀嵌入现代材料玻璃砖，这座“塔”就连接了院落的过去与未来，是空间记忆的传承。拆除的虽然是违章加建的建筑，但也是整个院落历史中不可或缺的一章，更是城市记忆的一部分。

3. 私密性与开放性

A. 院落与城市的关系

传统合院的建筑形式是一种较为私密的居住空间。杂院的居住特点是相对开放的，这种开放性加强了人与人之间的交流。我们希望在这个项目中，可以实现在城市公共空间与居住私密空间之中，建立一个可进行交流的、半私密半公共的空间。

我们将入口处的房间设计为咖啡馆，同时为内院的民宿部分提供接待功能。院落主入口采取向胡同开敞的设计，使廊道连同咖啡馆变成了城市空间的一部分。咖啡馆内仅有一张大桌子，民宿内的住客使用早餐时，当地的客人也可以来喝咖啡，大家一起坐在同一张桌前进行交流。

展览空间位于内院，可分时段对公众开放，也增加了院落与城市的交流。

B. 客房与客房的关系

在传统的星级酒店中，客房部分通常统一设计为彼此封闭的环境。我们想要打破这种封闭的氛围，所以在房间立面设计了大面积的落地玻璃，并将客房内看书、座谈等相对公共的功能区布置在窗边。这样除了增加采光，不同客房的客人可以互相看到彼此，进行某种程度的交流。而在房间内侧或墙体后面，安排了就寝空间、卫生间和浴室，保证了生活的私密性。

4. 与自然的和谐共生

胡同的居住环境特点，是人居环境和自然环境的有机结合。整座合院分为6间客房，各自分室而居。我们尽力为每个独立的房间都营造出自然环境或是赋予自然环境的体验。1、2号房将一角的屋顶改造为玻璃屋顶，并种植绿色植物。在室内可时刻感受自然光线变化，营造室外庭院的氛围。5、6号房分别拥有真正的室外庭院，是属于客房独享的室外空间。

在胡同里，“树”和人们的生活环境有密切的互动。夏日炎炎，阳光被大树繁茂的枝叶遮挡在外，留下一隅阴凉。冬天树叶凋零，阳光穿过枝丫洒落院里，温暖明亮。人和树的关系是有机的。因此，院落内保留了一棵数十年的老槐树，延续了人和自然的有机关系，也维护了人与自然之间的微妙的互动。

以往一些四合院的改造，更多注重在建筑外观的更新和建筑质量的提升。但在老街区里，在胡同中，四合院建筑的改造不应仅仅停留在外观符号性的重塑，更重要的是保留生活的体验。和树一起生活的体验、在庭院生活的体验、开放的生活体验、和城市结合的生活体验……以及每个角落里属于这个城市的记忆。这些在外观看不到的部分，是四合院最独特的文化记忆。

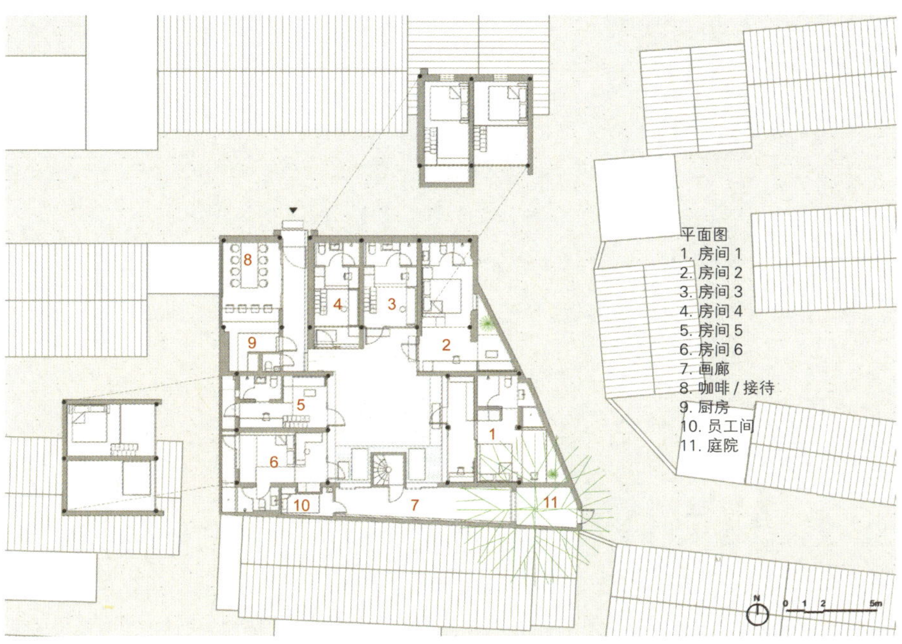

深圳福田水围柠盟公寓

——深圳首个城中村人才保障房的诞生

The Shuiwei LM Apartment

—The birth of Shenzhen's first urban village social security housing for talented people

DOFFICE 于深圳设计了首个由城中村握手楼改造而成的人才保障房社区——深圳福田水围柠盟公寓。在没有任何先例和规范指引的情况下，经历了 3 年的探索、反复协调和修改，项目最终落成。

城中村

20 世纪 80 年代初的改革开放触发了深圳经济特区与本土村落的二元发展轨迹，村落很快被现代城市包围，形成“城中村”。城中村为低收入人群和创业者提供了较低的城市门槛，为深圳城市化发展发挥了至关重要的作用；但其中的安全卫生和社会问题，也成为难以根治的诟病。过去 10 年间，城中村改造意味着大规模的拆迁，彻底推倒重建，成为千城一面的高级商住综合体。深圳城中村由 80 年代初的 300 多个，迅速消减到如今的 200 多个，正在逐步走向消失。

攀升的房价和生活成本导致大量产业人才的流失，人才保障性住房计划因应而生，但受土地资源以及旧区拆改难度的限制，城市中心区难以在短时间内为外来人口提供足够的廉价保障性住房，因此本项目成了深圳市首个利用城中村“握手楼”改造为人才保障房社区的试点。项目改造后由政府返租补贴，低于市场价租与企业人才，补贴的金额相当于整治城中村的代价，形成一举多赢的局面。

规划策略

改造片区位于深圳中心区的水围村，规划面积约 8000 平方米，共 35 栋统建农民楼，其中的 29 栋改造为 504 间人才公寓。改造设计保持了原有的城市肌理、建筑结构及城中村特色的空间尺度；并通过提升消防、市政配套设施及电梯，成为符合现代标准的宜居空间。

我们关注的，不仅是将农民房进行内部升级装修成为 504 间人才公寓，更在于如何将住在这 504 间公寓里的 900 名青年联系在一起，创建一个社区，而这个社区，又将会对水围村带来怎样的影响？

项目地点：深圳，水围村
竣工时间：2017 年 12 月
项目开发：深业置地投资发展（深圳）有限公司
项目营运：深圳深业酒店管理有限公司
设计机构：DOFFICE 创始点咨询（深圳）有限公司
合作机构：深圳市都市建筑设计有限公司
摄影：IVY Photography & Production、Chris Lai、王晓勇

项目的35栋楼为村委股份公司统一规划，宅基地基本一致，楼宇间巷道宽2.5至4米，因而被喻为“握手楼”。楼宇的1至2层为商业，3层以上为住宅。如何组织这35栋长相一样的握手楼，如何组织传统商业街巷与公寓流线，如何避免迷宫般的布局，成为接手该项目的第一个问题。我们通过等级划分，将巷道分为商业街和小横巷。并将所有住户入口归纳为9个庭院，形成商业及住户流线互不干扰的格局。

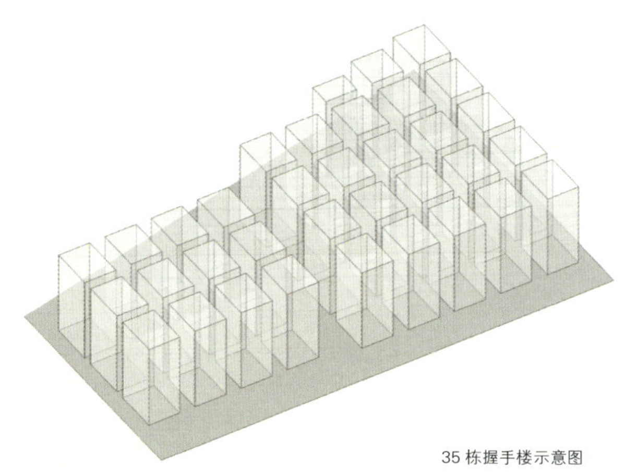

35栋握手楼示意图

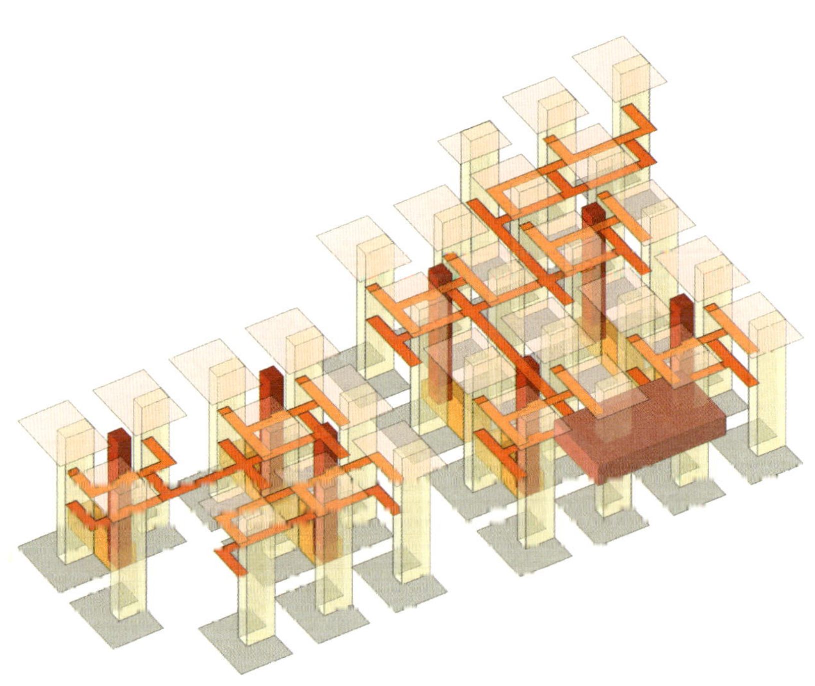

在楼缝中植入立体交通系统连接所有楼栋形成立体社区

35 栋独立的握手楼

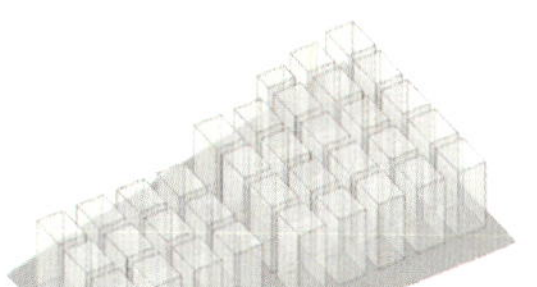

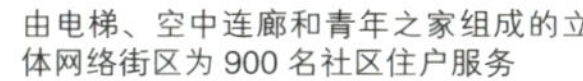

由电梯、空中连廊和青年之家组成的立体网络街区为 900 名社区住户服务

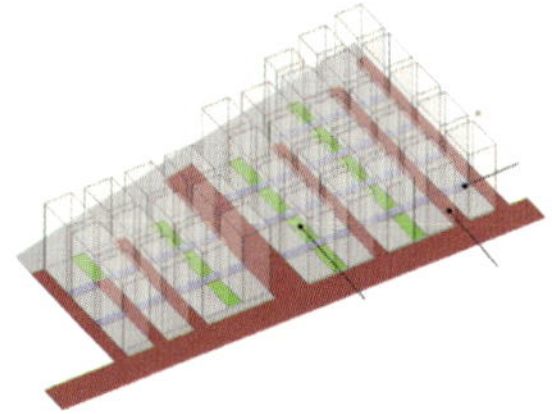

给迷宫般的巷道划分等级

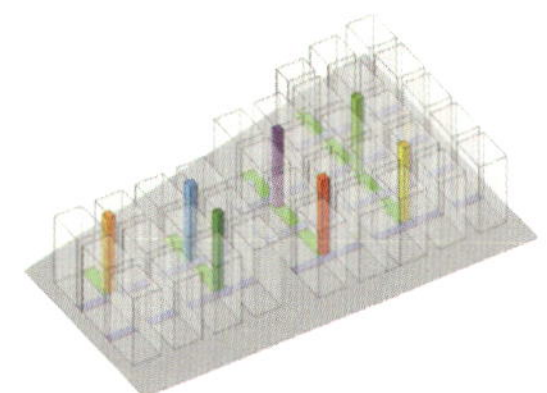

色彩作为视觉引导系统，方便住户在迷宫般的街巷中认清方向

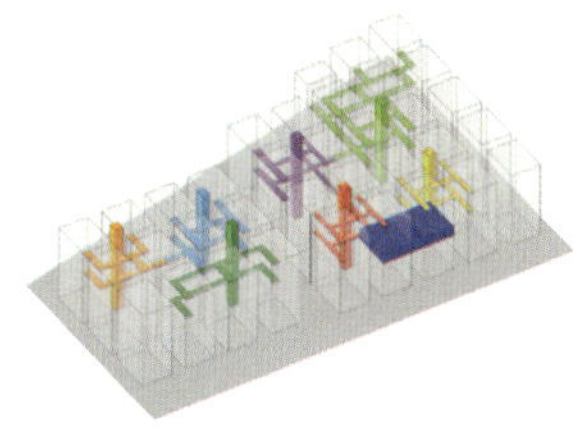

加入可以改善交通系统的电梯

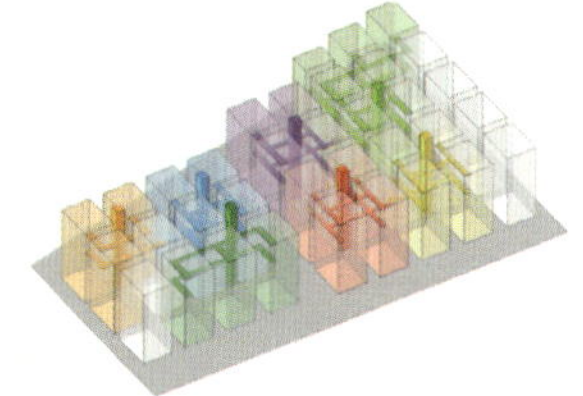

开放后的屋顶可用来洗衣、种植和休憩

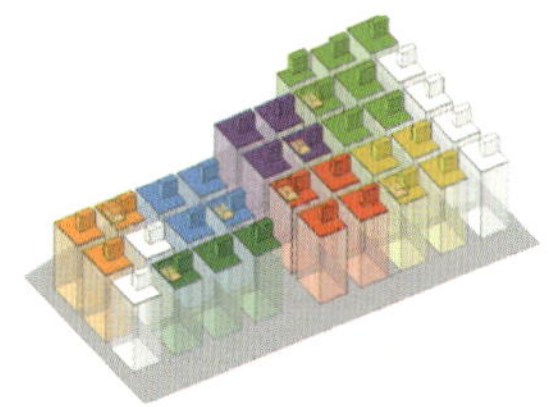

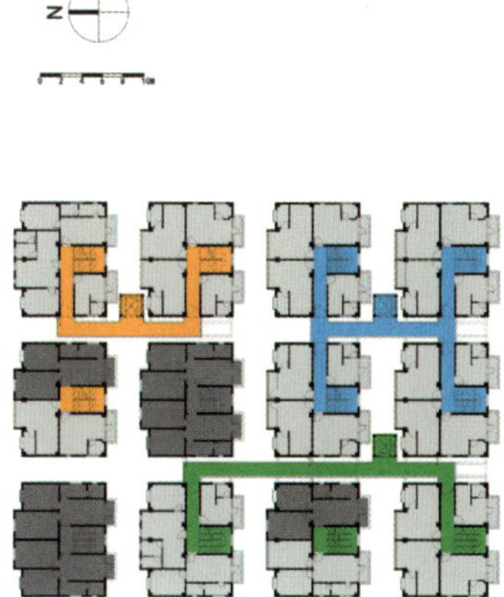

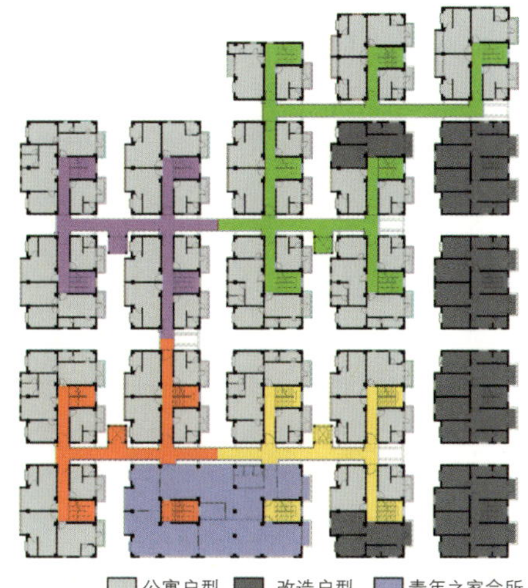

公寓户型　改造户型　青年之家会所

五层平面图 – 电梯连廊串联全部握手楼

剖面图

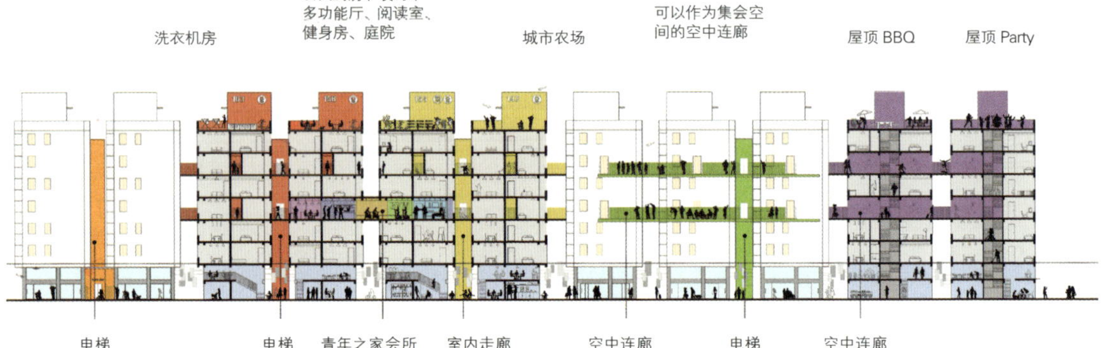

剖面图 - 立体的街区

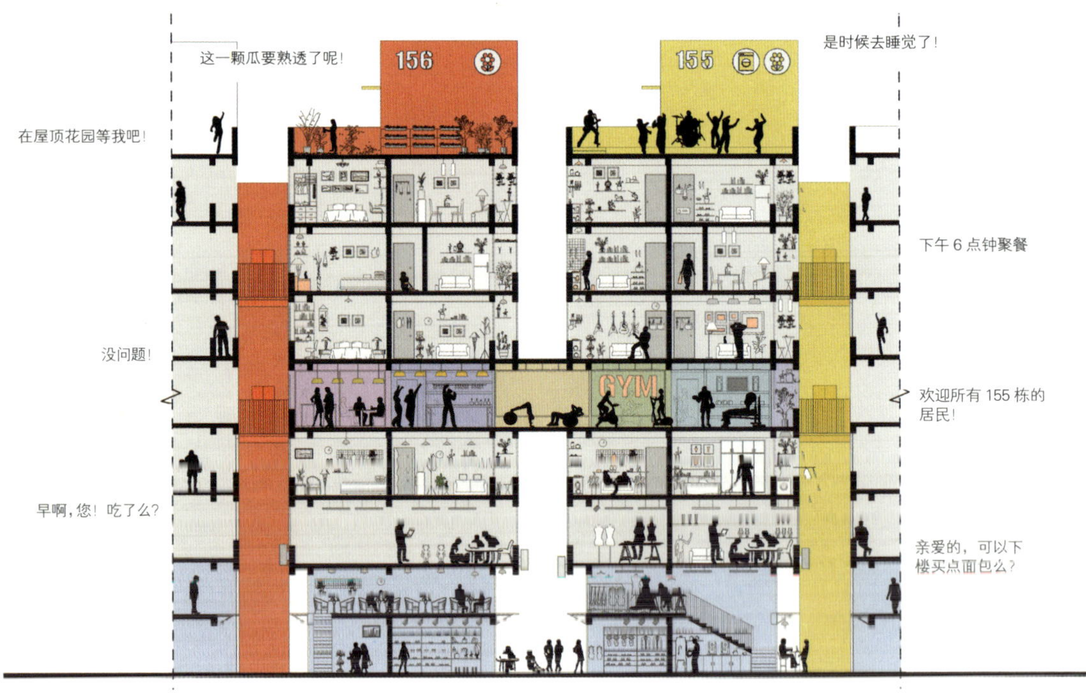

电梯院子

我们在握手楼之间局部的“一线天”巷道里，架设了7座电梯和钢结构连廊，每座电梯首层均设有电梯院子，成为公寓入口，因此社区并没有一个主入口，也不是封闭的社区，而是一个开放的社区，与村里的商街、古井遗迹、市集脉脉相连。

空中连廊

空中连廊和室内连廊相互串联，这个三维的交通流线系统联结了所有楼栋、屋顶花园、电梯庭院和青年之家，形成四通八达的网络，同时也成为居民休憩、交流的公共空间，并营造出立体的生活街区。

相对于常规新建的保障房，本项目是一个独特的存在，社区里35栋楼的业权是分散的，当中部分楼栋不参与改造，甚至还有零星的原居民家庭夹在人才公寓中。为避免流线系统变得盘根错节般复杂，我们采用了7种色彩代表了7部电梯、电梯院子及关联的楼栋和楼梯间，这些色彩也成为最简单明了的视觉引导系统，方便住户在迷宫般的街巷中认清方向。

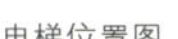

电梯位置图

空中连廊位置图

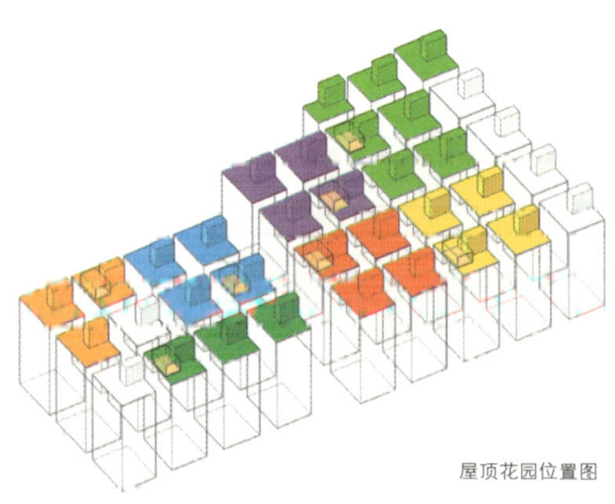

屋顶花园位置图

屋顶花园

社区另一个标志性的公共空间是项目的第五立面，即屋顶花园。29个屋顶根据各自所在的色系形成色彩缤纷的屋顶空间，这些屋顶包含了洗衣房、菜园和休憩花园。

154
157

青年之家

位于5层的青年之家是社区重要的公共空间之一。该空间通过钢结构连接两栋握手楼，以环状串联的形式布置了7种不同的功能，包括阅读室、茶室、多功能厅、社区厨房、社区餐厅、健身房及天井庭院。

青年之家平面图

1. 厨房
2. 多功能厅
3. 卫生间
4. 阅读室
5. 茶室
6. 中庭
7. 餐厅
8. 健身房

户型图

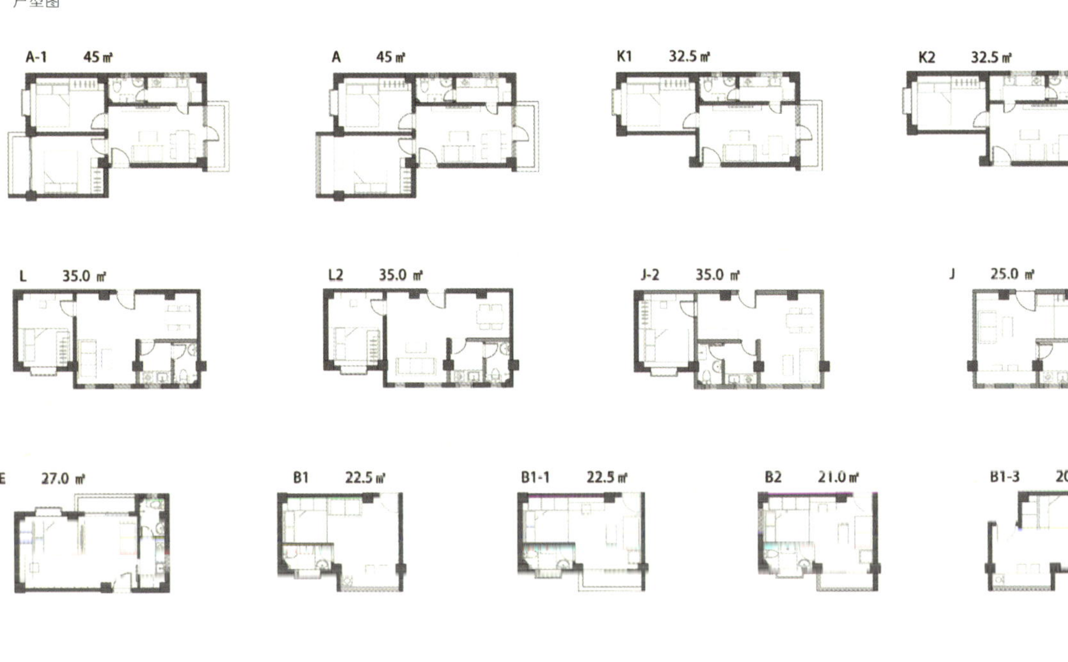

户型改造

握手楼虽长相类同，但却是由不同业主建设，因此每栋楼、甚至每层的户型都不同，通过设计简化及调整，竟可归纳出 18 种不同户型，面积由 15~55 平方米不等，分为多种风格和布局，切合不同住户需求。

结语

深圳的城中村，均有 600 年以上的历史，所以深圳并不是一个没有历史的城市。深圳的根在城中村，并承载着时代的集体记忆。我们希望通过改造措施，保留城市的肌理、文脉和集体记忆，为老村注入新的生命力、新的价值；并探讨通过旧建筑和新文化的结合，创造一个平台，引发新旧社区居民自身的参与与交融，活化老社区。

同时，我们也希望通过本项目，思考城中村下一个时代使命，希望能给城中村“握手楼”一次再生的机会，“不推倒重来”的改造也是一个值得考虑的、严肃而有趣的选择。

第三章
市民下乡与乡村旅游

Chapter 3
Citizens Travelling to the Countryside and Rural Tourism

乡村旅游或许是当下最直接和最喜闻乐见的一种乡村发展方式，虽然这只是乡村发展中的一个方面，但不可否认这是最容易使乡村与普通市民产生联系的一个途径。不管是哪种方式，乡村的发展并不是自我封闭，最终都要与城市和市民产生某种关联，许多经过设计师巧手改造的乡村民宿成了村子里的名片和游客的打卡地，为乡村带来流量和人气的同时也带动乡村旅游从原来农家乐向体验型民宿的转变升级。

平田村爷爷家青年旅社

——给老土房一颗年轻的心

Papa's Hostel
—Giving the old adobe a young heart

项目位于浙江省丽水市松阳县四都乡平田村。原建筑是一座普通夯土民居，二层，土木结构，共约270平方米。因为曾经是业主江斌龙爷爷的住所，所以大家将之称为：爷爷家。设计任务是对这个普通民宅进行改造，赋予它新的使用功能和空间，将之激活。经过与业主、地方政府的商讨，我们决定赋予爷爷家一颗年轻的心脏，将之改造成一个符合国际标准的青年旅社。

为了保持村庄的整体风貌，爷爷家的外部形态被完整地保留下来，几乎未变，只在二层朝向良好景观的一面开设了一个长窗，将阳光、空气和良好的景色引入建筑室内。

与谨慎对待外部形态不同，设计对于室内进行较为大胆的改变：一楼，原有建筑室内的隔板被拆除，建筑从原来的分隔状态变为一个通透的大空间。这里将成为青年人交流、休闲的场所，同时也可以为村庄中的村民或者游客提供歇脚的公共空间。

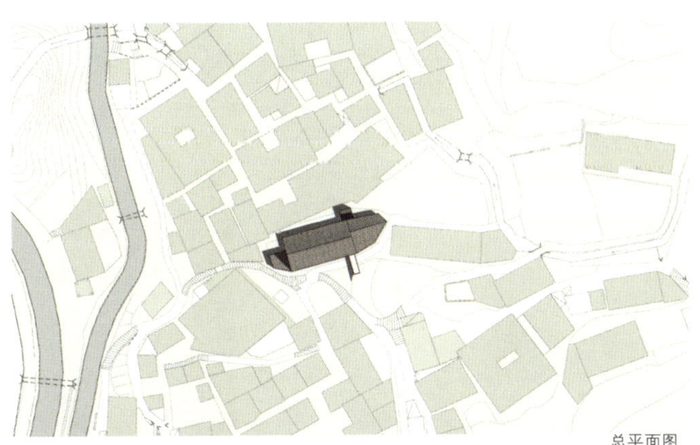

总平面图

地点：浙江，丽水市松阳县四都乡平田村
主持建筑师：何崴
建筑设计团队：陈龙、李强、陈煌杰、卓俊榕
建筑设计公司：三文建筑 / 何崴工作室
照明设计团队：张昕（清华大学建筑学院）、韩晓伟、周轩宇
建筑面积：270 平方米
建筑造价：20 万元
摄影师：何崴、陈龙
业主：江斌龙（平田村村民）

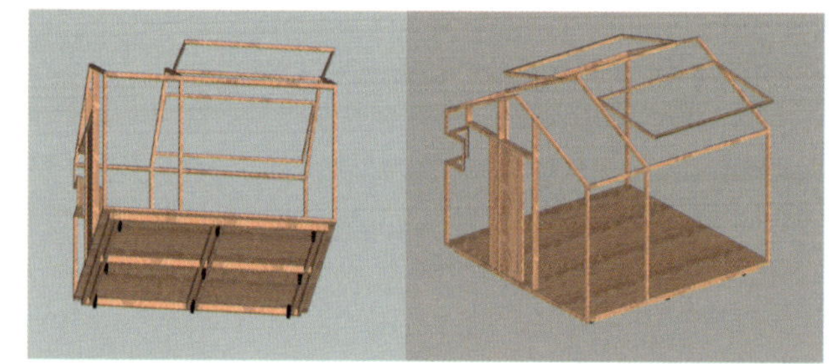

“房中房”构造图

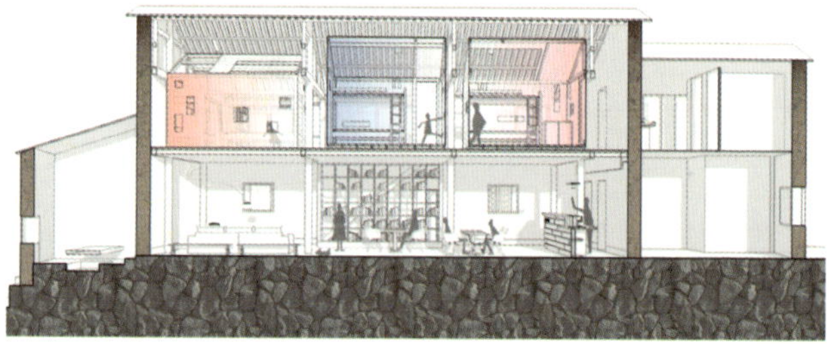

剖面图

二楼，为了保留原空间的“大空间”特质，常规的由固定墙体分隔的模式被否定了；一组“房中房”的空间元素被植入原有土房子中。它们由轻质材料建构，可拆卸、可移动，半透明，以一种轻轻地态度“放入”原有建筑相对厚重的内部空间。房中房的实际功能是青旅的居住单元，每个居住单元可容纳 4~6 人。设计特意采用了半透明的阳光板材料作为界面，它可以营造一种柔和的、模糊性的效果，与原有建筑刚性的生土材料形成对比。

为了营造更具戏剧性的效果，房中房的表皮上开了一系列大小不一的洞口。这些洞口一方面将相对单一的界面变得活跃起来，另一方面为界面内外的使用者提供了相互“窥视”的可能性。房中房还是可以“行走”的建筑。构筑物底板下安装有一组万向轮，年轻人完全可以根据自己的需要，自己推动建筑，完成空间的再造。

光是设计中另一个重要元素。照明的逻辑源自“房中房”的空间逻辑，视线的逻辑则遵循照明的逻辑：白天的光

由外向内，通过屋顶的明瓦和大侧窗将天然光引入阳光板房，居住者的视线则由内向外，穿过层层洞口远望群山和村落；夜晚的光由内向外，3000K 暖光通过半透明材料的反射、折射照亮整个房间，并向村庄溢散，居住者的视线则由外向内，最终聚焦于阳光板房内部极具现代感的灯光构图。

柔和的 LED 线形光源（暖白和彩色）安置在房中房的木构架上，并排布为自由的构成线条，富于艺术表现力的构图和可直视的光源和青旅居住者“年轻”的特点相符合。灯与阳光板的位置关系基于足尺模型实验，遵循“光的方向与阳光板空腔的走向垂直”，被照亮的阳光板肋形成“光栅”叠加在原有的视觉关系之上，赋予居住空间一种全新的半透明视觉体验。在大多数时间内，天然光、暖白灯光，变化多端的光影效果给人温馨、模糊和迷幻的感觉；在特定时段开启一支彩色灯管，会将空间营造成一个富于激情的场所。

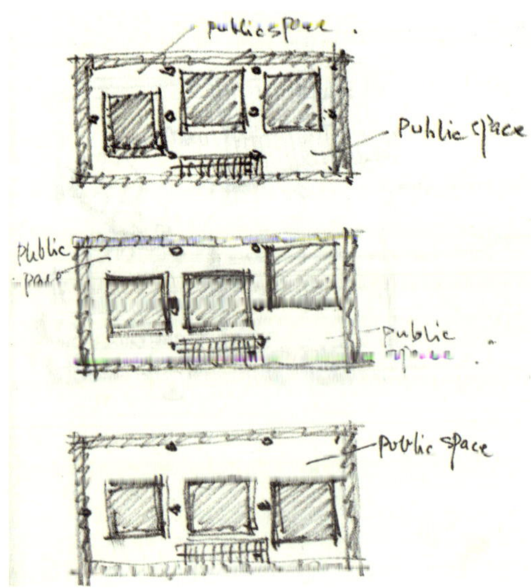

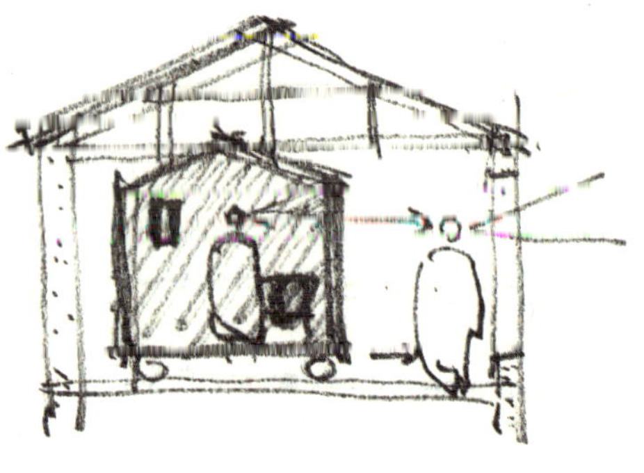

凤凰措艺术乡村

——废弃村落的再生营造

The Landscape Design of Fenghuangcuo Village

—The regeneration of the abandoned village

凤凰措是一个乡村整体营造项目，一场空心村再生实践，位于山东日照。由孔祥伟与观筑设计团队驻场设计并全程营造。村子原名杜家坪，是一个典型的鲁东南石头民居聚落。在城市化进程中，村子荒废掉了，大部分老房子已经坍塌，只遗留下来十几套老房子。凤凰措整体定位为乡村艺术区，包括民宿酒店和艺术家工作室，设有林中美术馆、水上剧场、山顶教堂、山畔禅苑、图书馆、博物馆等文化空间，以及茶室、咖啡厅、餐厅、儿童公社等休闲空间，并保留一个区域打造为老房子博物馆。

总体设计理念：保护与再生相结合。在保留原街巷院落肌理、旧建筑、树木的基础上，在其间进行大胆的新元素介入。材料上，使用老房子坍塌留下来的暖黄色老石头、混凝土和耐候钢板，追求材料的原真性；景观上，运用老旧材料，栽植野草，保留乡土自然的野性；空间及建筑运用现代建筑语汇。

营造理念：变设计为营造，设计师驻场设计，并参与到具体的建造过程中，称作“回家设计”。在建造的过程中与工匠紧密结合，将工匠的技艺反馈到设计中。长期的驻场营造，也使设计工作与自然生活融合为一体，期间产生诗歌、散文和绘画。一期历时三年，完成了村落入口、艺术家工作室一巷、民宿接待中心、素颜餐厅和老院子民宿。

村落入口：采用山的意向，由两片当地石材砌筑的雕塑体构成村子入口，形体与远处的大山相呼应。

项目地点：山东，日照南湖镇
整体设计与营造：北京观筑景观规划设计院
主创设计师：孔祥伟
设计团队：：李国栋、刘玉龙、王稳、林丽聪、滕欣、徐景安、王梓亦、郑亚凯、庞亮亮、肖天艳
建造时间：2015 年 8 月—2017 年 12 月
摄影：孔祥伟、成雪峰、王梓亦

艺术家工作室：位于西侧第一个废弃的巷子，保留了院墙和院子里的树木，在空隙中做房子。建筑材料主要采用废弃老房子的石头，窗套采用混凝土和耐候钢板两种形式。

民宿接待中心：位于村子广场的方盒子建筑，包裹进一个遗留的老房子。建筑材料采用老石头、混凝土和耐候钢，庭院和台地栽植芒草，室内是素混凝土，沙发和伴手礼柜子也由混凝土预制而成。

素颜餐厅：素颜餐厅位于凤凰措民宿区核心位置，周边由老房子和树木围绕。餐厅名称由来于素混凝土，素颜是一种美，也是一种生活态度。素颜餐厅的理念与凤凰措乡村营造追求材料的原真性相一致。餐厅空间追求通透，东部和南部采用大的取景窗。建筑材料为素混凝土和当地石材。不加修饰的混凝土用清晰有力的几何形式，呈现出原始美感。餐厅内部全部由素混凝土构成，包括吧台、餐桌以及储物柜。室内顶部采用三角形采光井，能够享受一天中变化丰富的光影。门窗等建筑细部均为手工制作。

老院子民宿：总体思路是保留与再利用。具体采用新旧对比以及运用乡村记忆材料的方式，保留老房子、保留院墙、保留树木和街巷肌理。两排老房子一共五套，在每个院子里增加厢房作为民宿，老屋改为茶室。分别有水泥预制小屋、水刷石小屋、夯土小屋、钢板小屋以及镜面小屋。

张叔小院：水泥预制小屋，是对 20 世纪中期的水泥预制装饰符号的追忆，所有混凝土块均由当地木匠张叔手工预制完成，故名张叔小院。院子里混凝土水景，是对房子的呼应。

锈品小院：主体建筑为锈钢板小屋，院子里的水景也为锈钢板水景。

水石小院: 主体建筑为水刷石小屋，是对 20 世纪水刷石建筑的追忆。建筑将一棵老杏树包裹在内。

魔镜小院：主体建筑为镜面不锈钢，是对比最为强烈的建筑，院子里保留了一片木瓜树，室内的屋顶由彩色玻璃窗构成。

凤凰措的探索不仅在于以一个整体村落为对象，对整体聚落、景观、建筑以及室内进行一体化设计与营造，更在于现场一线的本地设计与营造。

凤凰措记事

乙未年初春，孙大圣邀我至马陵湖畔一山村，名杜家坪。时春日暖阳，桃花绽放，一石头聚落，隐于山水树林之中，荆轲密布，荒草深深，半数老屋已断壁残垣。存剩者，暖墙黛瓦，静默于山谷之中，此番面貌，与我幼年居住之山村如出一辙，而我故乡距离这里不过六华里，更深处的一座山里，我亦刹那间迷失于这个遗落的古村里。俄罗斯诗人叶赛宁说，找到故乡，便是胜利。我想，那时的感觉，是真真切切的胜利。从来不敢奢望，去创造一个村子，在熟悉的故土山水之间。

为新村取名，我取凤凰，孙大圣赋措，凤凰者，重生涅槃也；措者，藏地之大湖也，兴奋之余，互为辞赋。我写，山为凤凰湖为措，一袭烟波出林壑，陶潜船，王维月，杜甫草堂燃灯火，艾草长，端午忙，梧桐不语待丹阳。孙大圣和词：天有飞舞，地有歌，三方石潭可印月，凤凰山，马陵措，杜村画里约嫦娥，美酒酿，来年香，老窗贴红迎新娘。

以此为始，五月端午驻村，至酷暑，经爽秋，历严冬。一晃两年，百般打磨，建成仅五分之一也，今日之心平复，笃定之中，又带欣然再造之意念。

大圣嘱我纪事，虽过往波澜，已是一湖静波，但其间变化波折仍有意义，波折皆归于一古村应如何新生，现之面貌为我与孙大圣心念之投射。其间，从宏观一致，到微观相异，到争论辨析，从分歧到一致，再到深层融合，直至无言默契，这期间，看似是建筑与环境观念之变化，实则是价值观之磨砺，或是心之磨砺，这便是造物之意义，我常以文徽明与王献臣创造拙政园之关系类比，人生观，价值观，趋同之审美情趣，文化之认识，是能走到一起造物的基础，世间，话不投机半句多，更何况是在一起创造一个容纳身心的场域呢？凤凰措之幸，便在此矣。其间，亦遇颇多外部阻挠，皆是观念之争，根源在于审美，以及审美背后隐含的文化之认识。木心先生说，一个人知识少，可以学习，但审美缺失，神也救不了。吾深以为是。幸在孙大圣之笃定，这笃定源于未见作品呈现之时，对我之信任，另者，他有勇气，力排众议，始终坚持之，这是莫大的珍贵品质。

凤凰措之于我自身的变化，核心之处在于自然观念的加深，独居陋室，清寂，但却重新识得清风明月，花开鸟鸣，其间，有散文，有诗，有绘画，其间更有静默思悟，珍贵，皆可回想。凤凰措，仍需深行。嘤其鸣矣，求其友声，凤凰措这个场域，承载的便是具有趋同观念的友谊。

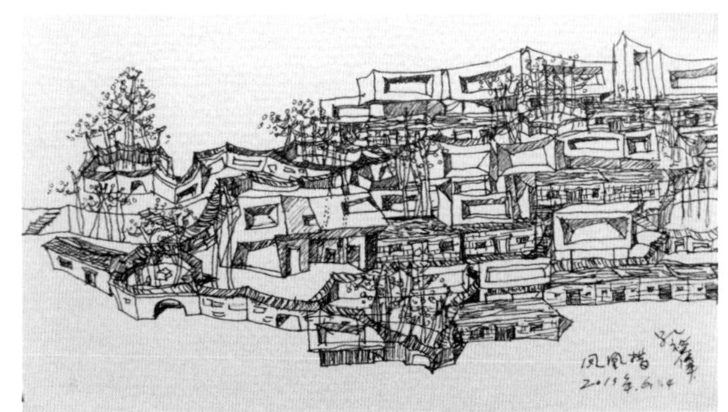

淄博东庄村改造纪实
——乡村振兴中的全过程设计
Dongzhuang Village Renovation
—The whole process design in the process of rural revitalization

在日渐消亡和凋敝的中国乡村中，关注乡村振兴，也即关注乡村中的“人丁兴旺”：

如何让留守乡村的人们有继续驻留的希望？

如何让离开乡土的人有返回的可能？

如何让远方的客人能到达这里，并可以驻留下来？

这样的问题，可能出现在每一个走向乡村、进入乡村的乡建人心中，并在实践过程中去寻找答案。

淄博东庄村，是乡建院2016年介入的一个鲁中山村，普通，无特别的自然资源，也无突出的人文遗产。2016年年初，天气还冷，设计团队第一次进村调研。跟大多数北方村落一样，“空心”现象严重，人少，多为妇女、老人，少见儿童和青壮年。而且因为人少，空房子就显得更多，有些房子院落长年没有人烟，破败倒塌，生出了各种杂树。孤苦伶仃的老人，坚守着空旷杂乱的院落，有如那时清冷的天气，寒气逼人。

设计师们深吸一口凉气，开始工作。相比如今很多建筑师通过某一两个爆款项目来吸引眼球的常规做法，在东庄村的乡村振兴设计中，我们尝试的是一种全过程式的咨询设计服务，从策划、选址、规划、建筑、景观、室内、配饰、标识，到人员组织……与乡村生活生产有关的软件和硬件，都由我们从整体到局部，给出蓝图，慢慢实现。从2016年开始，以这样一种系统性的乡建服务，陪伴延续至今。

项目地点：山东，淄博东庄村
景观设计：房木生
摄影：房木生

以房养老 内生动力

我们知道，在与自然结合最为接近的乡村中，从来就不缺美丽的房子。空心村，空的是人，然后才是房子的日渐荒芜，空出荒废的房子。就跟能源与发动机的关系一样，人与房子、村庄空间，是一个互动的过程。人就像一种能源，如果能激发这种能源的内生力量，让这些日渐减速的“发动机”焕发出崭新的面貌，形成持续的内生动力，这就是我们想要的乡村振兴发展模式。

在东庄，老人、老房的凄凉情景触目惊心，这一劣势能否转化为可利用的资源呢？在与年轻有为的村支书韩书记深入讨论后，以房养老，这一新名词进入了大家的共识。

老龄化是这个时代亟待解决的问题，老有所依、老有所养已成为人们日常却也急迫的需求。东庄有很多闲置或半闲置的房产，如果与养老敬老联系起来，便打开了一扇大门：将村里的集体用地，盖起养老院，让独居老人入住，相互照顾，而腾出来的闲置院落，则入股合作社，改造为精品民宿、度假小院等方式吸纳外来人员。如此一来，闲置和正在消亡的房屋资产盘活了，经营所得也可反哺合作社并赡养老人。

比如东篱甲、乙、丙、丁庐四套院落的改造，部分是有腾换出老人的院落而完成的。我们先后选了两个村内原有仓储用房空间，改造扩建为养老院。集中的套房空间，开阔的室外活动空间，有公共的村民餐厅，很适合原来就是邻居的老人们一起安度晚年。这样，快速地建设完成后，村内十多位老人也满意地住进了新的养老套间中。

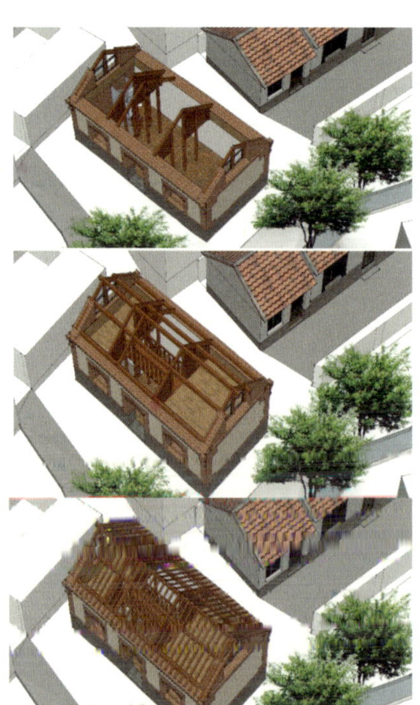

模型图

把北方一室一厅的小房子，改建为三室两厅的民宿

这不仅服务了本地的老人，还因配套设施的建设，增加了村内“房”的吸引力。整体规划更是将原本的劣势化为了新的动力，比如东庄原来做过香椿产业，却让香椿树泛滥成灾，但利用层层跌落的山谷，“东庄椿跑”——在漫山的香椿树中慢跑的活动，却成了吸睛亮点；原本千篇一律的开阔田地，建成体验农场和观光花海后大受欢迎；蓄水池变成了钓鱼池和儿童憩乐场地，山上避难用的石围子和“武王寨”变为爬山登高体验去处……再加上乡村舞台、游客服务中心、餐厅、厕所、村标、公共景观等，外来的人们在这里可居可游。

总之，增加乡村的内生动力，应该是乡建中需永远铭记的一条法则。原来封闭的乡村，人的流失，就如快熄火的发动机，我们需要寻找改革各种能增加人气的机制，让乡村在开放的同时，找到了一条通往新生的路。

人本设计 房木共生

一直认为，设计，是要基于人本的角度创造性地解决我们生活、生产中出现的问题，乡村设计，也一样。在乡村建设中，不仅考虑乡村原住民的生活、生产、生态问题，也要考虑可能到乡村里来的人们的行为及喜好。乡村独有的人情社会、自然环境，更应该让建筑、景观、自然与人的行为串联起来，达到人景共生的状态。

在设计中体现人的因素，首先便是在开放性上做文章。中国的大部分乡村还沿袭着旧日的模样，因生活生产简单，村内道路与各户院落往往是树状结构，很多住户在道路的尽端，比较封闭。即便有公共空间，也多是在某些道路节点自然出现的，少有特意地设置。因此，在设计中，需将社区的树状格局打破，增加桥梁、台阶等交通设施，让更多的公共空间在网状的交通格局中呈现，丰富公共景观的体验。

比如，相邻的东篱乙庐与丙庐，两个院落原来完全独立，各在一条路的尽端。丙庐院落的前面是悬崖，设计师为了连接起这种断裂，在原来悬崖的地方搭建了一座钢木结构的桥梁。桥梁的设计方案是建筑师在开往淄博的高铁上，突发奇想随手勾勒的。只设了两个桥基，以减少悬崖上地的开挖，桥基发散出斜撑的钢柱，与桥面两端抓住地面形成稳

定的结构。桥面和栏杆用钢管和木板拼构出一种起伏连绵的形象。桥的轻盈出挑与国槐树树冠、花草、绿植等结合，使人与花木有了亲密接触，从而体验到不一样的风景。

而这种开放性不能排斥“私密”。相反，在公共空间开放的同时，保留院落的私密性是更考验设计师匠心的问题。东庄是个山村，设计师通过山村特有的高低错落巧妙地解决了这一问题。桥梁南边，公共道路经过乙庐外边，空间狭窄，只能贴着通过。因此我们特意在乙庐院落的外边设计了一个抬高的平台，让公共道路下沉。如此行人即使必须紧贴着院落经过，也不会干扰乙庐院内的平静生活。而抬高几步的平台，挑出于几棵香椿树外，让人坐于其上视野更好。同时，也使乙庐院落的围合性得到了加强，可谓一举多得。平台的建造用了当地的石材和红砖，适当加入一点花纹设计，还起到了标志性的作用。

人本设计不得不提的一点，便是“适度”。在乡村，花钱和拿钱都不容易。设计费、工程款、整个团队的服务费用，到底从哪里来？换句话来说：在乡村，如何花好有限的资金，四两拨千斤地让乡村真正能振兴起来？这是乡村设计师身上背负的一种无形压力。相比有些建筑师对其乡建作品中寻求的实验性、苛求品质和美轮美奂，我们在控制设计是否过度，寻求一种“合适度”，有时甚至不去渴求“完成度”。乡村建造的经济性、有效性是人性设计的基础，过了这一关才算是真正为乡村做了实事。

例如，东篱乙庐（韩韬院）在改造前，已是一片废墟，屋顶破败，屋内长出了树木。设计师经过实地测绘，精心设计，在保留房屋原来的墙体基础上，只是抬升了前墙 600 毫米，增添了一层阁楼，就将原来小三间的主房改造为“三室两厅一卫”的套房，在空间上极大地节省了用地及容积。在材料上也只是用了红砖、红瓦、木材等普通材料，与村内建筑完全融合。添加的那一层阁楼，开了天窗、圆窗和“坐卧方窗”三种不同形态的窗子，观景感受极为丰富。其中“坐卧方窗”设计有两个高低不等的方形窗户，原本设计为钢框挑出的凸窗形态，以达到室内坐和卧各有一窗呼应，室外有迎取风景的姿势。但因为钢结构又多出一道工序会增加成本，施工队自做主张只做了平窗。虽然效果大打折扣，有些遗憾，但我们以村人的承受能力为第一位是不可撼动的。

创造故事 全程陪伴

我们对于东庄的设计是一种全过程的陪伴，并非像很多乡建工程那样，建筑师驻村两三个月，修几座漂亮房子，便扬长而去。除了主体的养老公寓、民宿、青年旅社外，村中的配套设施也由我们一并设计。

村庄的上中下地段，我们分别在合适的地点，用当地的石头，以老一辈“砖包石”的砌筑做法，设计并建造了三个公共厕所。三个厕所有三个不同的形式，一个平顶，但有圆形的月亮门入口；一个半圆形，单坡屋顶，石砌的高窗；一个被设计为三个屋顶，入口挑出在荷塘边上。都是在原有民居的造型和材料做法基础上设计出来的，融入环境，但却不藏去它们的个性和设计师赋予的匠心。同时，村中建筑网络分布，外来人容易迷路。于是我们为村里设计了一系列的标志牌和合作社LOGO。走进这里好像步入了现代社区，毫无落后之感。

此外，结合“以房养老”的主题，基于东庄的“东”字，设计师和村民们提出了“日出东方，孝美东庄”的口号。相应地在设计中，有了一系列的圆形母题：游客中心的圆形舞台，公共厕所的圆形拱门，东篱乙庐的阁楼圆窗，荷塘边上的圆形砖砌村标……呼应连绵的山体，框景自然，也预示着东庄将焕发出新的生机。

实用的功能，是设计基本要达到的要求。然而不仅于此，设计师还需要不断挖掘场地独有的特性，寻找合适的角度，去感觉这片土地曾经发生的故事。有人说过，没有一个地方是毫无时光痕迹的。设计师要发现旧故事，也可以创造新故事。

乙庐院落后面上方，原有个私用厕所，废弃后被垃圾堆砌，白白糟蹋了几棵泡桐和一棵国槐的树荫。这里是道路的三岔口，设计师便将它改建成了一个可以环顾的小型休憩平台。面对上面直冲下来的道路，设计了一堵L形的石

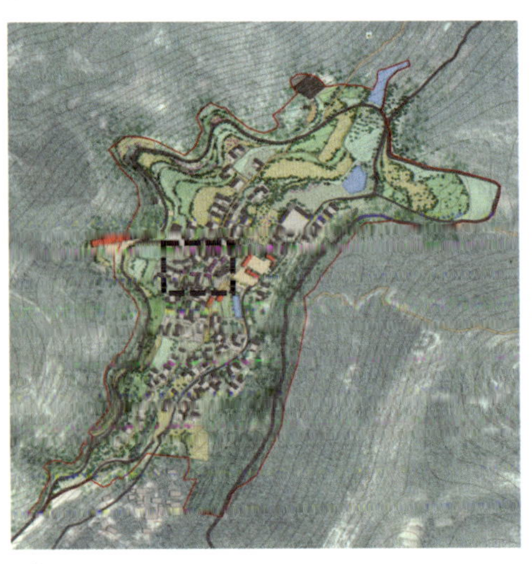
区位图

平面图

墙作势护挡。废弃的木门则安放在石墙中，挂上附近捡到的一个具有历史意义的“平安红旗家庭”标牌，命名为“平安门”。小小的景观，也传达出我们朴实却也美好的愿望。

乡村中的传统习俗，因其直接地面对自然、欣赏自然，处理与自然的相处之道，自带魅力。如何让乡村的魅力最好地呈现，讲述好乡村的故事，贯穿于全程设计的始终。

进入村庄伊始，我们就开始策划建设一个可以烧明火的火塘。人类对火的记忆和喜爱，几乎是一种原始的本能。但随着电、气的普遍使用，城市人对明火的接触越来越远。于是，我们在院落中的香椿树下，以方形的枕木及耐火砖铺底，砌筑起一个黄红色的圆形火塘。当熊熊的火焰生起，青烟萦绕，暖气漾开，似乎这团火在温暖这个已经开始冷落的山村。

燃烧的火塘，很像是东庄村重新振兴的一个信号。古树下，火塘旁，曾经是废墟的房屋，如今窗明几净，没有过多的矫揉造作，自带一份朴素的明媚。而火一点起来，人就想唱歌、跳舞、喝

酒、呼喊……体内最自然的天性或野性好像都被燃起。也许是不经意间的细微风景更能吸引目光，而这一连串的小风景、小故事编制出一个乡村的新梦。而对于建筑师、设计师来说，回到基本的本性——设计的出发点，创作有共鸣、有认同的建筑与故事，并让它一直流传下去，直到又一次归于尘土，是一种难得的幸福。

结语

东庄乡建至今已走过两年多了，在有限的时间内，我们推行的是全过程的设计服务。设计内容没有红线，设计专业没有红线，设计范围没有红线，或者说,这些红线由我们设计师自己来画出。这与在城市里已经分工细致，红线清楚的设计服务完全不同。在乡村，我们作为乡村振兴的服务陪伴者，完全把自己作为主人进行工作。因此，即使是服务期结束，我们还会不时地回到村里，看看这里的变化，指导新的建设。

我是从乡村走出来的，然后在城市求学、生活、工作。城市有其美好的一面，然而乡村的美好记忆，却也让我难以忘怀：森林里跑出的野猪、雨后生长的蘑菇……就如人类从自然中来，最后仍回归自然一样，乡村设计的工作让我不时地回到乡村中。私念里，作为设计师，我要通过设计带领更多的人，回到乡村，让一个个美丽的乡村，重新振兴起来。

乡村路，带我们回家。

禾肚里稻田酒店
——罗浮山下的生态田间度假区
Heduli Paddy Hotel
—Ecological field resort under Luofu Mountain

本项目位于惠州横河河肚村乡村，是一个集生态旅游、农业体验和休闲度假于一体的度假区，项目的主体建筑由废弃的小学校舍改建而成，该项目也是一个由共生形态主导参与的校企合作的社会性公益项目。

设计倡导人与土地的和谐关系，尊重土地生态文明，不做新城，不做桃花源，要做现代文明下的诗意栖居，同时避免过度商业与浮躁，避免低端同质化开发。自然与淳朴构成整个场地的基调，悠闲与宁静是这里的灵魂，乡土生态和农耕文化是这里的生命，是场地最为宝贵的资源。希望通过我们的努力，让设计在满足可居、可游、可观的同时，重新点亮这里逐渐褪去的乡村活力，探索乡村现代性复兴的可能。

禾肚里稻田酒店，住进去就能感受到蛙声、流泉、稻香、荷风、星月的纯自然民宿，距离罗浮山 5A 级风景区 18 千米，酒店总占地面积 4000 余平方米，30 间风格迥异的农耕主题客房及 3 栋独栋别墅镶嵌于稻田或山坡之上。改建后的校舍主建筑墙体由竹子覆盖，楼前就是一大片荷花塘，一条曲折的木桥连接着大堂和其他功能区，满满的诗情画意尽收眼底。一站式餐厅，品人间美食，赏稻田风光。多维度办公，晨起眺望炊烟，午后游农事大观园，傍晚漫步乡间绿道。更有竹林野钓，丛林穿梭，山地越野，野花流水小桥，访竹林七贤，摇橹船顺流而下，月夜星光，袭人花海，坐卧山间纯别墅，浪漫春光，尽收眉梢眼底。酒店房间以惊蛰、立冬等二十四节气命名，透过阳台可以看到成片的稻田与远山，满眼的翠绿与辽阔，令人心旷神怡。更有欢乐大草坪，穿越迷宫阵，聚焦星空竞技场，挑战极限训练营，人与自然，心与心，那么远，这么近。

项目地点：广东，惠州
设计时间：2015 年 9 月
竣工时间：2016 年 10 月
设计单位：广州共生形态设计集团
主持建筑师：彭征
设计团队：彭征、黄之间
占地面积：1565 平方米
建筑面积：82，000 平方米

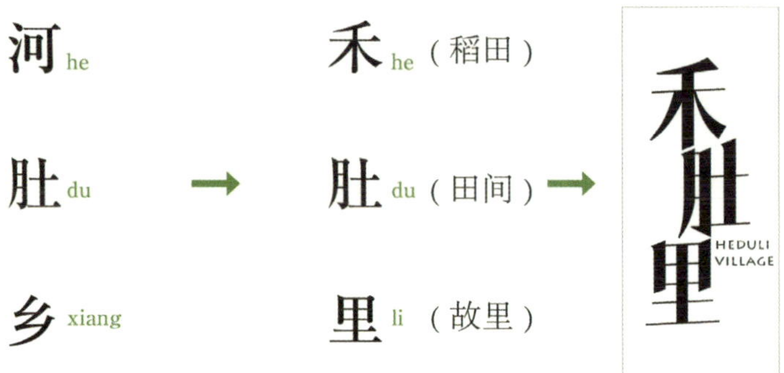

诗曰：悠游罗浮山，爱在璞玉兰；
住进禾肚里，神仙也枉然。

“禾肚里”名字的由来?

“禾肚里”其实是来源于地名“河肚乡”谐音，既有本土味道又有新奇之处。“禾肚里”就是禾苗的肚子里，也就是长在稻田里的酒店。

设计灵感

其实最早业主有一版设计方案，但是很不理想。因为本项目是利用两栋废弃的校舍改建而成，所以我们想直接设计成开放型酒店。打开学校的围墙，让酒店融于周边的田野，因此在学校的操场也种上了稻田，让建筑感觉是从稻田里长出来的一样，让住客回归一种田园生活，深耕一种返璞归真的乡村情怀。

1. 酒店入口
2. 接待大厅
3. 管理用房
4. 田舍
5. 餐厅
6. 书屋
7. 景观步行道
8. 中庭景观
9. 屋顶花园
10. 停车场

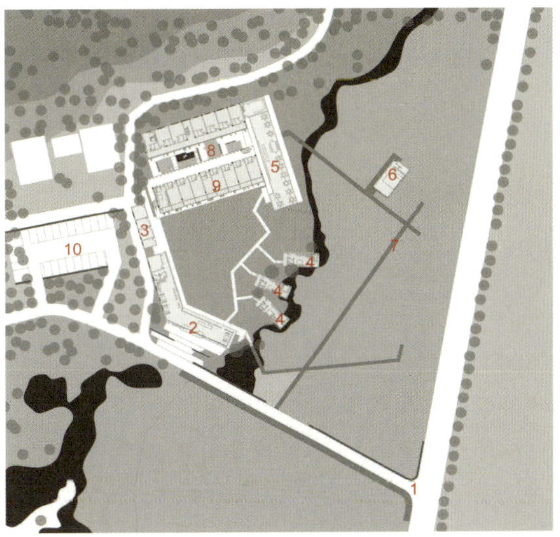

平面图

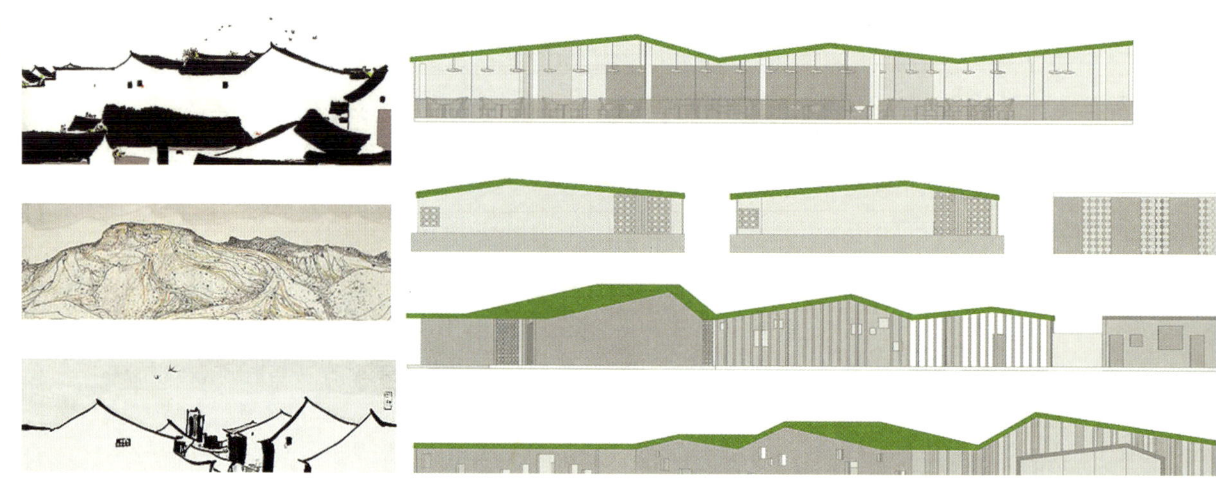

剖面图

原建筑面貌

原小学建筑为两栋双层框架混凝土建筑，主结构稳定，外观老旧。民居建筑群为砖木结构，基本倒塌荒废。屋间墙头杂草丛生、道路隐没。

如何改造原有的学校?

学校的建筑改造原则上保留原有的基本结构，视觉意象上结合了乡土性与当代性。学校的建筑立面是用竹子作为表皮覆于建筑之外，竹帘的疏密开合赋予了变化的可能，于外朦胧半透，于内光影如织。南楼原走廊改造为面向稻田的景观阳台，北面新增光影廊道，设计了可以直达屋面的阶梯，屋顶则设计为星空花园，是绝佳的观景之地。

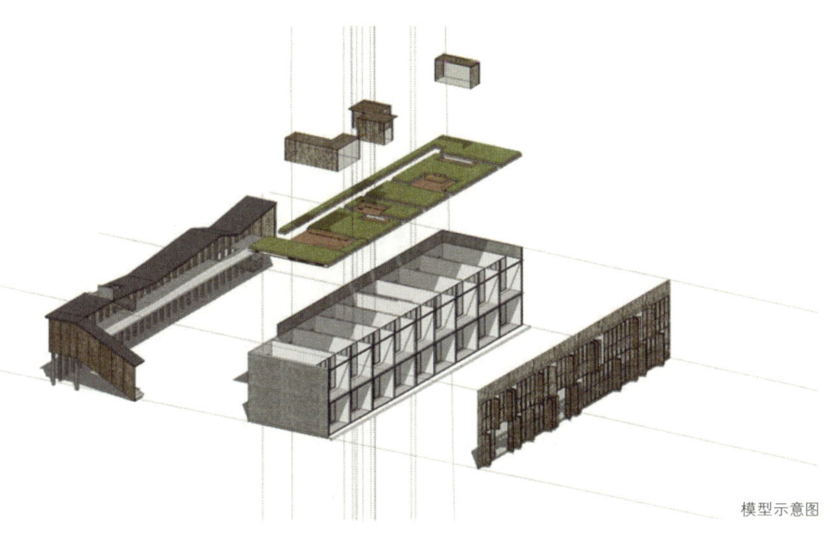

模型示意图

如何设计新的建筑

新建筑包括接待大厅、餐厅、书屋、后勤以及三个独立田舍。建筑材料运用大量当地的乡土材料竹子、河石、砖、瓦等，这些材料不仅生态、廉价，而且就地取材，减少材料的物流运输，更加环保。比如外墙就是用当地的河石垒砌而成，加上简洁富于质感的混凝土与干净的大面积玻璃营造出质朴纯净的空间意境，灰色瓦顶与连绵起伏的远山呼应，如置于稻田中的山水画卷。

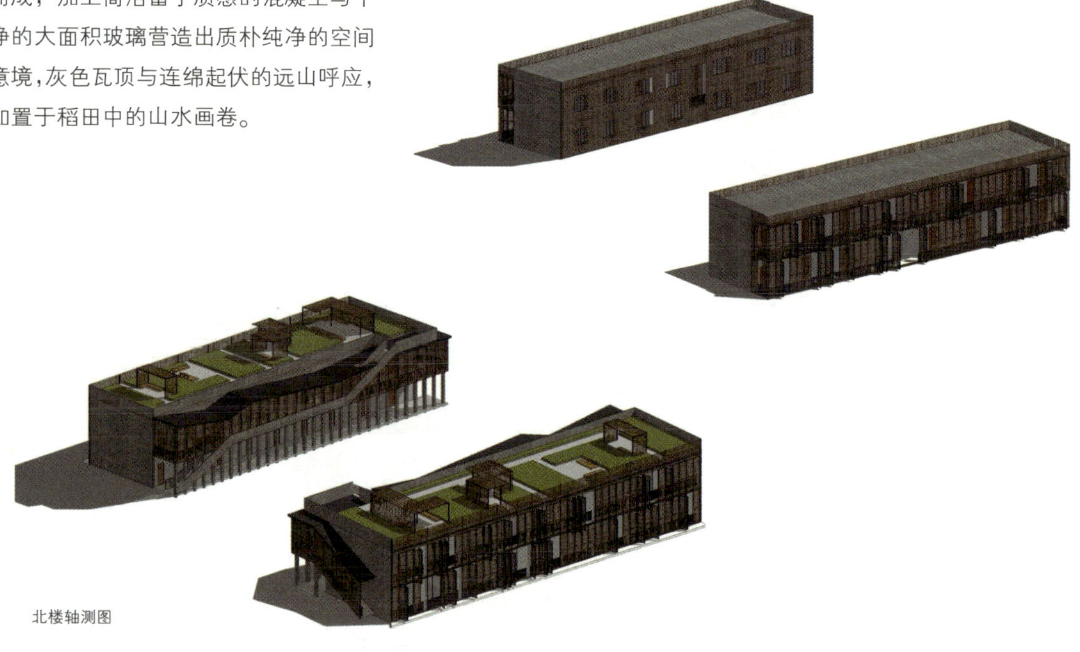

北楼轴测图

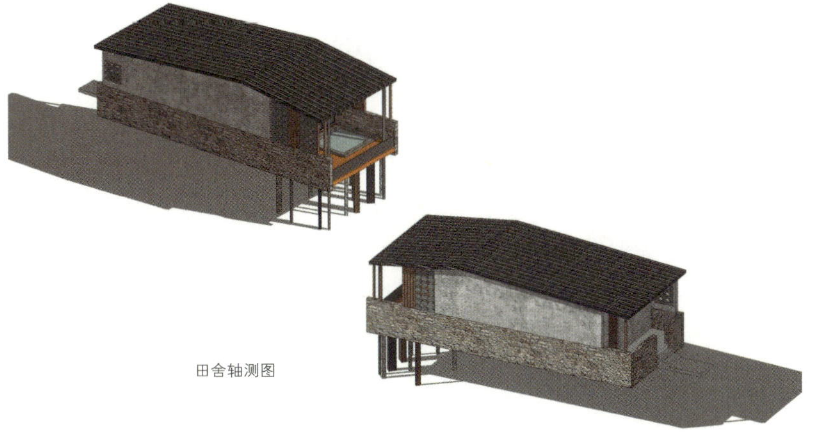

田舍轴测图

接待大厅及管理用房轴测图

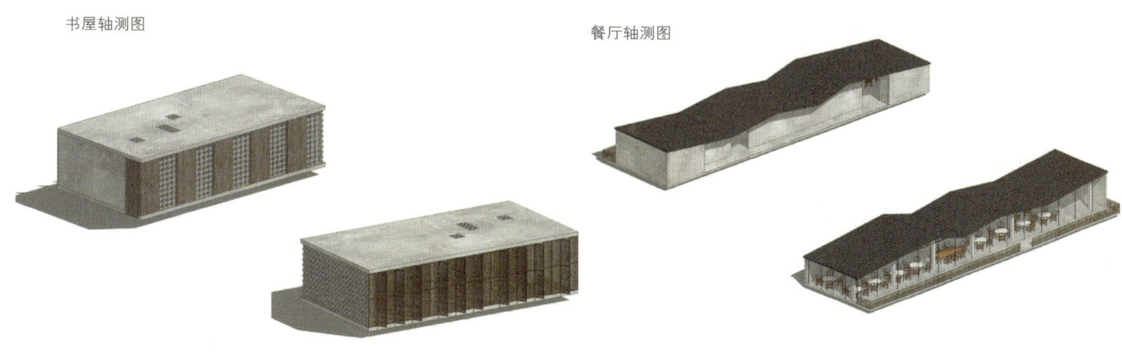

书屋轴测图

餐厅轴测图

书屋

原本我们想为这里的游客和当地的孩子建造一个书屋，以及作为纪念河肚小学的公益建筑。但后来规划的书屋变成了“书吧”，不过还是能够体验到中国传统文化里“前耕后读”的田园生活。

禾肚里情怀

“我看山时很远，看你时很近。再也不用在布满汽车尾气的城市里捂着鼻子吸气，在这里，可以张开嘴巴呼吸。”禾肚里的主人说道。我们希望每一位住进禾肚里的朋友都能在稻香蛙鸣中彻底放松下来，找到自己的心灵栖息地。

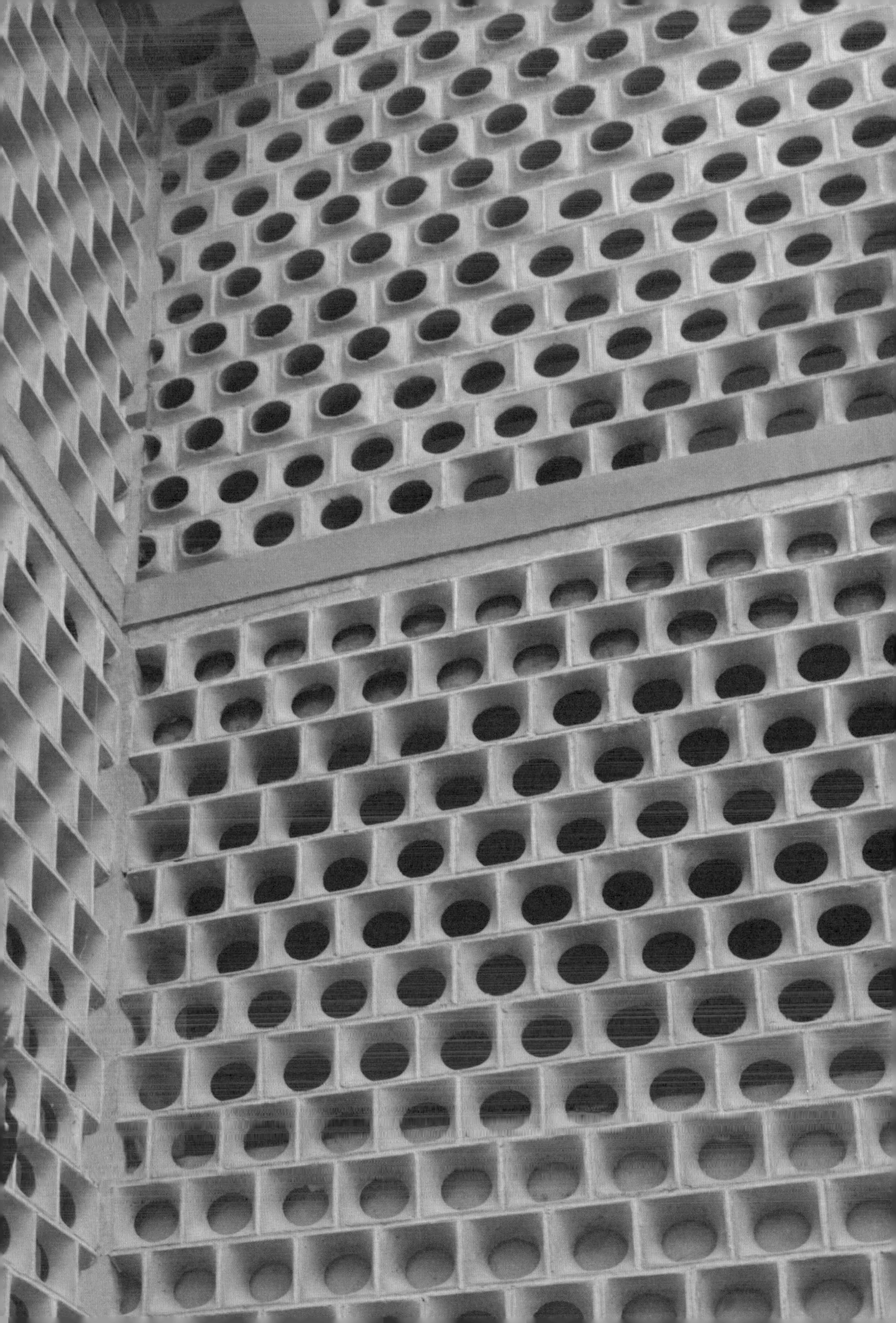

第四章
村居探索与公共空间

Chapter 4
System Innovation and Comprehensive Rural Construction

乡村人居的改善似乎是一个谈论了很多年的话题，但历来农村常见的“穿衣戴帽”工程却鲜见真正对村民生产生活空间的研究和探索。本章案例中选择了各种对不同乡村公共空间和居住空间的探索的优秀案例，通过低成本的本地化手段解决了不同方面的人居环境问题，涉及乡村空间的方方面面，为乡村人居环境的建设进行了有意义的实践。

保靖县昂洞卫生院

——温暖有趣的开放式共享空间

Angdong Charitable Hospital

—A new attitude toward rural healthcare

目前，中国农村的医疗设施正面临众多挑战。一般情况下，农村环境比城镇地区更不利医疗机构的发展。在一家名为香港沃土发展社的慈善机构的委托下，我们致力透过设计中国第一家慈善卫生院，以培育社会对农村医疗保健的新态度。

项目地点：湖南，保靖县
设计单位：林君翰与 Joshua Bolchover，城村架构
委托捐助者：香港沃土发展社
额外捐助者：香港陆谦受慈善基金
设计师：林君翰与 Joshua Bolchover
项目管理：马洁怡
项目团队：Mark Kingsley、Jeffery Huang、关帼盈、黄稚沄、梁卓嘉
摄影：城村架构
总面积：1450 平方米
总造价：1,697,250 元
单位造价：1170 元 / 平方米

区位图

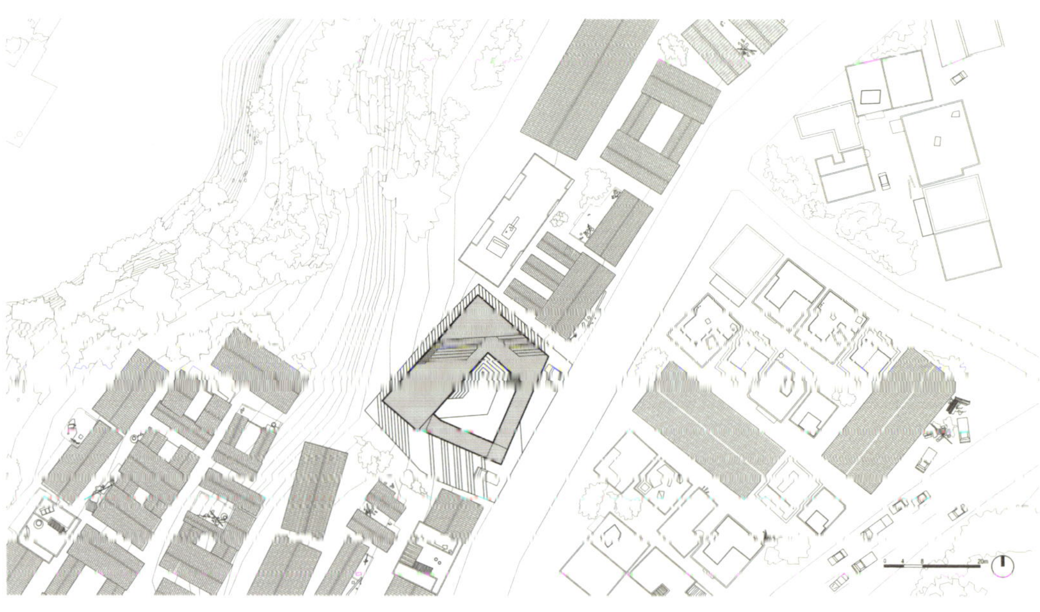

我们与该慈善机构及湖南省昂洞乡政府紧密合作，旨在建立一个能够支持并推动农村医疗管理及护理改革的卫生院模范。当中的理念包括提供现存卫生院所缺乏的基本医疗设施，例如简单的候诊室。此外，观乎现时中国的公共建筑如学校、医院，大多数设计均利用围墙将设施与周边社区分隔，并实行封闭式管理。因此，我们着力提倡卫生院向社区开放，重新把它定位成一个真正让公众享用的公共建筑。

阶段策略图

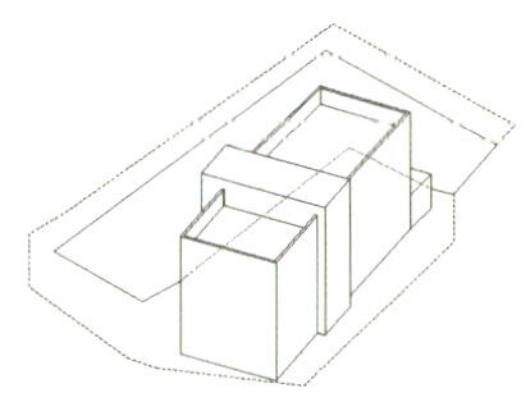

1. 原医院大楼没有电梯。病人不得不由亲属背着上楼。

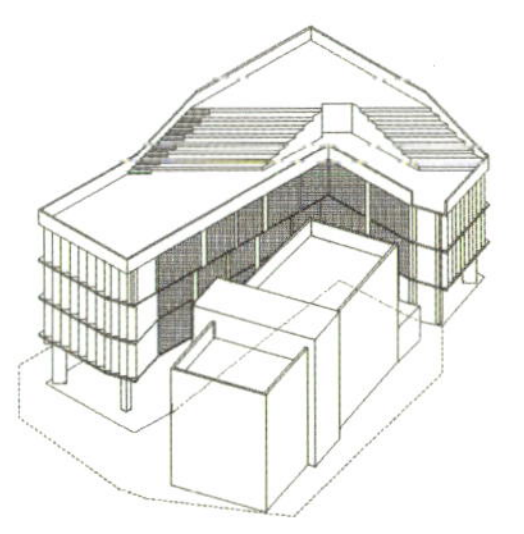

2. 新医院是围绕原医院建成的。建造期间原医院仍继续接待病人。

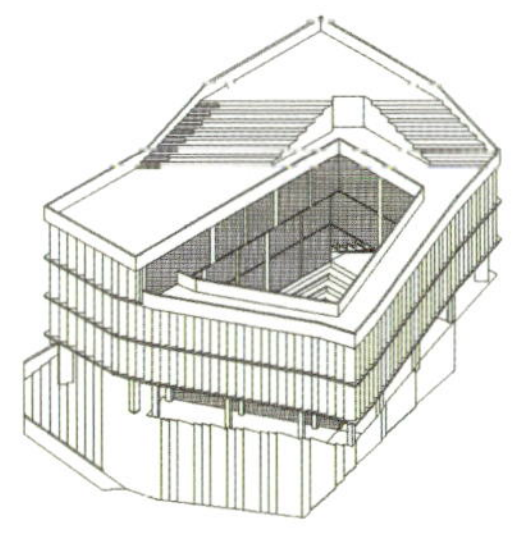

3. 拆除掉原有建筑，并在此基础上建造了公共庭院和斜坡，从而坐轮椅的病人可以通到顶层。

此项目针对农村地区的医院设计与管理。建筑师与慈善机构和政府紧密合作，把一个医院的功能重新组织和分布。设计策略简单直接，利用坡道为所有楼层提供无障碍通道。这样，坡道与大楼中间形成了一个中央庭院，作为公共开放场域。材料使用包括再用砖和定制的混凝土镂空砌块。混凝土砌块与再生砖远看并无二样，但当人们靠近时会发现与通常造型不一样的砌块圆洞造型（圆洞借由乳胶模具产生），独一无二的造型让建筑在阳光下产生出柔软多变的光影效果。

斜坡立面细节图

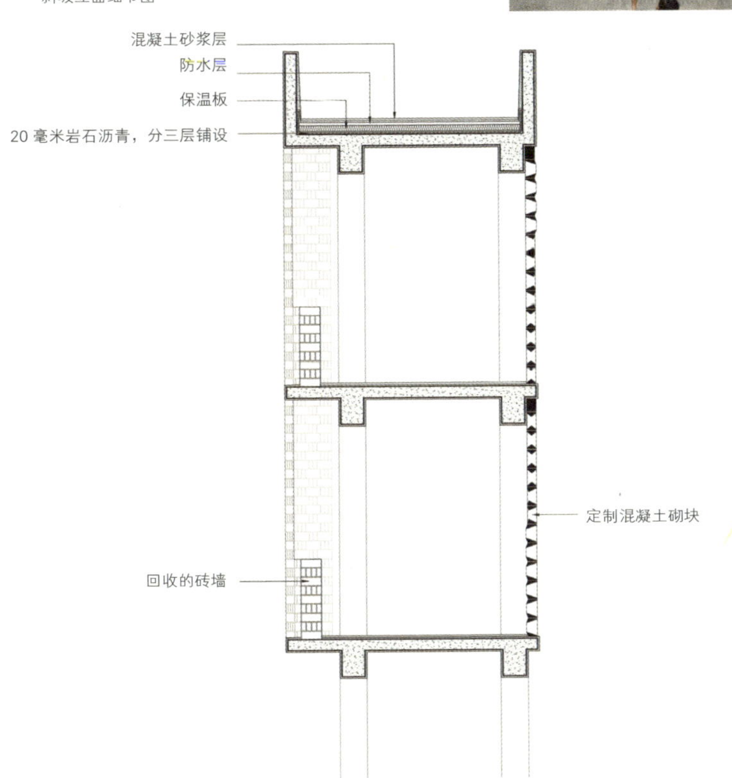

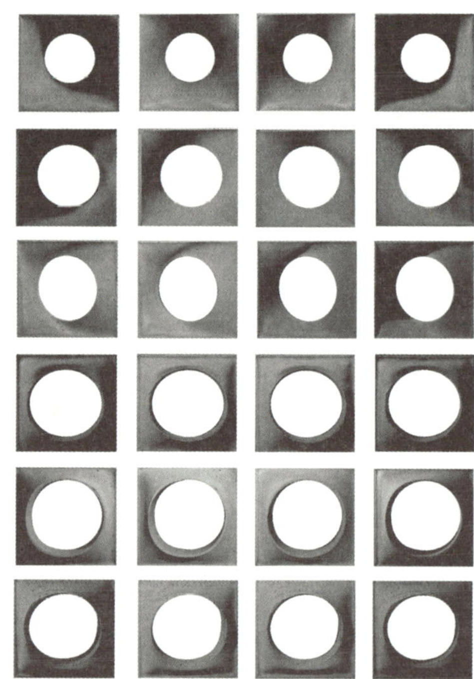

现有方案把传统的医院功能重新配置。设计始于一个简单的策略，就是利用一条连续的坡道贯穿所有楼层。宽阔的坡道设有休息的地方，也加强了建筑内部的流通性。坡道设计同时构成了一个开放予村民使用的大型中央庭院。庭院添设的台阶提供更多休憩场地，使其成为室外候诊区。材料方面，大楼的外墙使用了循环再用的传统青砖，螺旋式通道的内侧则采用定制的混凝土镂空砌块。这些定制砌块从远处看跟普通砌块没区别，却是由富弹性的乳胶模具制成。此技术改变了混凝土固有的刚硬感，令庭院在一天的光影变化中表现出柔和及动态的一面。

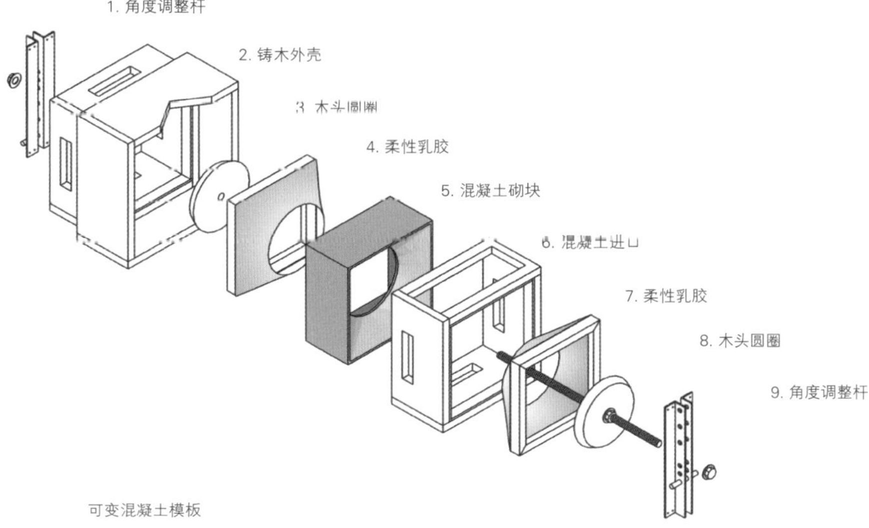

可变混凝土模板

混凝土模板剖面图

350
30
30
30
110
95
25
30
1. 混凝土进口
2. 铸木外壳
3. 不锈钢固定角
4. 螺栓
5. 固定螺丝
6. 木圆板
7. 乳胶
9. 把手
20
5
20
15
160
275
15
20
5
20

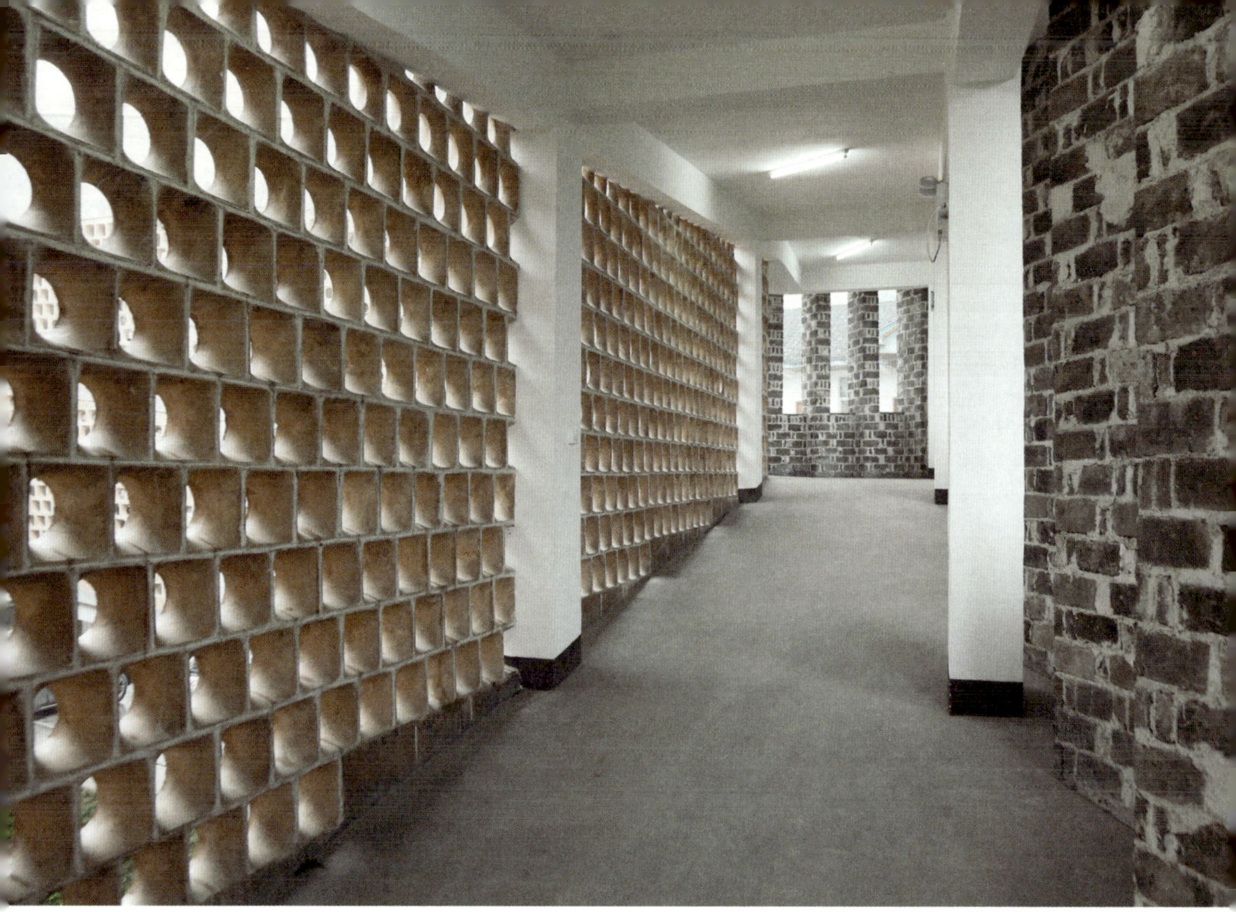

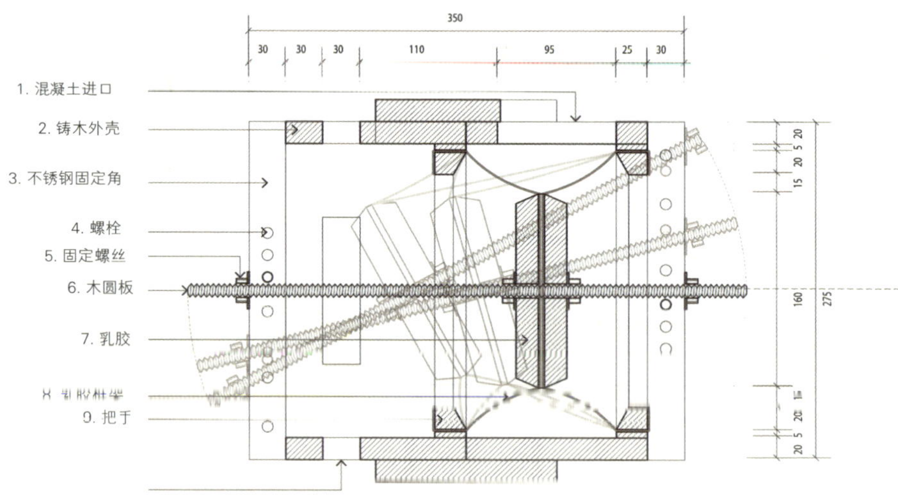

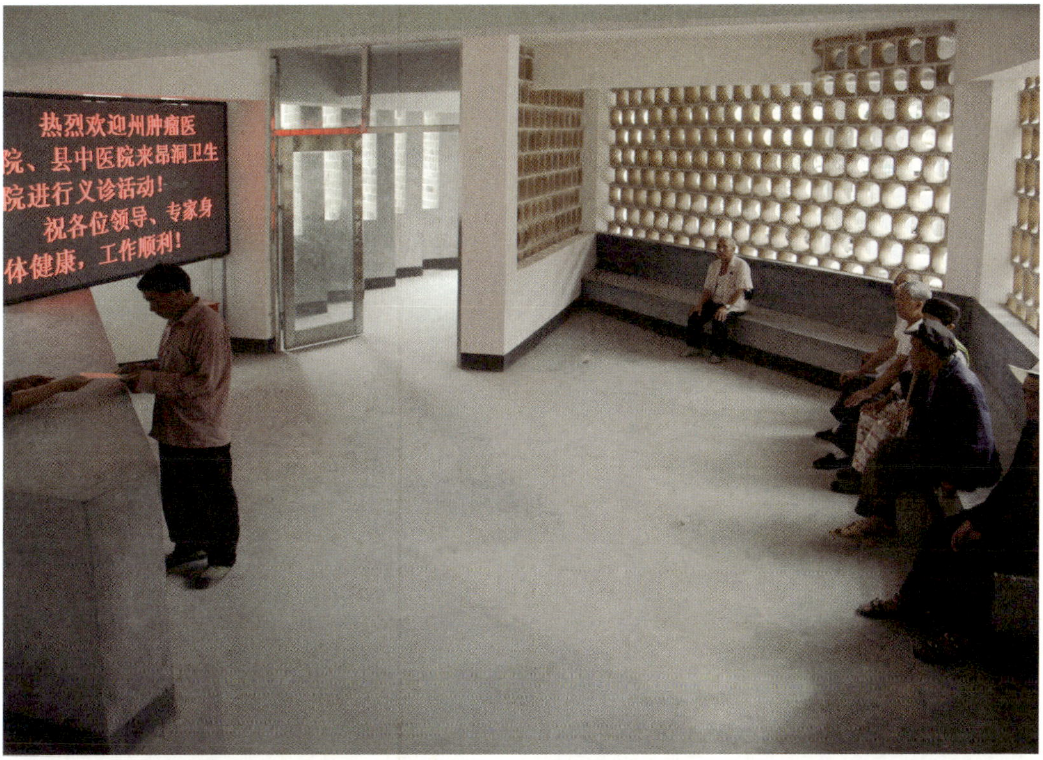
热烈欢迎州肿瘤医
院、县中医院来昂洞卫生
院进行义诊活动！
祝各位领导、专家身
体健康，工作顺利！

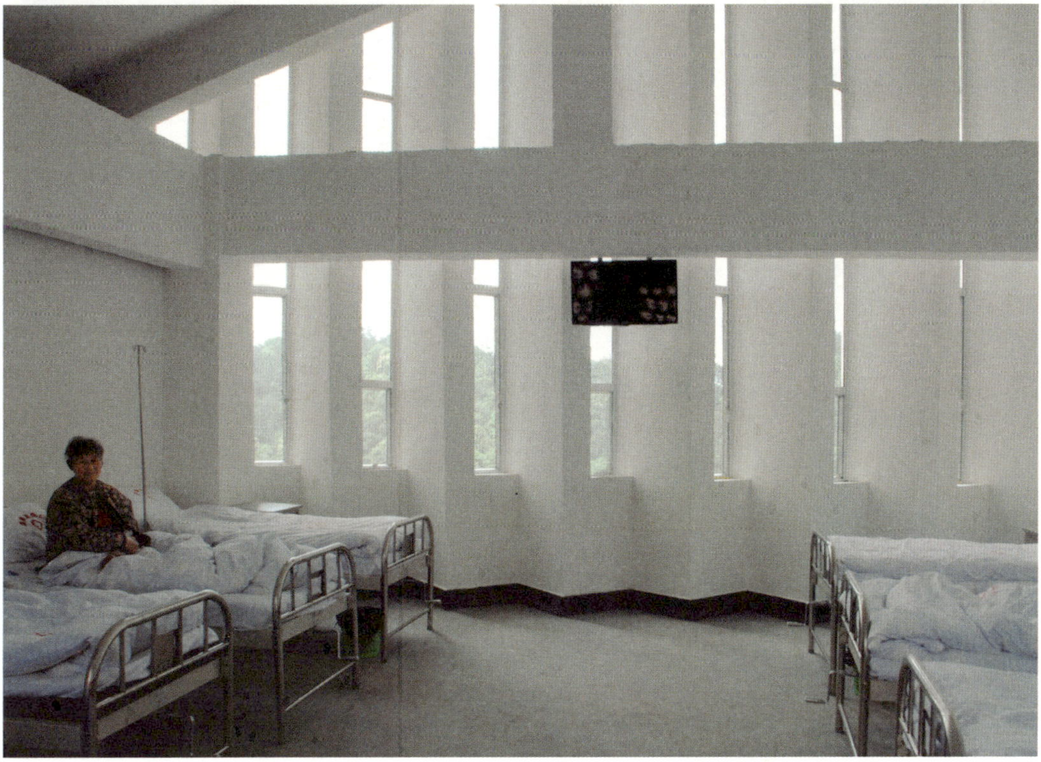

金台村重建

——地震后的栖所：灾后可持续性社会及生态住宅

Jintai Village Reconstruction

—Environmentally sustainable model for earthquake reconstruction

“城市未来的命运和农村相连。城镇化是无法避免的，我们不是要保留乡村现有的模样，而是想办法和村民一起合作，帮助乡村转型。”

——林君翰

项目地点：四川，南江县金台村
设计：林君翰、城村架构
设计师：林君翰
项目管理：关帼盈
项目团队：Ashley Hinchcliffe、黄稚沄、叶倩盈
摄影：城村架构
总面积：4,000 平方米
总造价：4,800,000 元
单位造价：1200 元 / 平方米

金台村位于四川省广元市附近——512大地震受灾最严重的地区之一。2008年的那次地震导致近五百万人无家可归，受灾区据估计有80%的建筑受到不同程度的毁坏。灾后重建迅速地展开了，然而2011年7月，一次大雨后，山体滑坡侵袭了金台村附近，许多刚重建好及正在重建的房屋受到了再次的毁坏。此外，当地居民也不会再收到任何资助和援助了。在当地政府和非政府机构的支持下，此项目为震后重建提供了一个在社会、生态层面上都富可持续性的房屋原型。

模型图

重建项目包括 22 栋房屋和一个社区中心。 设计为村民提供了四种不同的户型，它们在面积、内部功能和屋顶剖面上各异。这展示了如何使用当地材料、绿化屋顶、沼气作再生能源以及饲养家畜、家禽的空间等概念。同时，设计通过垂直的内庭院提高了室内采光和通风环境，并为雨水收集提供通道。设计同时也考虑到了芦苇湿地净化废水和村民合作社饲养家畜等。通过将农村生产生活的不同环节连接成一个生态循环，提高了人们对环境的关心，将这个村子转变为周围的榜样。因为当地适合建房的土地有限，金台村的设计将城市的密集居住模式结合到乡村的环境里，屋顶为农户进行自给自足的种植提供场地，而地面层的开放空间则允许他们开展简单的家庭作坊。这个项目一方面试图保护村庄的共同利益，另一方面为反思现代乡村景观提供了契机。

项目本身就是一个针对现代化农村生活的研究。2008 年地震以后，成千上万的家园已经完成重建。在此语境下，此项目是对乡村规划的美学，以及如何使居民与自然环境的关系衍生成其空间组织与物理环境的一次挑战。这个挑战从村庄与自然环境的关系中得到启发，创造出合宜的空间布局与建筑形态，继而把农村规划成真正具有意义的栖所。

和村民一起想点子、参与设计是设计师林君翰最看重的建筑过程，尤其是村落重建这样的大型项目。盆白村是四川省巴中市南江县城一座较偏远的贫困村落，四周环山，地质不稳定。2008 年大地震后村民重建的房屋又遭遇了泥石流灾害，村子里部分房屋再次倒塌。当地的公益机构找到林君翰，商量新的重建方案。征求意见后，共有 22 户人家愿意集中重建，每平方米造价定为 1000 元。

林君翰为重建设计的关键词是“自给自足”。他的团队先后 30 余次到当地考察，测量并制作模型。由于重建用地紧张，林君翰团队的研究需细致到阳光从哪儿来、如何保证每户实现通风，又拥有足够的间距。村民过去在附近山上种植蔬菜，采摘和照看都很不便，也有人提出希望在屋顶种菜。

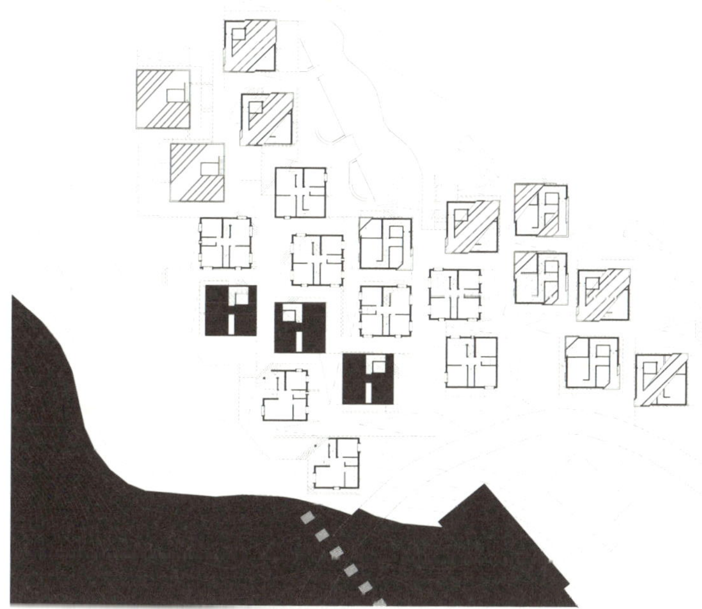

平面图

模型图

房屋立面图

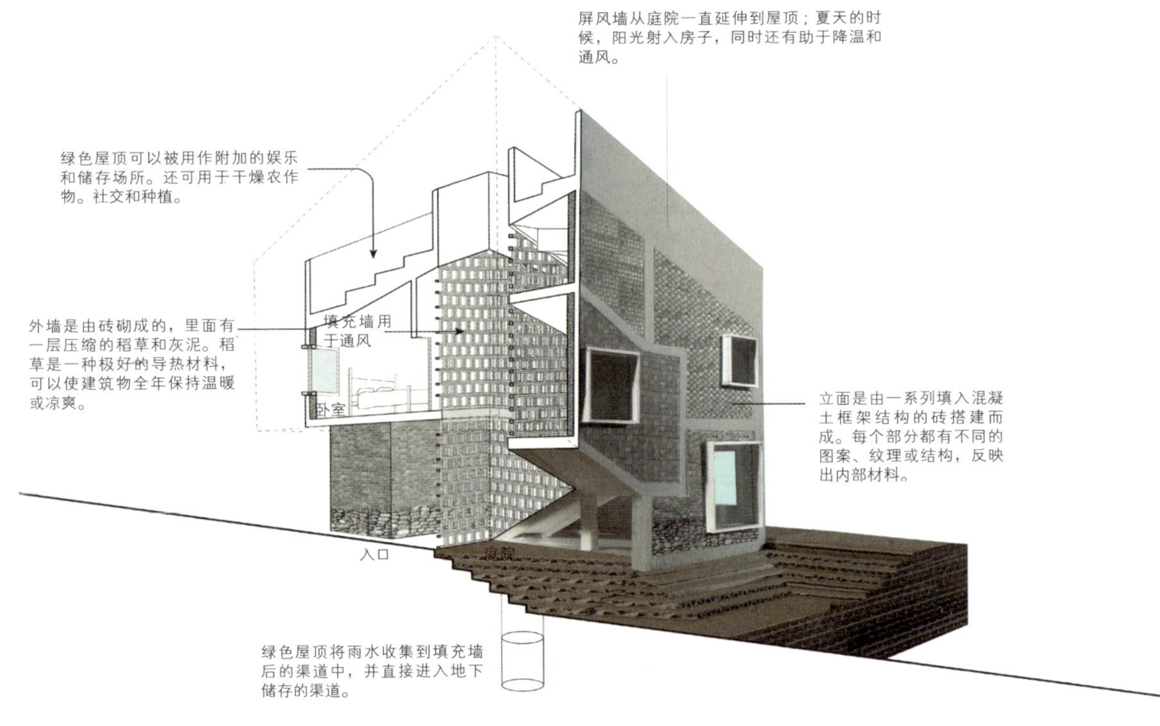

考虑到房屋的密度，林君翰最终将屋顶设计成了梯田式形状，房屋高度则依山势有高有低，充分利用自然采光和通风。村子下方配备污水处理设备，村中划出专门一块地供村民饲养家禽，并建设沼气池。最妙的是，在密集的建筑物下方，设计师还特意辟出一块空地做社区中心供人休闲交流。

由于房屋造型略有差异，村民通过抓阄分房。尽管仍有村民抱怨房屋狭窄，没有留出地方晾晒衣物等问题，但大部分村民的要求都得到了满足，住上了安全舒适的现代化建筑。设计师林君翰总结说：“村民只想重建，而我们想做得更环保、更好，这个沟通的过程很有趣。”

立面图

平面图

西河粮油博物馆及村民活动中心

——一次由村民和设计师共同完成的建造实验

Xihe Cereals and Oils Museum and Village Activity Center

—A construction experiment jointly completed by villagers and designers

西河粮油博物馆及村民活动中心项目位于河南省信阳市新县周河乡西河村。村庄环境优美，有河流、古民居群、祠堂、古树，但经济不发达，没有支柱产业，没有基础设施，现常住村民大多数为老人和儿童，青壮年劳力大多出外务工，村落的现状代表了现阶段大部分中国的农村岌岌可危的状态。

这个项目是一个公益设计项目建筑师免费完成了建筑、室内、景观和照明方案，并负责现场工程指导，在整个过程中，设计团队只象征性地收取了少量的制图费。然而，此项目又不是一个传统意义上的“捐助项目”，它的建设资金来自村民自发组成的村民合作社自筹资金和政府补贴，建设队伍也主要由当地的留守村民（包括老人、妇女和智障村民）组成，因此在某种意义上讲，它是一次由村民和设计师共同完成的建造实验。这种共同完成的方式激发了村民的主动性，村民把博物馆当成了自己家的房子，在施工效率以及日后的运营方面产生了极大的促进效用。

项目地点：河南，信阳市新县西河村大湾
建筑设计：何崴（中央美术学院建筑学院）、陈龙（中央美术学院建筑学院）
照明设计：齐洪海（远瞻照明设计有限公司）、韩晓伟（北京吉晟通科技有限公司）
占地面积：3760 平方米
建筑总面积：1532 平方米
博物馆建筑面积：420 平方米
村民活动中心建筑面积：680 平方米
餐厅建筑面积：169 平方米
附属建筑面积：273 平方米
建筑总造价：150 万元
业主：西河村村民合作社

建筑由 20 世纪五六十年代的粮库（粮库原名“西河粮油交易所”）改造而成。原场地上有建筑 5 座：2 座库房、3 座附属房间，占地约 33 亩，总建筑面积约 1500 平方米。库房体形硕大，保留有完好的木梁架，极具空间震撼力；原有粮库场地和附属房间保存状态良好，局部有破损。

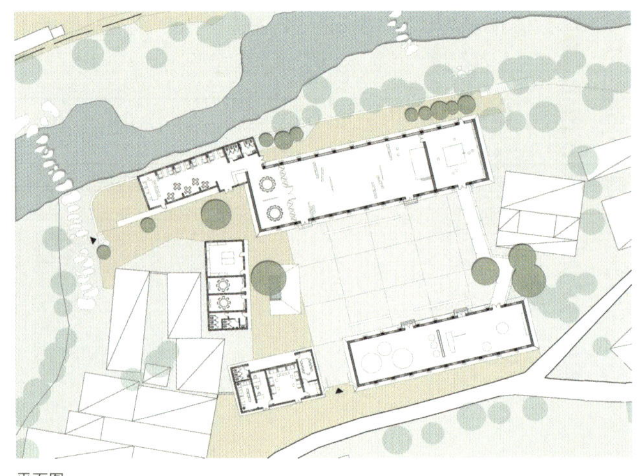

平面图

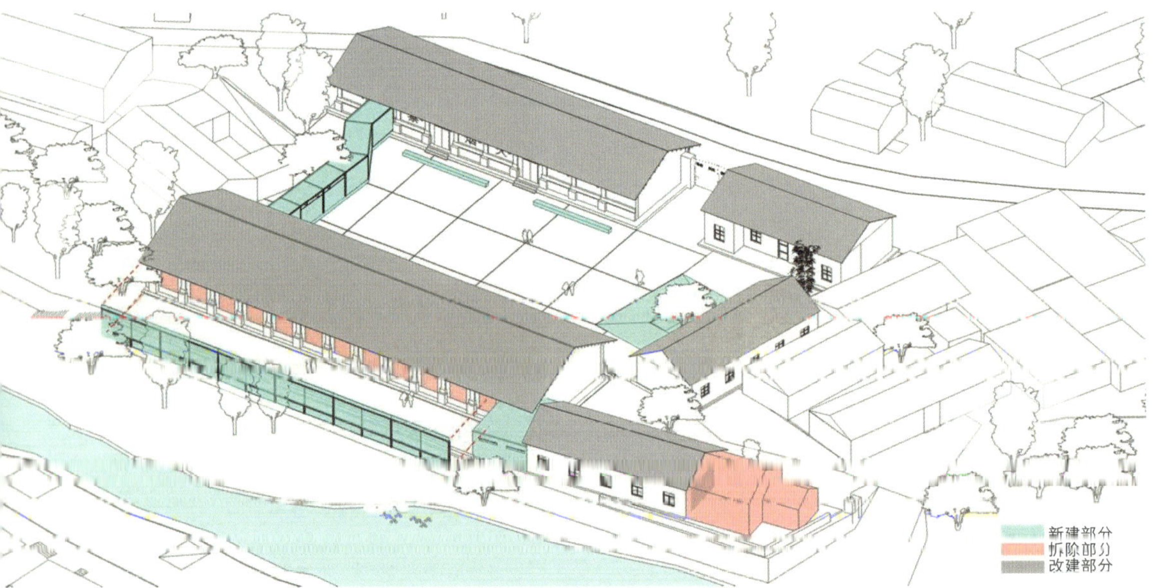

建筑师在保持原有建筑总体布局和空间特征的前提下，植入新的功能，调整原有建筑空间，局部的改造建筑外立面，使之对外能更好地与河道景观、北岸古民居群进行互动（包括视线和行为），对内为新的功能服务。在工程技术和材料选择上，我们尽量选择当地材料和本地工艺，力保项目的低造价和在地性（总工程造价约人民币 150 万元）。对于改造中拆下来的废料，我们对其进行了再利用，尽可能做到“内部消化”。

粮仓外立面(对街道和西河的立面)的改造，我们对原来封闭的墙体进行了“透明化”的处理，通过加大原高窗的面积，将封闭的墙体转变为相对通透的立面。在窗口外面，我们还增加了由竹子构成的遮阳设施。之所以选择竹子作为主要的立面元素，既因为竹子自古以来就和中国传统文化有着不解之缘，更因为西河当地就出产毛竹，可以就地取材，在节省造价的同时又表达了地域性特色。

对于新设的餐厅，我们决定保留原来外立面的总体形态，但是会拆除原有建筑西侧的两跨，并设计新的山墙面。因为原来的建筑正好位于古村落的风水轴线上，挡住了自北侧古建筑群望向南侧案山的视线。经过截短建筑，我们既使村落北侧的古建筑向南面的视线更为开阔，同时也让博物馆区域的西侧入口空间更为明显，再者就是为新设餐厅创造了一个可以户外就餐的平台空间，可谓一举三得。

餐厅西侧的新建山墙是本次改造设计中的亮点之一，也是我们转化乡土元素的一次尝试。镂空作法脱胎于当地传统的花砖砌法，即将4块砖头尾相对砌成菱形，然后按照四方连续的方式推演至整面外墙。

新建连廊，我们在博物馆与活动中心之间依据场地形状修建了一条折线形的连廊，这样的做法使博物馆与活动中心之间有了连接，使功能流线更加流畅，也让内院晒谷场界定了一条边界，使场地更有围合感。

建筑师邀请了专业的照明设计团队进行整个建筑的夜景照明设计，室内部分我们通过特殊设计的灯具（灵感从农家的斗中产生）实现了灯光的上照和下照，突出了粮库中原始的屋架结构的精美。室外主要采用小功率LED灯带和射灯结合内透灯光的做法，使整个建筑在夜晚披上了一层朦胧的外纱。

此外，此项目还有许多“建筑之外”的设计。因为，建筑师不仅需要设计建筑，同时需要为村民策划未来的经济产业，我们结合当地的经济作物和传统工艺，为西河村策划了天然菜油、板栗等产品，并建议村民形成“西河制造”这个农业品牌，帮助村民重建集体经济，引导村民如何去经营新的村庄。

成后的西河粮油博物馆及村民活动中心包括：一座微型博物馆（用于展示当地原生态的农作物及传统粮油加工工艺），一个村民活动中心（可以满足西河村及周边村民多种使用需要）和一个餐厅。新建筑投入运营已经成为产业发展的拉动器，根据不完全统计，2014年十一期间，西河村累计接待游客超过万人，在西河粮油博物馆的村民活动中心成功举办了一场“无烟”婚礼，以及多场文艺汇演，人们在夜晚的时候在晒谷场上举行篝火晚会，两位八旬老人因为西河奇迹重逢……

建筑师最欣慰的想必是自己的建筑被良好地使用，而在乡村中的建筑更是如此，与乡民一起建筑，为乡民建造一个更好的环境，在这个过程中，建筑师应该将自己的身份放低，为村民的实质需求考虑，从农村的基本环境出发，因为毕竟最终使用这个建筑的人还是村民本身。

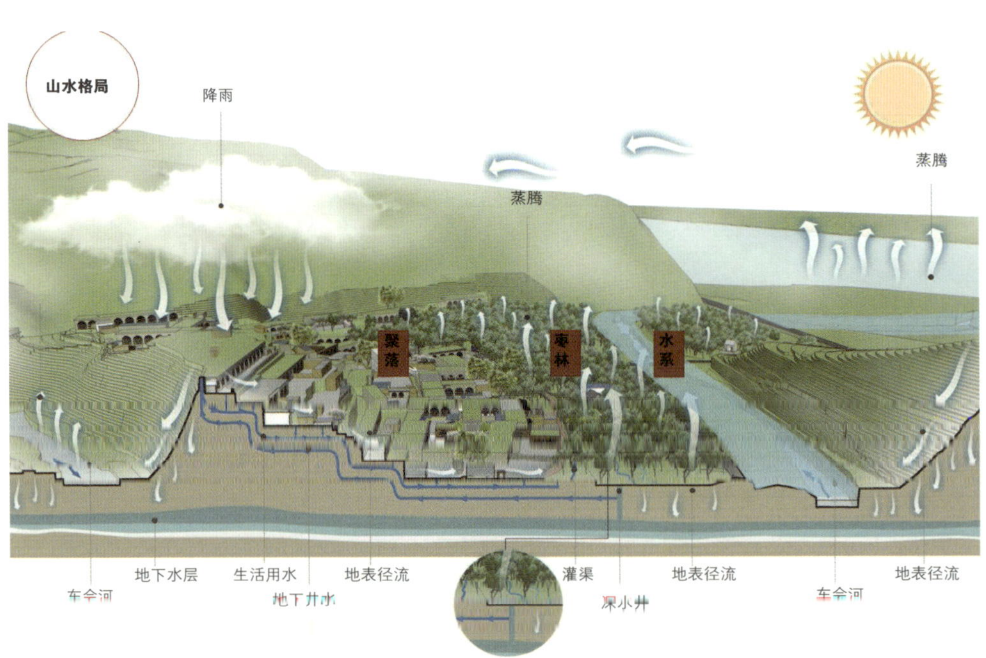
山水格局
降雨
蒸腾
蒸腾
聚落
枣林
水系
车会河
地下水层
生活用水
地下井水
地表径流
灌渠
深水井
地表径流
车会河
地表径流

枣园旱厕——另一种停留

Dry Pail Latrine in Jujube Orchard —Another kind of stay

对于一个村子或是一个建筑而言，这是一次再微小不过的建造实践，但每当身处其境总会有一丝触动。她不出众也不完美，却散发着一种场域性的沉着力量；像片残垣，又像处亭子，予人另一种停留方式。这亦是对陕北佳县古枣园（泥河沟村）农业遗产地保护与建设的一种思考影像。

厕隐之言

谈到厕所，一般臭味相投，在建筑中往往被避之不急，消隐于角落边缘。而乡村旱厕，更是成为脏乱差的指向，亦被当作环境卫生治理的要犯。于是舶自西方、遍布中国城市的水厕开始大规模取代乡村旱厕，如今几乎演变为一种社会运动。然而水厕的卫生建立在巨大的水量冲淡少量的排泄物，通过污水管网排出。而乡村传统旱厕几乎不耗水，且能将粪尿作为农肥再利用，是传统农耕体系的重要一环，且在没有城市完善管网与处理系统，水资源稀缺的传统村落，厕所的排污净化与资源化利用如何低成本解决成为需要反思的问题。

在陕北佳县古枣园及泥河沟村传统聚落的保护规划与建设中，当地旱厕的卫生困境也让我们深有体会。由于这处村落被联合国粮农组织认定为全球重要农业文化遗产（CIAHS），除了紧挨聚落的36亩千年古枣林外，枣粮蔬间作的传统精细农耕及粪肥灌溉系统也是其重要特质，古枣林中散布的传统旱厕粪肥模式本身也成为需要保护的对象之一，但如何提升这些厕所条件，在水资源稀缺的西北地区，新建或改造的旱厕能否满足无菌、无臭等卫生条件，且自然、轻微地融入这片古朴参差的枣林之间？这成为我们研究与设计的起点。

项目地点：陕西，佳县泥河沟村
设计单位：原本营造
设计团队：唐勇、孔祥麟、杨秉鑫、林艺苹
技术协同：何颂飞
驻场建筑师：杨秉鑫
生态技术支持：清华生态设计研究中心
施工单位：泥河沟村民

模式探索

在古枣园村落范围内，我们对当地厕所进行了专项调研。它们均建在室外，围绕一个蹲坑形成空间，具有强烈的原型性。两百多处厕所从物料的选择上可分为传统石砌旱厕与当代红砖旱厕两类，石头取自村落周边石山，是当地传统窑院建造的主要材料；而红砖则因为施工成本低廉，由村外砖窑运入，却大多以更低质量的方式建造，甚至压上更廉价的蓝色彩钢板，通风采光全无，关上门后一片漆黑，臭味难耐，如厕时让人片刻不敢久留。

在古枣园旱厕类型中，让人印象最深的是露天卵石旱厕，它的堆砌临时得几乎不像个厕所，有的和枣林围墙合在一处，留个小豁口，不经意便转入其间；有的在窑洞门口围着一棵大树，顺势而成，枝繁叶茂的树冠成了天然的屋顶。虽然简陋，却透着一种原始的朴素和自在，轻松自如地应对场地，随物赋形。作为一种自由类型学模式，它与场所进行着最直接自然的对话。

对此，我们尝试以蹲坑尺寸为模度，利用石头、树枝、柳条等当地物料，建构一种最小化单元改造模式。在保证视线私密的前提下，最大限度降低墙的高度，以减小厕所体量，并生发出一种自由平面，应对村落建设场地的不确定性、土地所有权的复杂以及古枣林扭曲参差的树枝。如古枣园石垒矮围墙，随地就势，因树成形，隔墙低处可做洗手池，再低处亦可作为等候闲坐之用。男女厕之间的缝隙则让枣林景观从多角度渗透进来。在这种自由之中，重要的不是造型，而是“关系”：自然与建筑，空间与行为，物料与建造。

旱厕内部品质的提升关键在卫生问题，为此我们与清华大学可持续与生态研究中心对国内外最前沿的旱厕卫生技术进行了深入探讨，前期试图采用粪尿分离和 EM 菌粉土技术，通过微生物好氧发酵，降解粪便，除臭、除蝇、除蛆，减少致病菌滋生。操作方便，造价低，粪便降解后亦可作为肥料使用。加之与建筑相关的构造处理，可总结为四点：1. 自然采光通风（自循环）；2. 机械拔风（辅助）；3. 生物吸附（除臭除蝇）；4. 器型设计（钥匙孔型蹲坑改良）。

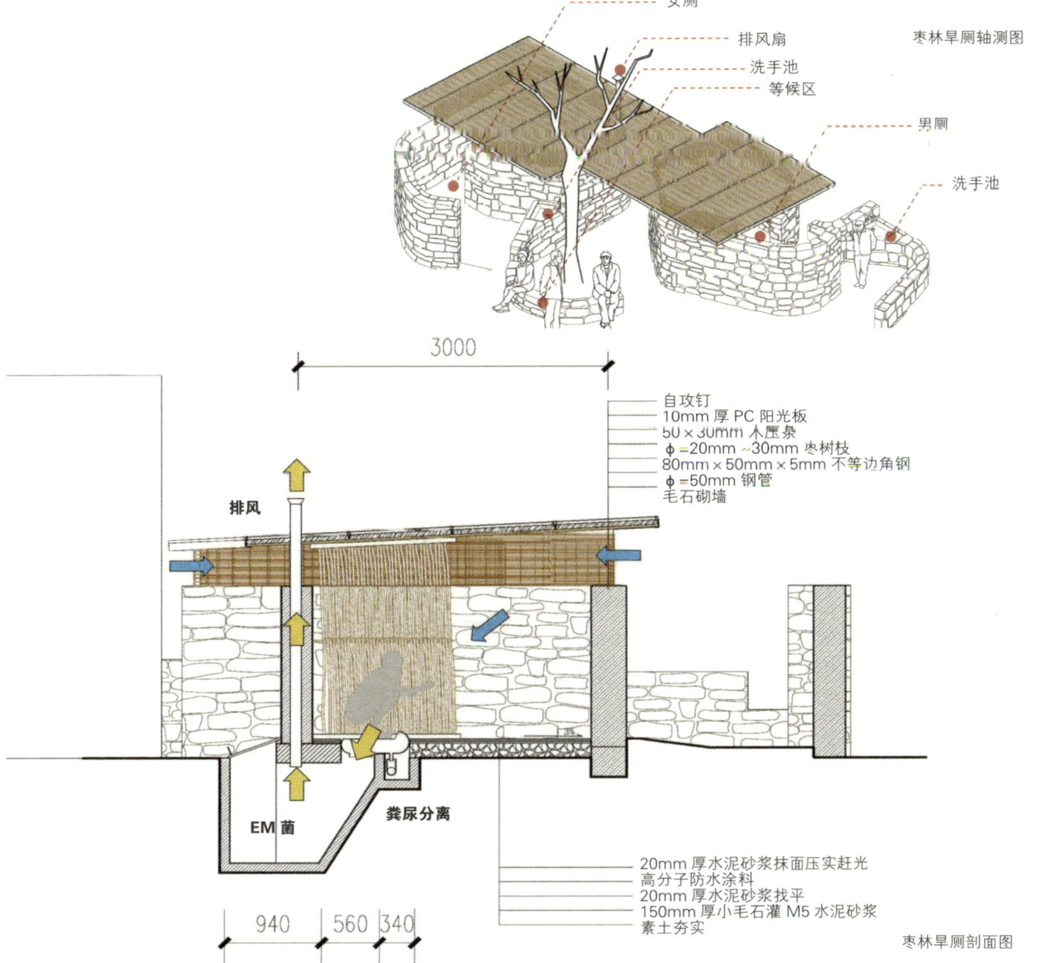

枣林旱厕轴测图

枣林旱厕剖面图

在地建造

在调研规划过程中的系列思考和模式预设之后，去年秋终于有了建造两处厕所的机会。村子面积不小，但遗产地的选址又异常重要且存在村民土地交错的诸多限制。另外，在中国的文化传统中，建筑选址时，环境中的山水、树石甚至比建筑更重要。而冯纪忠老先生在方塔园规划建设中“与古为新”理念，让我下意识地决定与古枣林中最重要的两处历史要素发生关联，一为枣源碑，二为古戏台。这两处人流较大，正好借此机会将附近原有的简陋旱厕改造重建，提升场所的整体品质，让旱厕与古枣林、遗迹重新达成一种差异性的自在共存。

1. 如亭斯翼

改造前后

第一处厕所选址在枣源碑后侧，因场地内生长着枣林中最古老的一棵枣树，近1400年树龄，是整个古枣林遗产的核心地带。而这处原有附近一位残疾村民盖的红砖旱厕，非常简陋，且管理不善。借新建厕所的机会，我们将这处场地的氛围重新塑造。

由于土地产权问题，需在原厕所地基上进行新建，用地紧张，我们运用原本设想的最小单元建造模式，通过卵石曲墙围绕一个蹲坑合成两个子宫般的身体空间，曲墙低处控制路径，并设置洗手池，驻场建筑师杨秉鑫还在现场敏感地发现，适当调整这处洗手池的位置，可以让人洗手弯腰时直面不远的枣源碑，赋予这块场所一定的仪式性。

旱厕屋顶做得尽可能轻，利用附近工程用的螺纹钢，如参差不齐的枣树枝一样将屋面顶起。阳光板下覆苇帘，同时在蹲坑之上设置取景天窗，让枣林的绿光渗透进来，希望人在此停留的片刻，感受另一种尺度的枣林空间。

为保证空间的纯粹性，通风管道、电线尽量暗藏，灯光全隐藏在极薄的苇帘内，电线穿钢管而下，晚上则变成了一个散着暖黄柔光的飘浮屋顶。

2. 如墅纳景

另一处公共厕所建于古戏台附近，位于古枣林与窑洞聚落之间的巷道，也是村里“人市儿”(蹲坐聊天)的聚集地，使用频率高。在那需要做更多蹲位厕所，且需考虑冬天保暖要求。因此厕所采用空间更经济的方形，形成带保温的厚重屋顶。

在原设计模式中，屋顶与墙体依然脱离，形成狭长的采光通风高窗，并充分利用场地的高差，而背向枣林处形成高台，加大窗户尺度，让枣林的景观纳入厕所内部的走廊空间。男女厕所依旧分离，形成高低差异，错落地置于枣林巷道边。

由于这处厕所的面积较大，土地所有权复杂，在现场的建造中，正常的施工图纸几乎无用武之地，对此，模式语言的建立与驻场建筑师的现场协调则异常重要，一旦解放了形式焦虑，建筑便会开始变得自由与柔软。

3. 如厕上观

一个建筑从研究设计到建造落成，只是其生命周期中的短暂部分。在这过程中，设计师与村民共建又是一段特别的经历。驻场建筑师杨秉鑫体会很深：“解决现场施工问题的同时深入了解当地传统做法和村民的需求，而不是孤芳自赏的炫技，把乡村当做实验场。相比方案的完成度，村民工作本身的意义要更重。”乡村与城市的差异，决定在地建造模式更多的是一种适宜技术的柔和应用，也是多层关系、矛盾的自然呈现。

另外，更漫长的后期管理维护成为保证建筑品质的重要因素。虽然在设计时考虑了很多日常清洁问题，包括发动村民编制柳条垃圾桶、卫生荚子，放置花生壳等吸味材料。但两个厕所由于公私属性的差异，卫生环境天壤之别。这也让我们对乡建的软性部分有了更深的经验认识。

对于一个村子而言，这是一次再微小不过的建造实践，有不少遗憾。但设计和建造的起点忘却了主观形式，而是思考这处遗产地需要什么？建造能否如自然般生长，并提升内部的品质？

相对于个性鲜明、造型时尚的设计而言，古朴的枣林和窑洞聚落诱发我们寻找一种弱化设计痕迹，更具原生力量的自然建造方式，它折射出我们对于佳县古枣园及泥河沟村的这处全球重要农业遗产地与传统村落保护与建设的初衷。如罗兰·巴特听完一位乌克兰歌唱家的演唱后描述的：“那是从他脏腑深处发出的声音的颗粒。”

并且，我更希望在其中寻求一种中国式的“实境”呈现，率直天真、淡然沉着，像一个亭子或一个房了，形成另一种停留方式。

武义梁家山·拾云山房

——深山环绕的乡村书屋

Mountain House in Mist

—A book house surrounded by forest

南边多山，山有深林。

拾云山房位于浙江省金华武义县一处山林古村之中，村子保留了完整的夯土民居面貌，村中建筑依山势高差而建，群山环绕，村口处尚存几棵繁茂的古树，已上百年。书屋坐落于村口广场不远处，旁边是保留完好的夯土三合院民居，场地原址有一个牛栏房，坍塌后被拆除。

项目地点：浙江，金华武义柳城镇梁家山村
项目类型：乡村书屋
设计时间：2016.12—2017.8
建造时间：2017.10—2018.6
设计单位：封林建筑设计事务所
主持建筑师：陈林
项目建筑师：刘东英
参与建筑师：刘东英、杨世强、简雪莲
结构形式：钢木结构
建筑材料：进口松木、阳光板、水磨石
建筑面积：156 平方米
建筑摄影：赵奕龙、陈林
业主：宏福旅游集团有限公司

建造书屋，是为了给古村提供一个阅读的空间，一个让人静下心的地方，从而吸引更多的年轻人和小孩子回到山里；也希望能够创造出一个丰富而安静的场所，让小孩子和老人都能在这座建筑里感受到自由和快乐。

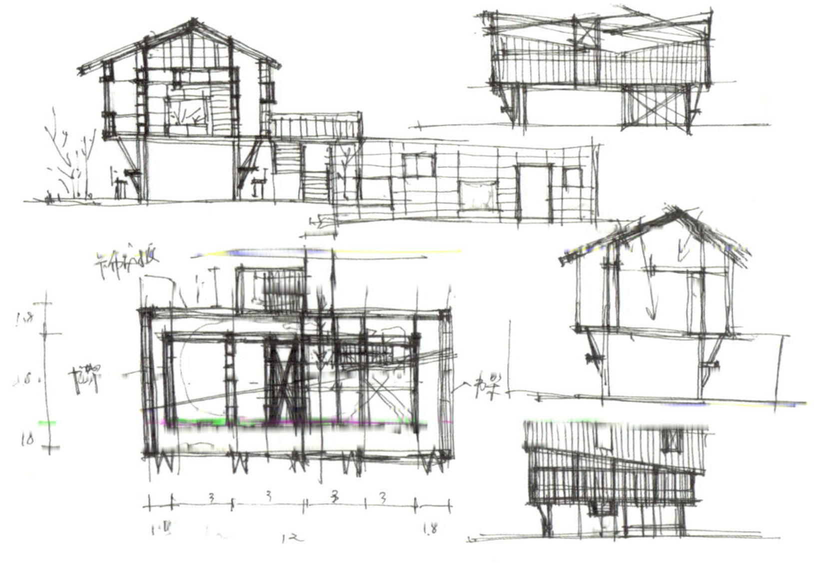

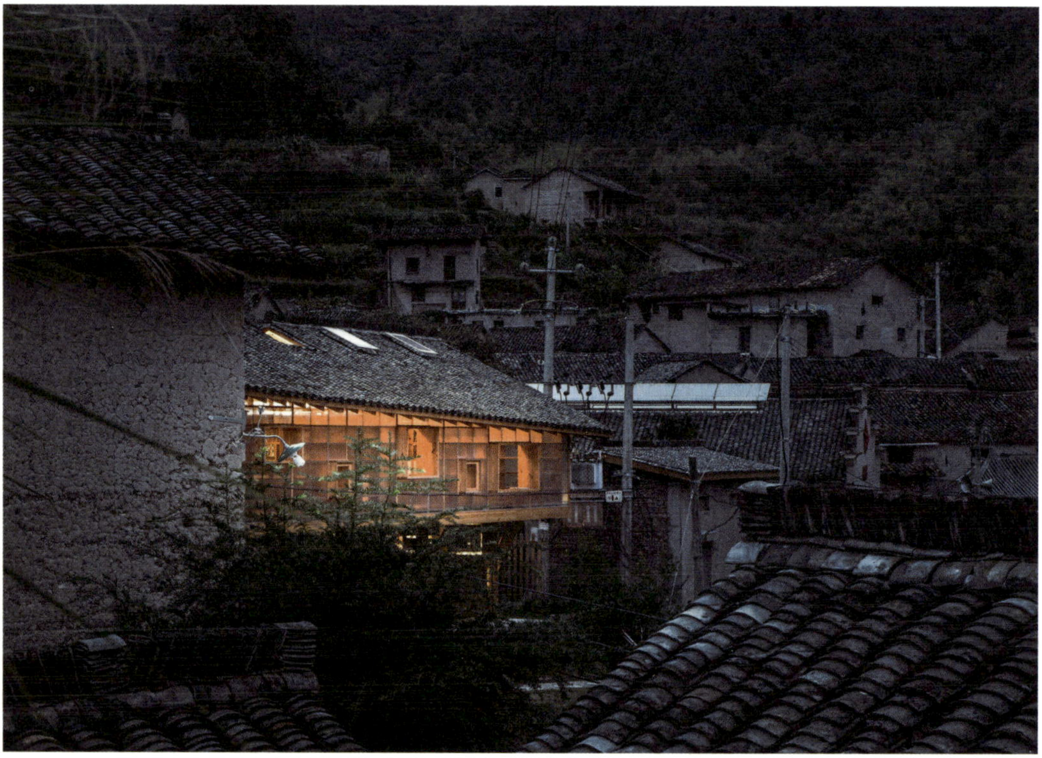

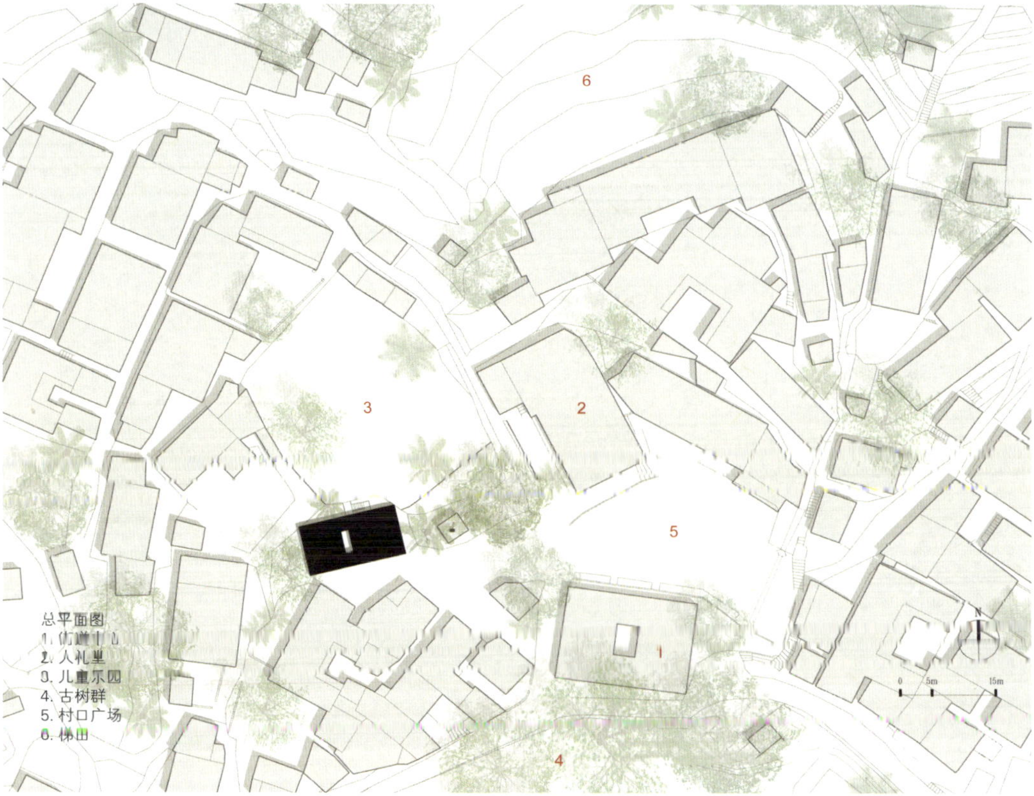

总平面图
1. 佑道中心
2. 大礼堂
3. 儿童乐园
4. 古树群
5. 村口广场
6. 梯田

让空间与乡村友好

把书屋的一部分空间留给村民，是我们设计初始阶段就有的想法，也是一种直觉性的感受，在书屋的首层做一个架空的半室外开放空间，用十根结构柱架空整个书屋首层，实体空间都设定在二层，两个空间通过一部室外楼梯进行连接，只在首层局部设置了一个小水吧，可以提供水饮，其他的空间完全公共开放，山里的村民们可以在此喝茶聊天，小孩们也可以在这个空间玩耍打闹，用这个开放空间把各种活动的可能性都串联起来。

同时站在场地关系的角度思考，书屋用地处于一个三角地带，南侧是该村落的主要步行干道，北侧有一堵 3 米高的石坎墙，石坎墙上面是一片儿童戏玩区，在设计策略上抬高书屋的实体空间

部分，让建筑体首层与道路之间形成空间的退让，路上的行人也可以随时到书屋下休息。而书屋的二层则和儿童戏玩区在同一空间层面上，这样的处理，一方面便于儿童进入书屋看书或者在儿童区玩耍，另一方面，方便父母在书屋里阅读的同时能关注到孩子。无论是站在场地属性的角度还是站在对乡村生活理解的角度，在乡村设计建筑，我们都希望建筑与村民、与乡村环境能保持一种最友好的状态。

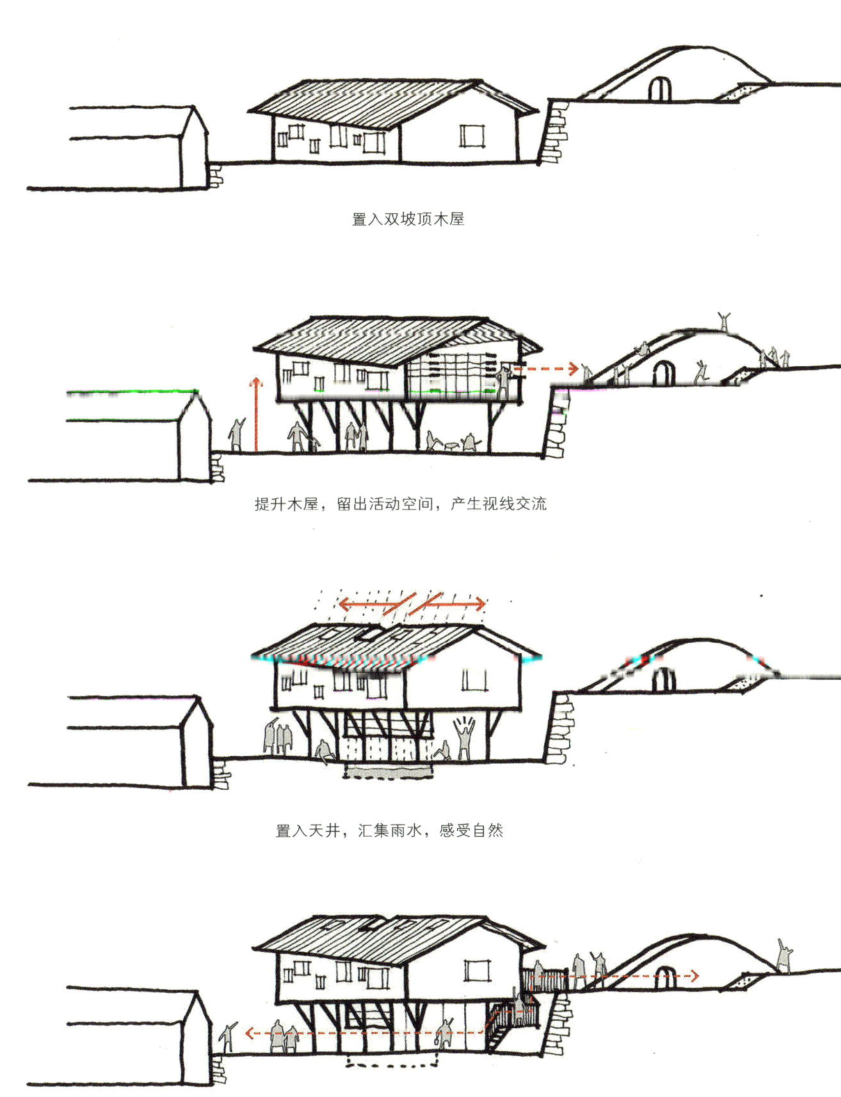

置入双坡顶木屋

提升木屋，留出活动空间，产生视线交流

置入天井，汇集雨水，感受自然

置入楼梯，联系高差

天井与时间性

天井作为空间核心被安放在书屋中，尺度宜人，在首层天井底部下方留出一片水面，下雨时，雨水从天井落入书屋水池，在书屋就可以听到滴滴答答的声音；晴天时，阳光可以直接照射进来，形成独特的光影效果。之所以在很小的书屋里去营造一个天井，也是为了让这个小房子能与自然、时间、空间产生更多的关联性，这可能就是一种我所认为的时间性。

天井空间的设置，就是在等某个特定的时间——阳光洒进来，形成一道光影；雨水落入水院，产生一点涟漪；空气流进来，感受一缕微风。在这样的时刻，天井被设定为一个等待此时间点的特殊意义空间。我所理解的乡村建筑的精髓，是一种人与空间、人与自然、人与时间和谐共处的状态。阳光、雨水、空气都可以通过天井被纳入室内空间。

回廊与交流

在书屋二层设计了两圈回字形的书架，书架围绕天井和中间的阅读空间形成一个回廊，一米左右的宽度，尺度舒服，由首层结构架空悬挑而出。通过这样一个回廊，让人游走在其中，能产生类似园林游走的体验；同时，回字形书架上根据书架的模数尺寸，打开了很多洞口，它们高低错落、大小不一，让视线穿透，空气流动。

南立面

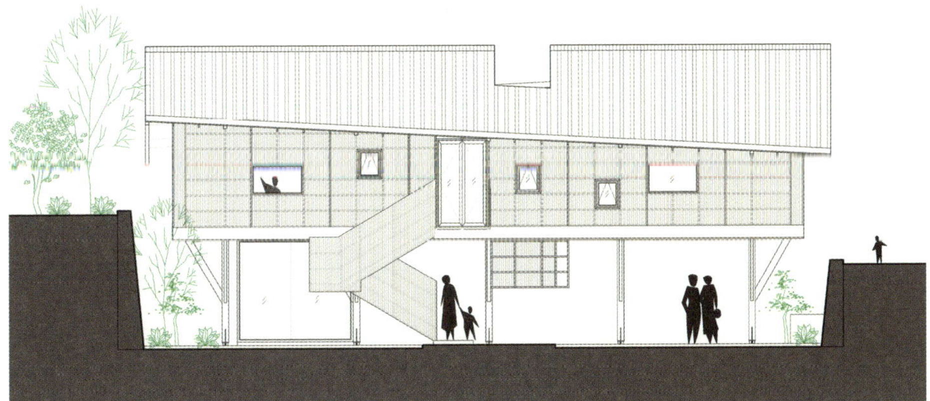

北立面

东立面

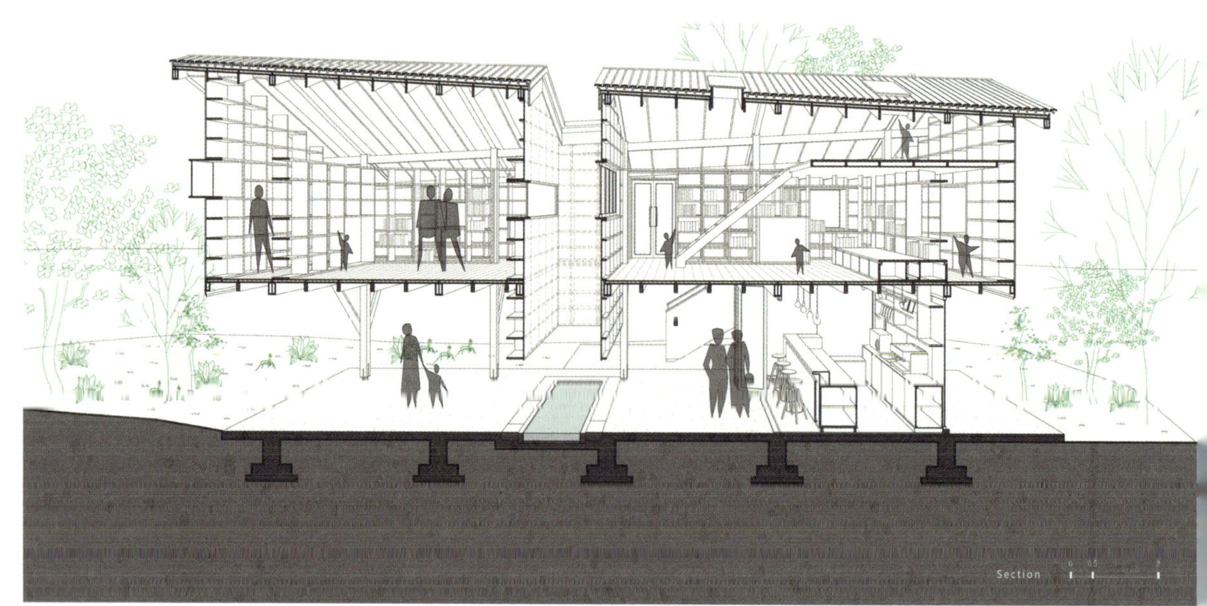

剖透图

读者漫游于回廊时，视线和空间通过洞口突然被打开，空间的边界便消隐了。当人站在洞口的另一边，透过窗口，不但能看到坐在窗台上看书的人，还能看到更远的窗外，远处的山林和大树。通过屋内层层递进的透视感能产生空间与人、与环境的交流和对话。

实验性的尝试

实验性是我们一直在坚持的建筑设计研究方法，在书屋的设计中，我们做了两个实验，一个是形态类型上的实验，一个是材料运用上的实验。

形态类型上，把书屋实体空间部分抬高，实体部分延续当地民居的双坡屋顶形式和坡度，以及传统的屋面顺水做法和小青瓦的铺设，却在屋顶的屋脊上做了微小的设计动作，让屋脊的角度做了 6.5 度小偏转。使书屋的屋顶形态发生一点微妙的形态变化，屋顶的檐口一高一低，室内屋顶的倾斜结合均质书架的空间，让空间发生变化。

材料运用上，书屋的书架选择 3 厘米厚的松木板模数化布置，用统一的模数尺度语言控制，书架的竖档和屋顶的结构梁用材一一对应，形成整体的语言逻辑体系。在外立面上，采用乡村比较少见的阳光板，让整个房子变成了一种半透明的状态，室内的光线透过阳光板变得很温和，给书屋室内形成一种舒适的阅读环境，同时，半透明的材料可让室内的人对室外景观有一种若隐若现的朦胧美，实现一种半通透性的空间感受和氛围的目的。

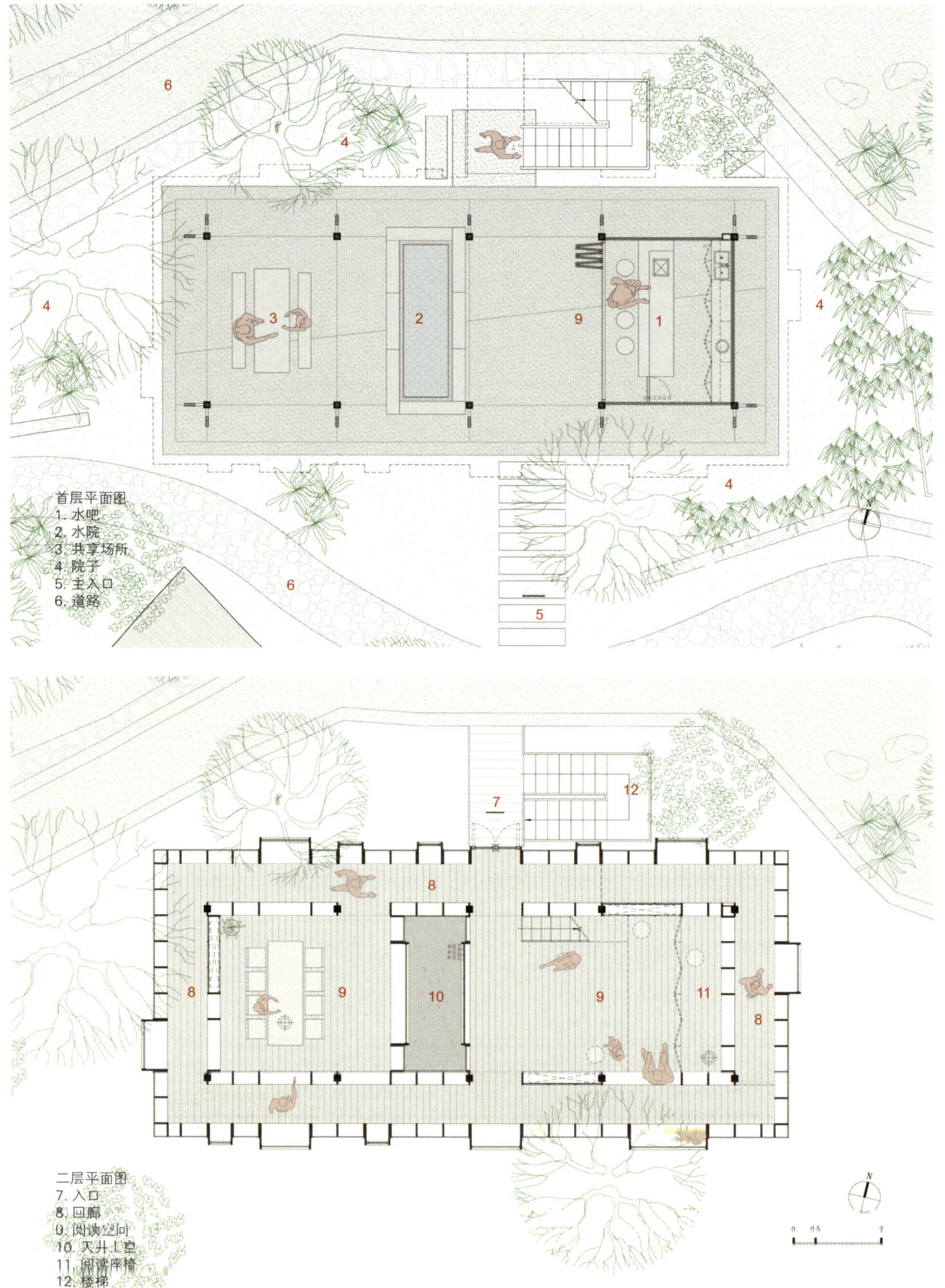
6
4
3
2
9
1
4
4
4
6
5
首层平面图
1. 水吧
2. 水院
3. 共享场所
4. 院子
5. 主入口
6. 道路
N
7
12
8
8
9
10
9
11
8
二层平面图
7. 入口
8. 回廊
9. 阅读空间
10. 天井上空
11. 阅读座椅
12. 楼梯
N

乡村对于很多建筑师来说是一个陌生的领域，很多建筑师也逐渐参与到乡村中不断做尝试。我们也是一样，抱着探索和融合的心态，以建筑师的身份尝试介入乡村，很多时候，设计的灵感不仅只来自建筑师的直觉判断，而且需要根植于乡村本身，让在地性与创造性很好地结合。其实乡村没有标准，没有固定法则，没有唯一性，好坏只能让乡村自身来判断，我希望这会是一个好的开始。

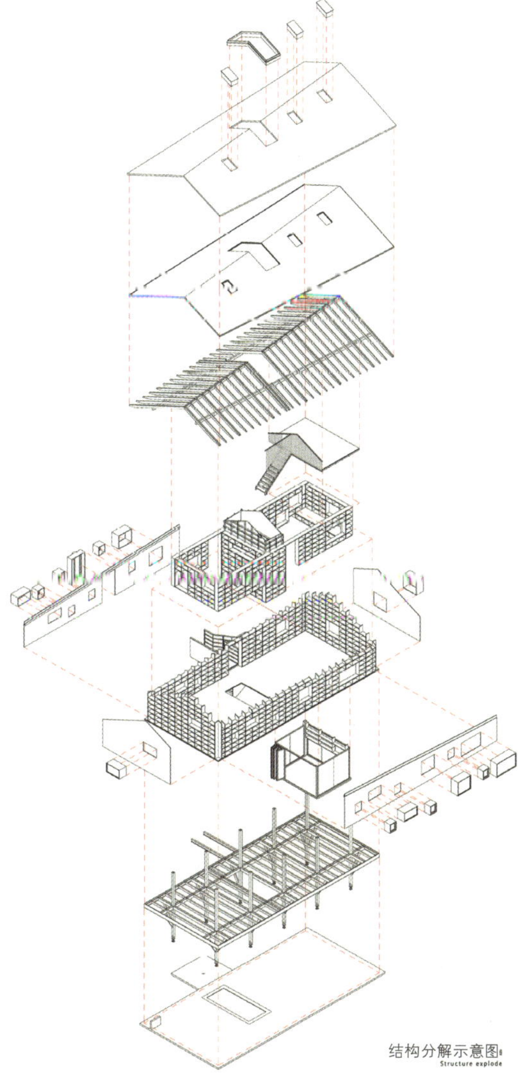

结构分解示意图
Structure explode

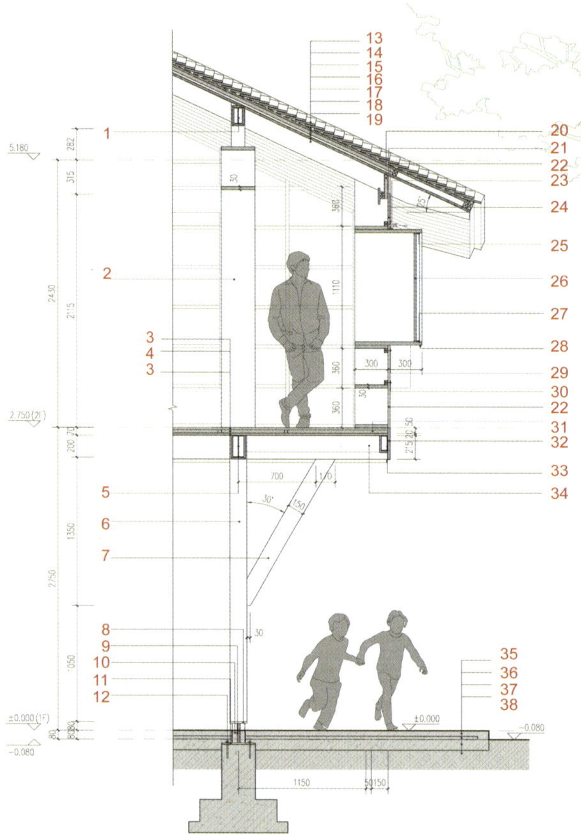

墙身详图

1. 150×75 工字钢主梁
2. 300×30 实木板
3. 20 厚木地板
4. 30×30 木龙骨 @60
5. 200×100 工字钢主梁
6. 150×150 木柱
7. 150×60 实木斜撑
8. 150×150 焊接金属板
9. 30×20T 型钢
10. 50×50×8 角钢
11. 150×150 焊接金属板
12. 10mm 螺栓固定混凝土
13. 青瓦
14. 3mmsbs 防水卷材
15. 20mm 木板
16. 30mm 聚氨酯保温板
17. 20mm 保温隔热
18. 20mm 实木天花板
19. 160×30@120 木椽
20. 220×30 上沿板，阳光板收边
21. 20mm 透明卡布隆阳光板
22. U 形阳光板锁扣
23. 3mm 镀锌金属板
24. 出头 30mm 透明玻璃胶密封
25. 10mm 防水透明玻璃胶
26. 50×10 木档条
27. 5+5 钢化夹胶玻璃
28. 50×10 木档条
29. 5×5 凹槽滴水
30. U 形阳光板锁扣
31. 保温隔热棉填充
32. 285×20mm 实木板
33. 140×60 槽钢次梁
34. 150×60@600 实木次梁
35. 50 厚老石板
36. 30 厚粗砂层
37. 100 厚混凝土层
38. 素土夯实

枣园小学改造

——与村落差异共生的新方式

Date Gardens Primary School Renovation

—The integration of new functional space

在近年乡村青年外出务工及撤点并校的大势下，村小学关闭空置成为普遍现象，偏远的陕北佳县古枣园——泥河沟村小学亦未幸免。这座嵌入窑洞聚落，造型迥异的大白楼在低技低造价的限制中该如何改造与利用？原本营造试图避开常规的风格协调，引入社会学观念，在集体记忆的延续与新空间体验的植入中，营造其与村落共生的新方式。

差异与记忆

由佳县城往北，沿新修的沿黄公路在陡峻壮阔的秦晋大峡谷间驱车十余千米，一片断崖下方枣林郁郁葱葱，山地窑洞聚落隐现于后，犹如绝壁环抱中的绿翡翠。再往里到达村委会大院，一幢三层框架结构大白楼横立眼前，红砖抹水泥，正面贴瓷砖，蓝色女儿墙，顶立四个金色大字：开章小学。这座典型的城市小学建筑在窑洞聚落的尺度与色彩里算得上异物，硬生生嵌入这片依山而建的传统聚落中，与山顶现存的十一孔窑老小学形成鲜明的对比。

从常规的保护规划角度来看，通常被定性为风貌冲突，必须拆除或彻底改造，使之协调统一。但在与村里长期调研村史的农大社会学系孙庆忠教授和村民的沟通中，才知此楼对于村里的重要性，它饱含了数十年来村民们兴办小学的巨大努力与集体记忆。

项目地点：陕西，佳县泥河沟村
设计单位：原本营造
设计团队：唐勇、林艺苹、杨秉鑫、孔祥麟、张思露
驻场建筑师：杨秉鑫、林艺苹
施工单位：佳县信德建筑工程有限责任公司
设计时间：2016 年 5 月

分析图

21 世纪前
村庄安静闭塞，与世隔绝，
村中的建筑都是传统窑洞。

现代化的开端
2003 年，第一栋现代楼房——由希望工程捐助的小学——建成，这所学校是村庄和外界现代化社会的第一次接触。

停办
2012 年，随着年轻人纷纷携子女进城打工，泥河沟村空心化日趋严重，学校因生源不足而关闭，后被用于村委会办公及村民活动。

2000 年以前，泥河沟这个佳县最偏远的村落，一直保存着完整的山地箍窑聚落群。在村民们的记忆中，不论新中国成立前的私塾学堂，或是 20 世纪 50 年代租用的四孔窑办学，到 60 年代新建的六孔窑和 70 年代山顶的十一孔窑，均是在传统窑洞中教学使用。而窑洞空间狭小，坡陡石滑，村民们一直想盖一所像外面一样“真正”的小学。

经过多年的努力，这座村民们期盼已久的“希望小学”在 2003 年终于建成使用，成为村里最大最现代的建筑，也是村子在建筑类型上与现代城市的首次触碰。为纪念武开章老人及其后人的贡献，取名“开章小学”。小学建成后被定位为中心校，周围村子里的小孩儿都到这上学，多时近 200 人，成为村里教育最兴盛的时刻。然而，随着年青村民外出务工和撤点并校的大环境，后来小学学生逐年减少，直到 2012 年最后一个学生也走了。

开章小学关闭后被用于村委会办公、仓库、临时住宿使用，楼前操场则用于村民集会议事、秧歌庆典、红白喜事等三年有余，小学建造碑记、旗杆、松树、黑板依在。越是了解这段历史，越发觉得小学与周边窑洞的形式差异在弱化，消融其中的是村落延续的集体记忆与新功能空间植入的未来。

延续与纳新

小学是村里除了庙宇、戏台以外仅有的集体产权建筑，改造后的使用对象不仅是村里办公、活动空间，也将容纳进入村子的志愿者、画家、游客等城市人群，多样化的功能需求与植入如同一个“乡村综合体”，在延续村集体原使用功能的基础上增强其开放性与可持续运营能力。通过三层空间及屋顶平台的垂直差异性组织，形成由公共活动空间到办公、住宿、观景的纵向分层。

分析图

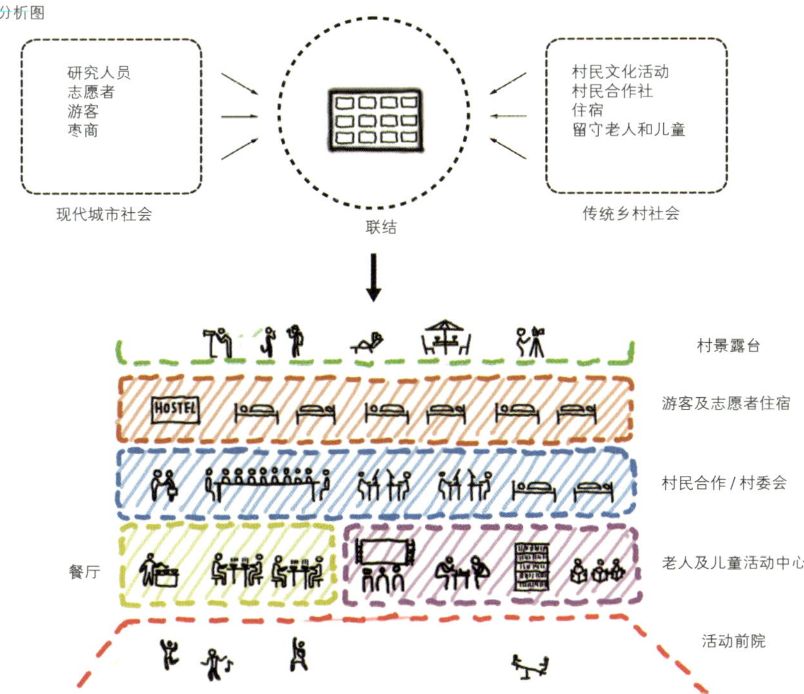

功能所对应的空间改造策略以小学特有的外廊式框架承重墙结构为基础，利用原教室与办公两种面宽尺度（5.1 米、3.5 米）的差别，植入枣园餐厅、老年人活动中心、公共卫生间、大通铺、标准间等新功能空间。以小学公共外廊空间为枢纽，在楼层上下扩展、延伸。通过深、浅空间的再造，与日常行为、景观视野的联结与强化，触发新空间的诞生。

一层楼前院子是村里主要的集体活动空间，由一堵刷成粉红的砖墙围合，每次开会或集体活动，村民们都需要搬来很多凳子，或者拥挤站立围观。针对这一行为，改造倚着原来的院落围墙，向内扩展成石阶坐台，尽端设置伸入建筑内部的公共卫生间，并在石阶退台中预留出错落的树池，希望方便村民活动的同时增加坐望的休闲体验。

同时，石墙从建筑外廊扩展出来，包裹住小学的旗杆、松树，形成门前浅院，“开章小学”几个大字顺势从楼顶移下，镶入庭园石墙中，原来的小学纪念碑记也从角落里搬出来，嵌入楼梯入口石墙内。在一层院落的石头空间中凝固小学记忆的片段。

由于经费有限，二层延续原村委会办公空间，室内未做太多改造。主要集中在公共外廊与三层接待中心。

原小学外廊狭长单调，改造利用窗墙厚度与柱间宽度，置入长凳、倚台或茶室凹间等家具空间，并压低走廊高度与外廊视野，让其更贴近人体尺度。通过浅空间的再造，为外来客人提供更丰富的交流和休闲空间。

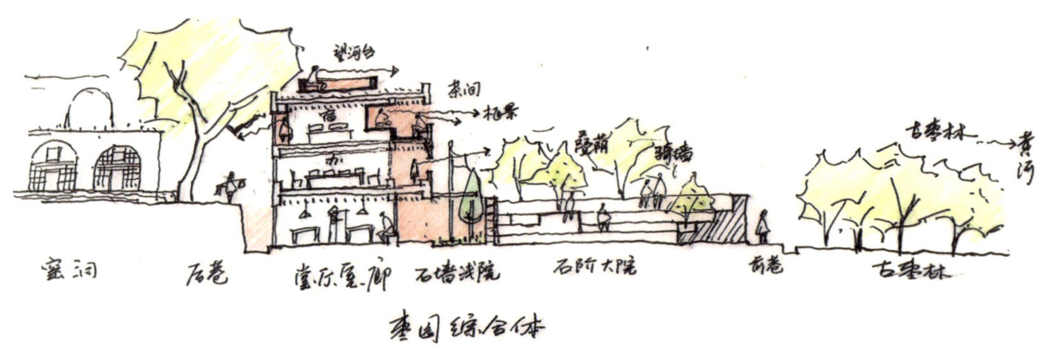

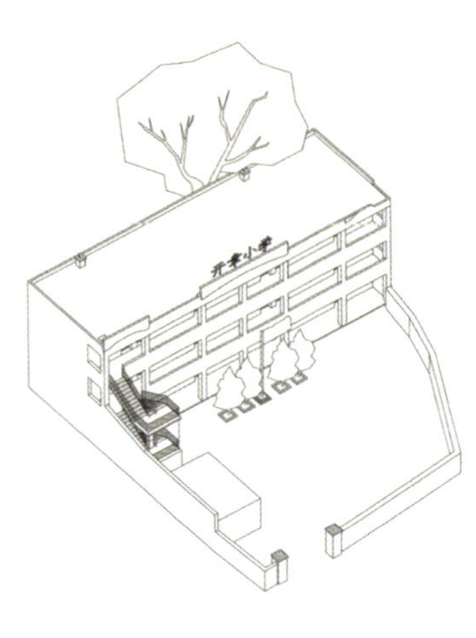

改造前

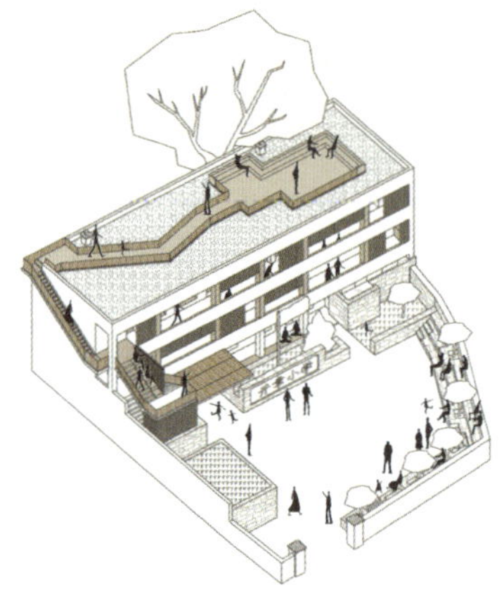

改造后

外廊内侧新植入的接待中心依据原教室与办公室大小空间的差别，分别设置了大通铺与标准间，原本较高的空间运用当地特色的柳编工艺制成吊顶。大通铺可以接待画家、学生等集体游客，标准间则主要面向个人或家庭。小学新的运营功能吸引了村子外出务工的年轻夫妻回乡创业管理，成为泥河沟村第一个有较大接待能力的客栈。

风景的借望

在三层差异的空间中，连接其间的室外楼梯与外廊景观有着重要的意义，它们与风景的对话将由内而外地消解建筑本身的复杂与异样，勾连复合的功能与多样的人群。

改造依据楼梯间在各层的视野与行为差异，由一层石墙的遮蔽到二层格栅的间隔，再至三层的开敞，并在二层踏步一侧设置小坐台，可行可坐可小观。

小学层叠的外廊空间，在空间的游走或坐倚靠立中，调节内部与周边山水聚落的视野层次，框山纳河，俗屏佳收。并可在客房落地窗前坐望后山的窑洞聚落，享受差异的风景和慢时光。

再往上通过增设的侧墙柳编钢梯，折入屋顶长廊，直至老槐树边的坐台，曲折尽致，空间豁然开朗，古枣林与黄河绝壁胜景尽入眼底。

待到夜晚，周边色彩退却，在屋顶感受古典园的静谧与[illegible]尘，[illegible]小腔知天长。它凝聚着一个独立纯粹的小世界，淡化了过去与未来。这是我们一直在追寻的“实境”呈现，如唐代司空图《二十四诗品》所言：

取语甚直，计思匪深。
忽逢幽人，如见道心。
清涧之曲，碧松之阴。
一客荷樵，一客听琴。
情性所至，妙不自寻。
遇之自天，泠然希音。

上坪古村复兴计划之水口

——身兼古与新的双重个性

Shangping Village Regeneration - Shuikou Area

—Newness permeated in the old with artistic intervention

上坪古村，地处福建省三明市建宁县溪源乡，是中国传统村落，福建省历史文化名村。上坪村历史悠久，文化底蕴深厚，大部分村民为杨姓，族谱记载是汉代太尉杨震的后人。村落现有格局完整，两条溪流绕村，并在村口汇聚，形成完整的风水格局；村中有多处省级文保单位，如大夫第、杨家祠堂、社祖庙、赵公庙等，此地民风淳朴，历史上也出过很多文人，据传朱熹也曾到过上坪，在此地讲学，并留下墨宝。

项目地点：福建，三明市建宁县溪源乡
建筑设计：三文建筑 / 何崴工作室
主持建筑师：何崴
建筑设计团队：赵卓然、李强、陈龙、陈煌杰、汪令哲、赵桐、叶玉欣、宋珂
建筑面积：2700 平方米
设计时间：2016 年 8 月—2016 年 11 月
建造时间：2016 年—2017 年
照明设计：清华大学建筑学院张昕工作室
照明设计团队：张昕、韩晓伟、周轩宇、牛本田
室内施工图设计：北京鸿尚国际设计有限公司
摄影：金伟琦
业主：溪源乡人民政府

村口节点的改造是上坪古村重要节点建设工作的一部分，同步进行的还有杨家学堂区域和大夫第区域。因为是历史文化名村，所以必须在保护的前提下进行设计。设计团队没有采用常用的修旧如旧的方式，也没有赶时髦的进行民宿的打造，而是挑选了村庄中若干闲置的小型农业设施用房，如猪圈、牛棚、杂物间、闲置粮仓等进行改造设计。植入新的业态，补足古村落旅游服务配套设施，为村庄提供新的产业平台是此次工作的重点；而基于在地性、乡土性，同时强调建筑的当代性、艺术性和趣味性是设计的基本原则。在这些基础上，设计团队还要为村庄提供后续经营的指导，设计乡村文创产品，以及相关的宣传推广，可谓从产业规划到空间营造，再到旅游产品和宣传推广的一条龙服务。

上坪村地图

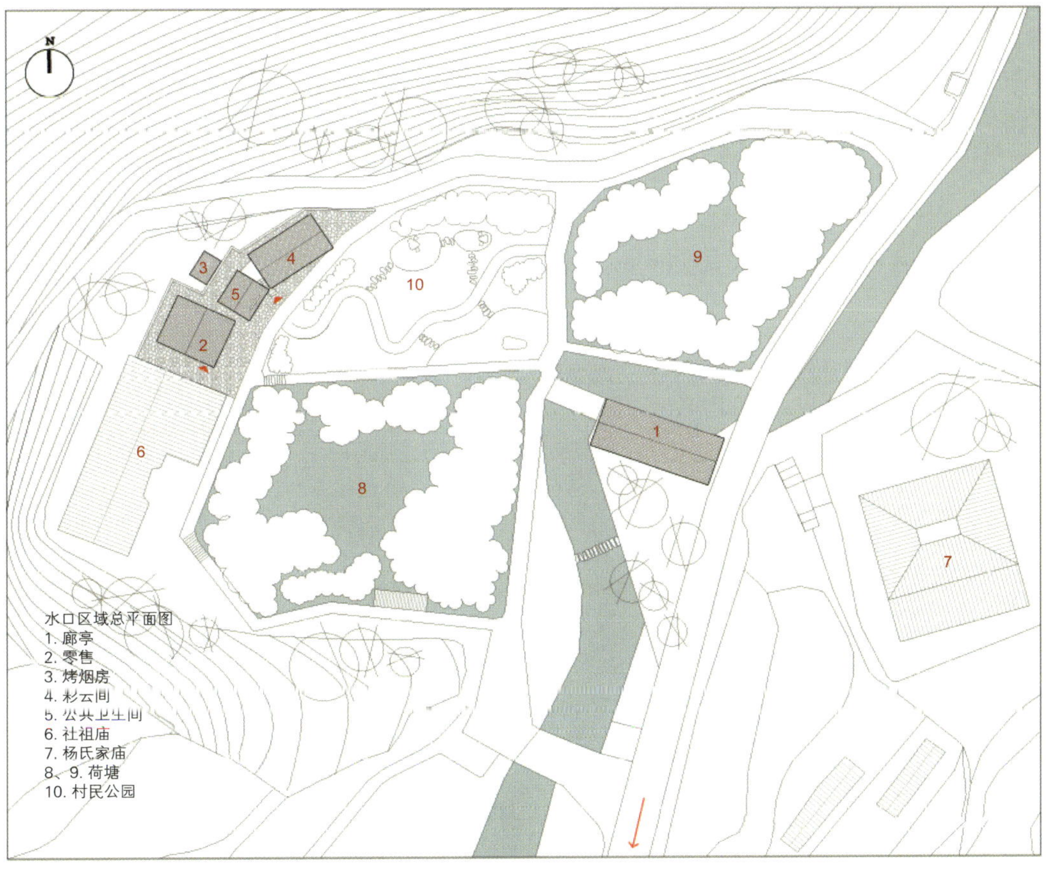

场地情况：位置重要，但状况急需改善

村口是古村的水口，也是村民祭拜祖先、神灵的地方。村口原有建筑包括：社祖庙、杨家祠堂、廊亭以及烤烟房和杂物棚；古桥、玉兰树、荷塘是村口主要的景观元素，它们与古建筑一起构成了该区域的基本风貌。

除社祖庙、杨家祠堂外，原有建筑并不理想。廊亭是 1980 年代农民为了把守水口（因为当时修建机动车道，破坏了原有的风水格局）草草兴建的，主体结构为毛石垒砌，厚重、粗劣，且封闭的形态既不利于内部的使用，又阻隔了入村时候的视线，急需改造。烤烟房和杂物棚位置显眼，但长期闲置，也是消极的元素。

设计任务：补充服务设施，重塑村口场域

村口是进入上坪村的门户，也集中了若干古迹和景观元素，但缺乏旅游服务设施，供游客歇脚、餐饮。原廊亭位置非常重要，它既是入村第一眼看到的构筑物，也是连接杨氏祠堂和社祖庙的中间点，但原有建筑无法满足这些诉求，急需改善。此外，如何将场地中的闲置建筑进行整合、就再利用也是此次工作的重点。

改造手法：古中带新，艺术介入

并不刻意地追求复古的形式，也不使用过于现代、城市化的形态，村口节点的几个新建筑希望在保持在地性的同时，在局部呈现新的气象，从而使新建筑身兼古与新的双重个性。

廊亭：将原有的封闭的毛石廊亭拆除，用木材重新塑造一个新的，更为通透的廊亭。它既要满足阻隔视线，锁住水尾的传统格局，又必须让坐在廊亭里的人可以看到周边的景色、过往行人。设计师在采用传统举架结构的基础上，对外立面进行了大胆的改良，利用格栅形成半通透的效果，并在半高的位置开了一条通长的“窗”，形成框景。这种形态乍看很现代，但细看又能从中看到唐宋时代中国建筑的影子，也从另一个角度回应了上坪村传说中可以追溯到宋

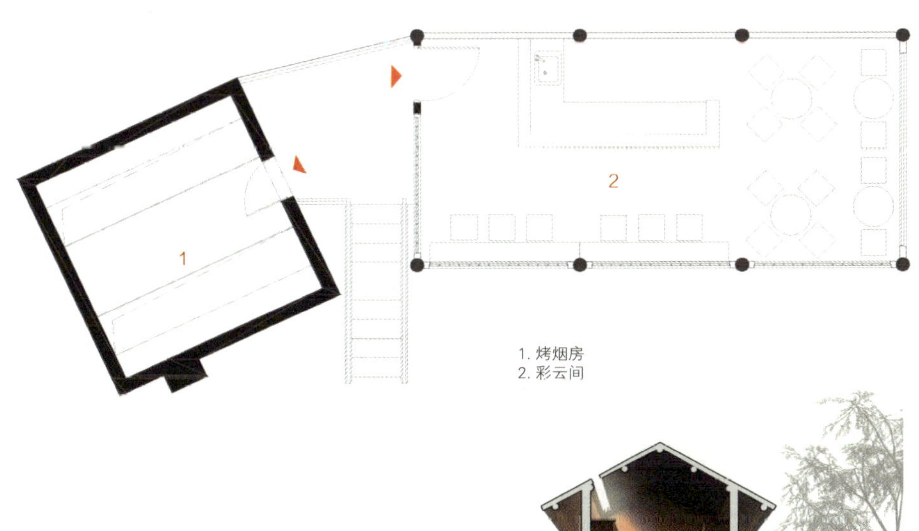

示意图

代的历史。廊亭中当地居民自发供奉的神像被妥善的保留好，并重新安置回新建筑原有的位置上，设计师希望通过对原有信仰的尊重，使新廊亭与老廊亭建立一种传承关系，也让当地人更容易的接受这个村中的新成员。灯光的处理，进一步加强了廊亭作为村口精神性的符号功能。夜晚，从远方归来的村民可以在很远的地方就看到廊亭中的灯光，它引导着人们回家的方向。

彩云间：建在原来场地中杂物棚的基地上。它是一个不大的小房子，基本保持了当地的棚架的格局，半高架约1.5米，人在其间，可以从高处俯视面前的荷塘，从而完成村庄整体格局中的“观水”主题。建筑的功能是水吧，设计师希望它成为村口供人歇脚的场所。因为空间不大，所以内部格局不复杂，就是一个简单的方盒子。面向村庄的立面，采用了中轴的木窗板，使内外空间形成灵活多变的可能性。窗板并没有墨守成规，而是将一侧油漆成七彩的颜色，这样无论是远观，还是在室内，建筑都平添了一抹妩媚。设计师希望这个新的服务设施能为古老村庄带来一点戏剧性的“冲突”。

烤烟房：作为当地农业的传统工艺遗存，烤烟房具有一定的旅游观赏价值，可以满足城市人对传统制烟工艺的好奇。但设计团队并不希望把改造工作停留在原有工法的简单再现上，一种艺术的手法被引入，通过一个光和色彩的装置，烤烟房被塑造成对中华农耕文明，及其紧密相关的太阳的歌颂。阳光被分解和强化为彩色的光，从大窗照入室内空间，奇幻的光影效果为简单的空间提供了浪漫的色彩。设计师希望这里成为一个仪式性的场所，通过反映太阳的艺术装置，现代人可以反思人与自然的关系。

安徽太阳乡财神庙设计

——重塑民间信仰空间

Rural Acupuncture

—Reshaping local sacred space

源起

太阳乡位于霍山县安徽大别山深处主峰白马尖的核心景区，为了服务旅游，政府原本委托我们设计此处的广场和停车场，场地已经平整完毕只剩下此处财神庙待拆除，这类民间庙宇在当地乡间并不少见，因此拆除这样一处小庙也并未引起大家注意，现场调研时我们发现这个小庙并不普通，这座庙已有近两百年历史，多次被毁和重建，庙虽不大却是当地村民的信仰中心，我们说服了甲方在附近重建此庙，延续民间信仰的同时也能为游客提供一处有趣的互动设施。这处财神庙成了一个我们主动提出的设计之外的任务，我们希望通过这一处微小设施的设计，为淳朴的民间信仰提供一处精神承载空间，和有尊严的乡间信仰活动场所。

项目地点：安徽，六安市霍山县
设计时间：2017 年 3 月
建成时间：2018 年 2 月
面积：20 平方米
设计单位：乡建院 / 傅英斌工作室
主创设计师：傅英斌
团队：张浩然、蔡万成、闫璐
摄影：张虔希

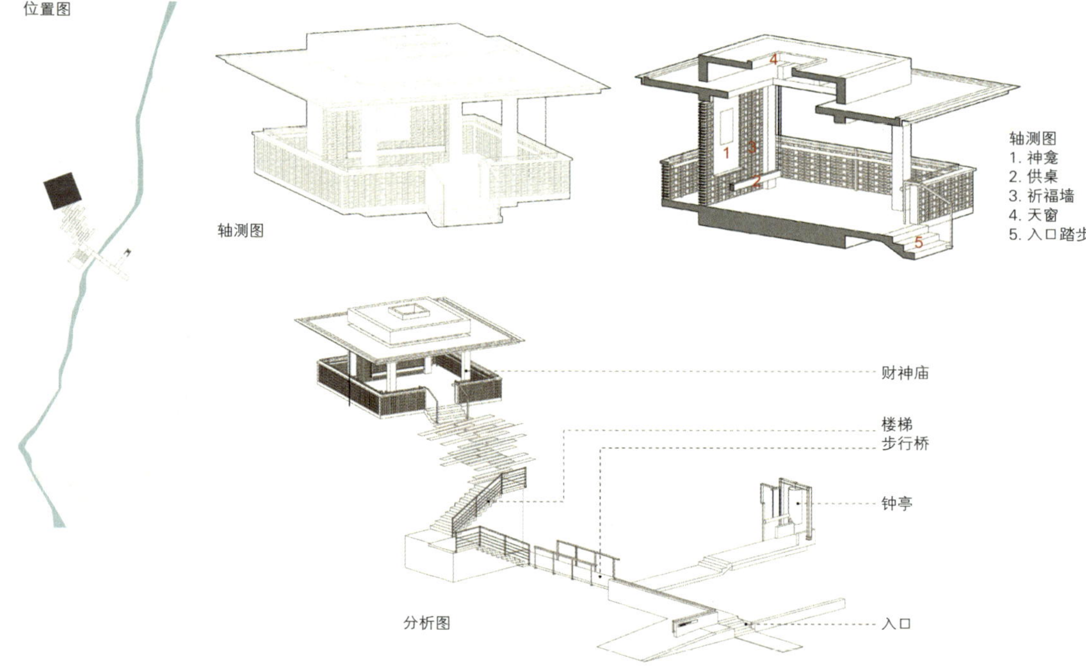

位置图

轴测图

分析图

方案

新址被确定在距离原址几十米处的一处山坳，三面背山，面朝广场，环境独立而幽静。新的财神庙不仅是一处信仰的精神场所，同时也需要服务游客和其他人士，增加其公共性和互动性是首先需要解决的问题。此类民间村庙通常是三面围合，空间狭窄闭塞，我们试图改变原有村庙内收的空间形态，引入“亭”的做法，将外部打开，除了神龛必要的背景墙以外，改为四面通透，四周屋檐舒展挑出，创造出一个舒适而通透的檐下空间，以公共和开放的姿态展现在村民眼前。

乡村营造往往受到技术和材料的限制，传统材料虽然看起来似乎符合某些审美和价值观，但由于造价和工人的匮乏未必是最好的选择，我们选择了最容易控制的混凝土浇筑建筑整体框架，邀请当地篾匠手编了竹席作为模板内衬，使混凝土有了竹席的肌理，原本冰冷现代的混凝土材料上留下了手艺的温度。墙体采用了红色空心砖，这种材料通常作为墙体填充砌块，一般不会展现在建筑最终的外饰面上，我们通过简单的角度转换，用空心砖直接砌筑墙体，砖的孔洞形成了一种纯粹的墙面肌理，后面的景物通过砖孔若隐若现，模糊了空间的边界。屋顶的方形开口增加了庙的宗教氛围，顶光每天会根据时间移动，并在特殊时间照到神像之上。

在中国南方地区，水是财富的象征，许多民间建筑极为强调雨水在建筑中的作用，我们在处理屋顶排水的时候特意考虑了这一民间习俗，对雨水口做了特殊处理，借鉴了日本传统建筑中“雨链”这一设计，使雨水的排出成为一处生动有趣的景观，同时巧妙的隐喻了“财神庙”这一主题。

习俗

当地居民在财神庙祈福时除了燃香，通常还要燃放爆竹，燃烧松枝和纸钱等习惯，政府考虑山林防火及环境污染，希望我们在设计的时候能对村民习惯进行行为引导。

村庙的空心砖墙成了新的祈福设施，人们把祈福语言写在红纸上以后卷起来插到墙上的空心砖孔里，随着时间的推移，墙上的砖孔会被红纸慢慢填满，建筑与使用者发生了紧密的联系并有了生长的过程，建筑本身与活动和信仰紧密地结合在一起。

敲钟是中国宗教场所中参与者非常喜爱的一种互动方式，场地下方我们设计了一处挂钟，人们从庙下来以后可以敲钟祈福，敲钟与填满红纸的祈福墙成了财神庙祈福的新活动，受到居民和游客的欢迎。

影响

这座本来非设计委托的“意外”项目建成后也取得了“意外”的效果，不仅继续成为村民祈福求财乡建信仰场所，更成为访客与村民交流互动空间，有了另外唯独的公共属性。新庙的外观建造形式和新的祈福方式也刷新了居民对此类设施的认知，成为一处备受访客“瞩目”和“议论”的焦点，为民间信仰注入新的活力。

生鲜剧场

——镇菜市场，也是辐射全县的节庆性场所

Fresh Food Theatre

—Not only a daily market serving the town, but also a festive place radiating the whole county

四方争集市，三户自成村。禾黍秋风陇，牛羊落日原。

——明·陈蒙《宿迁》

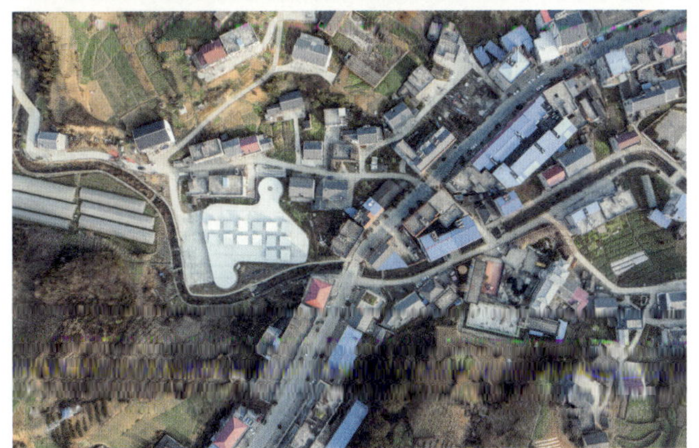

项目地点：湖北，十堰市竹溪县龙坝镇
建筑事务所：小写建筑事务所
主创建筑师：李伟、袁媛、胡兴
设计团队：曾文娟、姜鹏、袁帅、汪思民、贺雨晴、马薇、董怡萍
建成时间：2019年1月
建筑面积：2500平方米
摄影师：何炼、直译建筑摄影
结构设计：王金鑫
施工负责：张宴敏
业主：龙坝镇政府
策划：湖北致上励合旅游营销策划有限公司

集市

龙坝，这个下辖 19 个行政村的小镇缺少一个像样的菜市场，柴米油盐散落在镇上唯一的主干道两侧，家畜活禽常常被当街屠宰，血溅满地。为此政府划出了一小块菜地兴建一座 2500 平方米左右的菜市场，在为居民提供优质购物环境的同时，也承办一年一度的年货节等活动。因此它不仅是一个服务于镇子的日常性菜场，也是一个辐射全县的节庆性场所，在方便舒适的同时还需要具备一定的昭示性。

场地

场地情况复杂而有趣：环境闭塞、北高南低、边界参差。东南面的两排民宅互不相让，把场地围得水泄不通；西北面一条水渠蜿蜒而过，留下一个曲折的用地轮廓。对此，我们采取了由内向外的设计方法，从场地中心开始布置平面，再逐步向外推敲功能，慢慢渗入到周围不规则的边边角角中去。

节点图

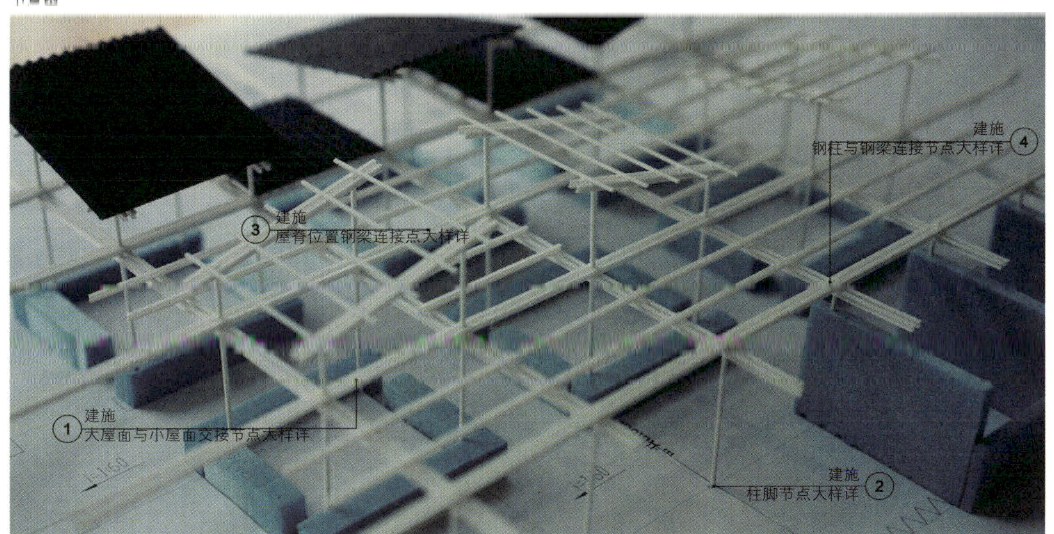

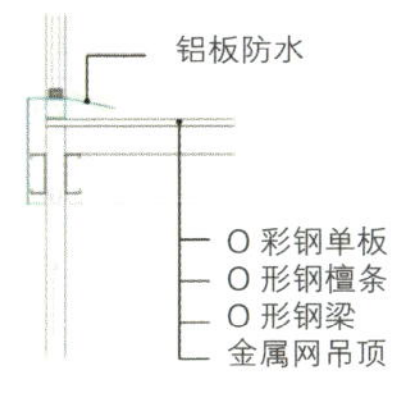

大屋面与小屋面交接节点

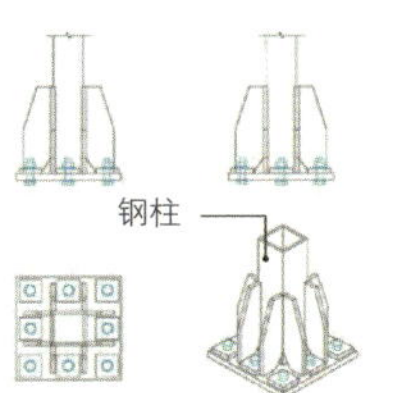

柱脚节点

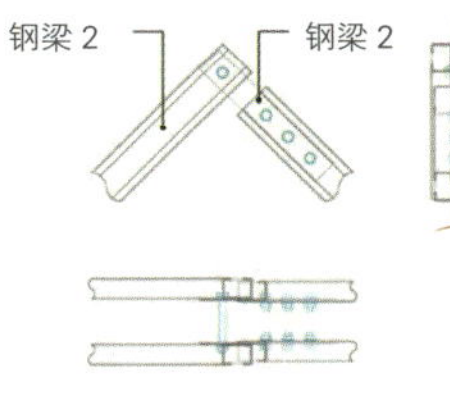

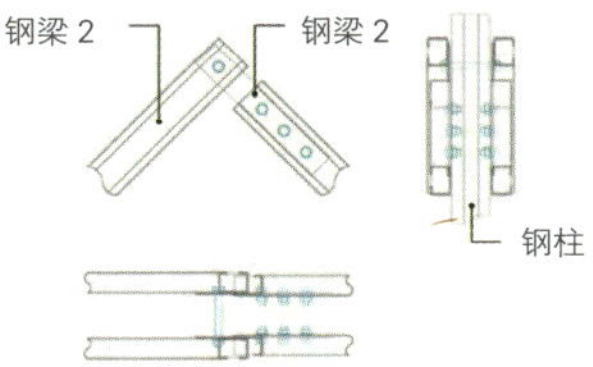

屋脊位置钢梁连接节点

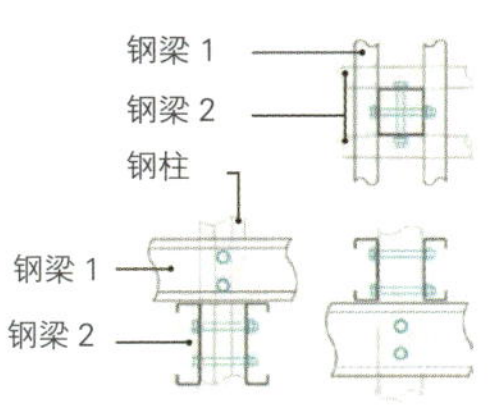

钢柱与钢梁连接节点

首先排列出的是25个标准售卖单元的阵列，它们占据场地中央以建立秩序，再将外围的单元改为朝内的门面，完成空间的闭合，界定出建筑基本的边界。最后，利用其他的辅助功能来和复杂的周遭环境做“推手”：在主入口处用矮墙围合出前广场，柔和的填充民宅间的缝隙；垃圾站与厕所置于远离居住区的北面，顺应水渠蜿蜒的方向探出建筑主体。

此外，场地原有的高差被直接保持下来，整个菜场基座呈1:60的坡度，在减少土方量的同时，也方便将来运营中的清洗工作。

灯塔

通过大屋面与中性的支撑构件形成一个匀质空间或一统空间（Universal Space），这是市场类建筑所普遍采用的空间原型，它与内部所发生的事件脱钩，从而获得使用上的弹性。而本方案试图让市场空间与买卖行为发生一一对应的强烈联系，让空间、行为、结构、光线等元素在设计上形成合力，以产生更加强烈与戏剧化的表达。

设计灵感

贝西克塔斯鱼市场
GAD 事务所

法国 Cachan 封闭市场
Croismariebourdon Architectures 事务所

鹿特丹拱形大市场
MVRDV 事务所

加迪斯中心市场
Carlos de Riano Lozano 事务所

巴塞罗那跳蚤市场
b720 Ferm n V zquez Arquitectos 事务所

哥伦比亚 Gramalote 广场市场
Rodrigo Chain 事务所

巴塞罗那 Ninot 市场
Mateo Arquitectura 事务所

瑞典 Ostermalm 临时市场
Tengbom 事务所

荷兰 Develstein 市场
Harvey Otten 事务所

法国 Pantin 市场
Ateliers 2/3/4 事务所

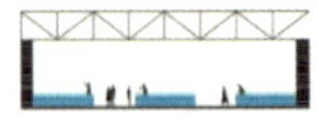

塔拉戈纳 Calafell 市场
Batle & Roig Architects 事务所

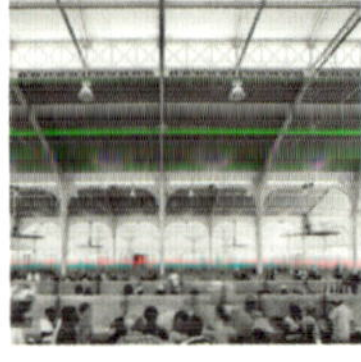

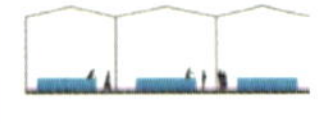

海地太子港市场
John McAslan 事务所

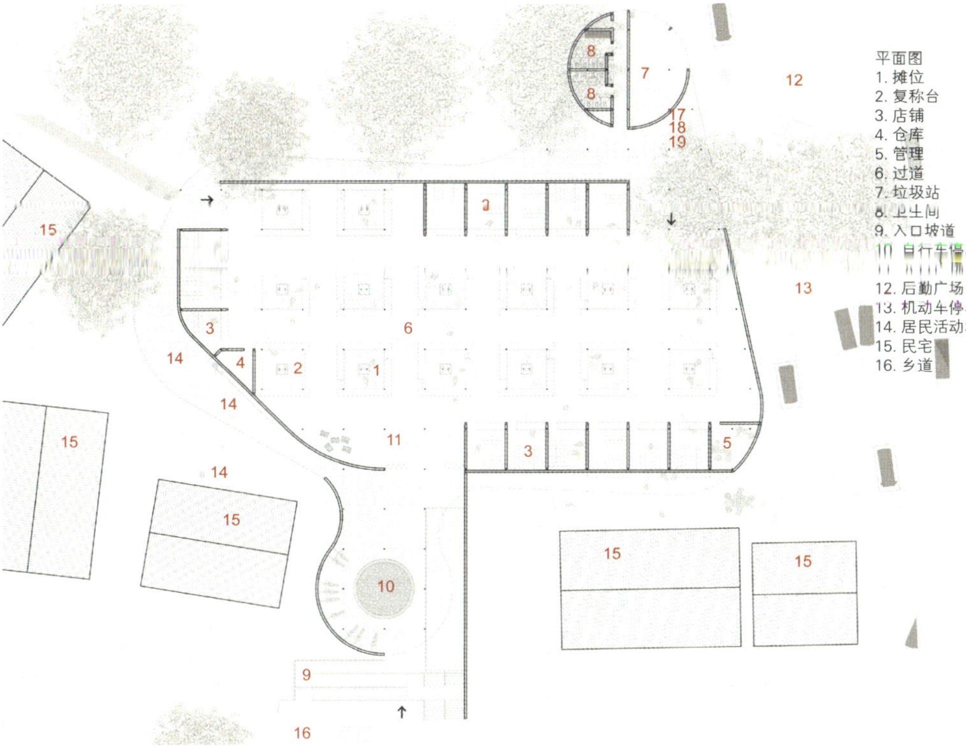

平面图

1. 摊位
2. 复称台
3. 店铺
4. 仓库
5. 管理
6. 过道
7. 垃圾站
8. 卫生间
9. 入口坡道
10. 自行车停车场
11. [illegible]
12. 后勤广场
13. 机动车停车场
14. 居民活动场地
15. 民宅
16. 乡道

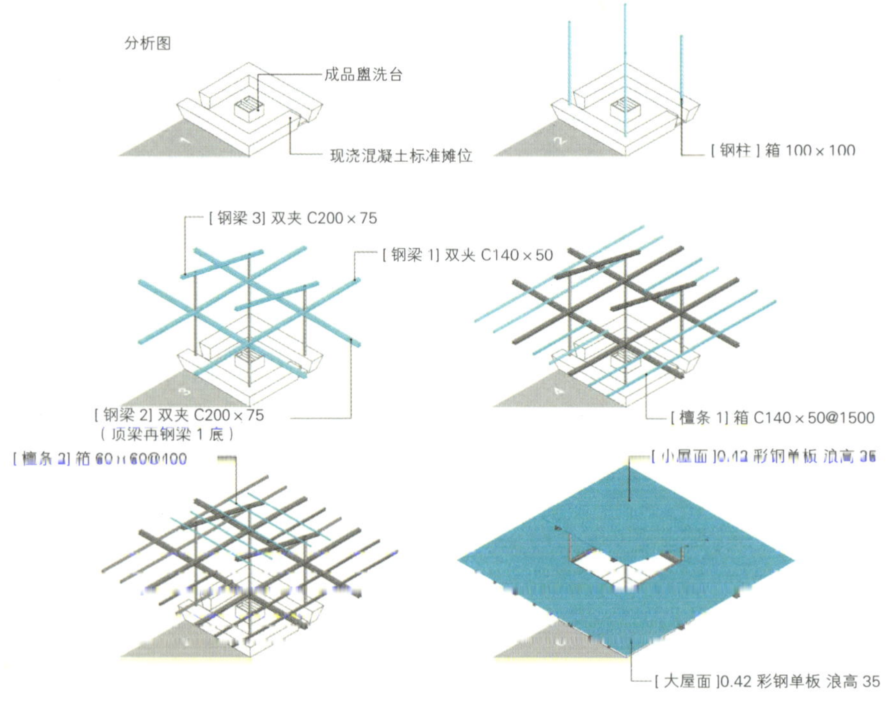

对应买与卖的行为，两种不同的空间被塑造与并置：卖方空间净空较高，柱网在此起到空间限定的作用，它与四个方向的摊位围合出一个正方形售卖区，配合顶部洒下的天光，形成戏剧舞台般的展示效果；买方空间环绕在周围，净高降至3.5米，转变为一个较为亲人的尺度。而从外部观看，它呈现为大屋面上伸出的14个小灯塔，在民宅的包围下交相辉映。

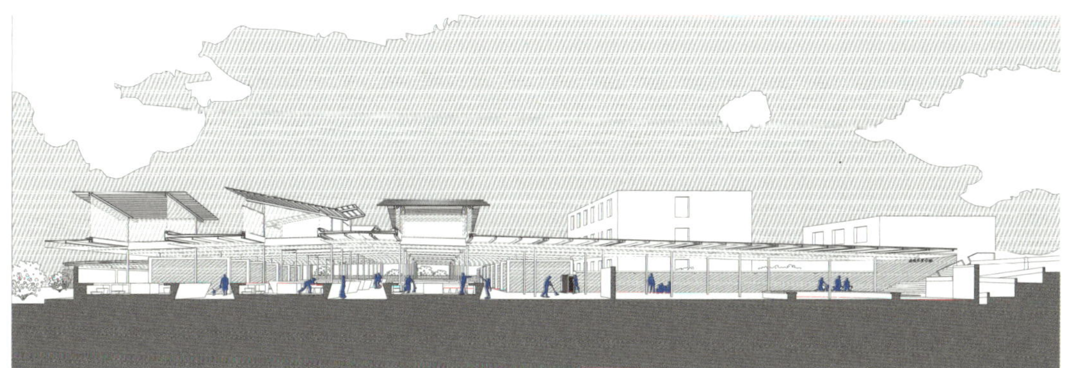

剖面图

结构

农贸市场主要由钢结构搭建。在梁柱的交接上：采用双夹C型钢梁从两侧分别铆接在钢柱上，且主梁与次梁在高度上错开。这样的连接方式不仅方便施工，更使得各构件保持独立完整，结构逻辑清晰易读。最初的设想是在梁下增加金属网吊顶，使钢结构若隐若现，希望在抽象空间与建构表达之间谋取一定的平衡，但最终由于造价的限制而取消。

为了保证柱子100毫米的纤细柱径，结构师定下了柱距1500毫米，悬挑3000毫米以内的底线，在这一框架下，我们不断调试平面，以求让工整的柱网与不规则的建筑轮廓以及曲线的隔墙和谐共存。

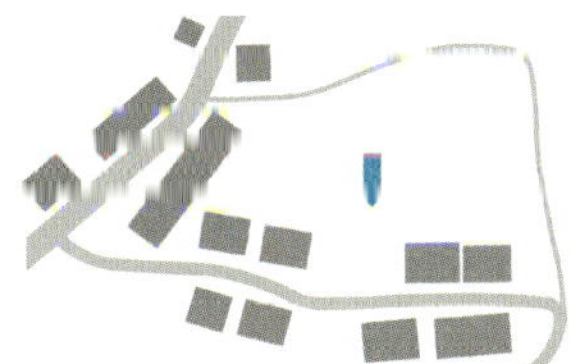

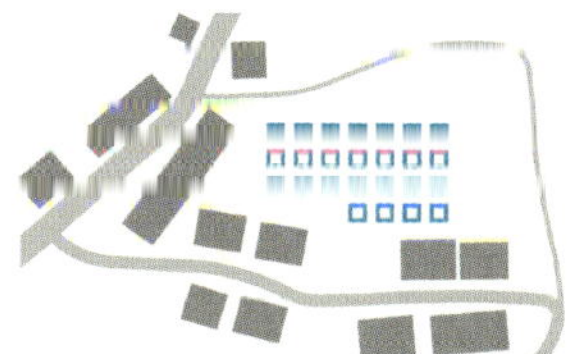

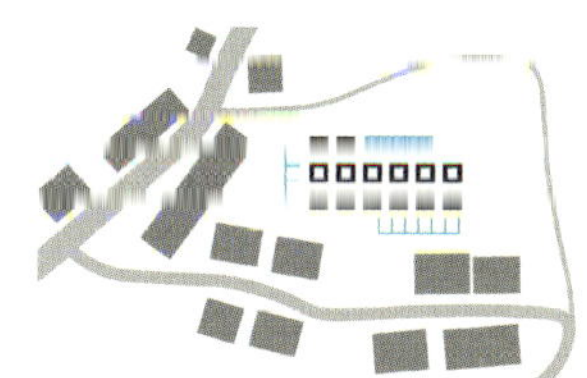

分析图

第五章
个人实践与活动介入

Chapter 5
Personal Practice and Activity Intervention

与所谓“主流”方式不同，很多机构与个人也参与到乡村实践中来，或通过艺术活动，或通过会议培训，他们以不同的身份背景把资源引入做了有意义的尝试，利用自身影响力将资源引入乡村，这些活动都以乡村为媒介，与乡村形成积极的互动，为乡村发展带来另外一种可能性。

探索会议事件为导向的乡村振兴之路

——以乡村复兴论坛为例

Exploring the Road to Rural Revitalization Guided by Conference Events

—Taking the Rural Revival Forum as an example

罗德胤：

清华大学建筑学院副教授，北京清华同衡规划设计研究院有限公司遗产中心副总工，乡村复兴论坛主席。

付敬诺：

北京清华同衡规划设计研究院有限公司规划师，UCL 巴特莱特规划学院硕士。

一、引言

2017 年 10 月，党的十九大报告中提出："实施乡村振兴战略，要坚持农业农村优先发展，按照产业兴旺、生态宜居、乡风文明、治理有效、生活富裕的总要求，建立健全城乡融合发展体制和政策体系，加快推进农业农村现代化。"

2018 年 2 月，国务院公布《中共中央国务院关于实施乡村振兴战略的意见》（即一号文件），进一步指出："实施乡村振兴战略，是党的十九大做出的重大决策部署，是决胜全面建成小康社会、全面建设社会主义现代化国家的重大历史任务，是新时代三农工作的总抓手。"

作为规划设计专业人员，如何才能有效响应中央提出的乡村振兴号召？在十九大提出的二十字总要求中，只有"生态宜居"这一条是跟规划设计专业直接相关的，其他四条都不能让规划设计人员直接发挥专长。面对这一"困境"，笔者认为，要抓住广大乡村面临的一个核心问题，即城镇化带来的乡村空心化进而导致社会整体对乡村的"需求失效"，才有可能打破僵局。

面对乡村的"需求失效"，规划设计人员至少可以做以下五件事。

1. 通过乡村文化资源的价值挖掘和深度研究，探索它在现代中国社会中所可能占据的文化地位，以及可能与之形成对接的现代生活方式和产业品类，并以此确定该地乡村振兴的主题。本文认为，只有在文化上够高度或产业上够强大的主题，才可能对抗乡村的空心化趋势。

2. 围绕上述文化或产业主题，进行有针对性的乡村规划和设计。

3. 和地方政府以及合作机构一起，开展持续的宣传推广。

4. 制订村民培训计划，鼓励和支持新老村民在村内进行尝试性的商业化与非商业化运营。

5. 策划事件。事件（Event），是容易被以往规划专业者忽视的一个环节。它是有效获取社会关注的一个途径，而社会关注又是应对乡村"需求失效"的重要力量。

本文的作者及其工作团队，在过去的几年尝试以"村里开大会"作为事件，来整合相关资源，推动乡村规划设计项目的落地实施，推动乡村的文化品牌建设，从而实现村落保护和乡村振兴（罗德胤，2018）。“村里开大会”的大会，正式名称是乡村复兴论坛，开始于 2016 年 4 月，迄今已在全国不同地方举办了九次。本文是对这九次会议事件的总结与思考。

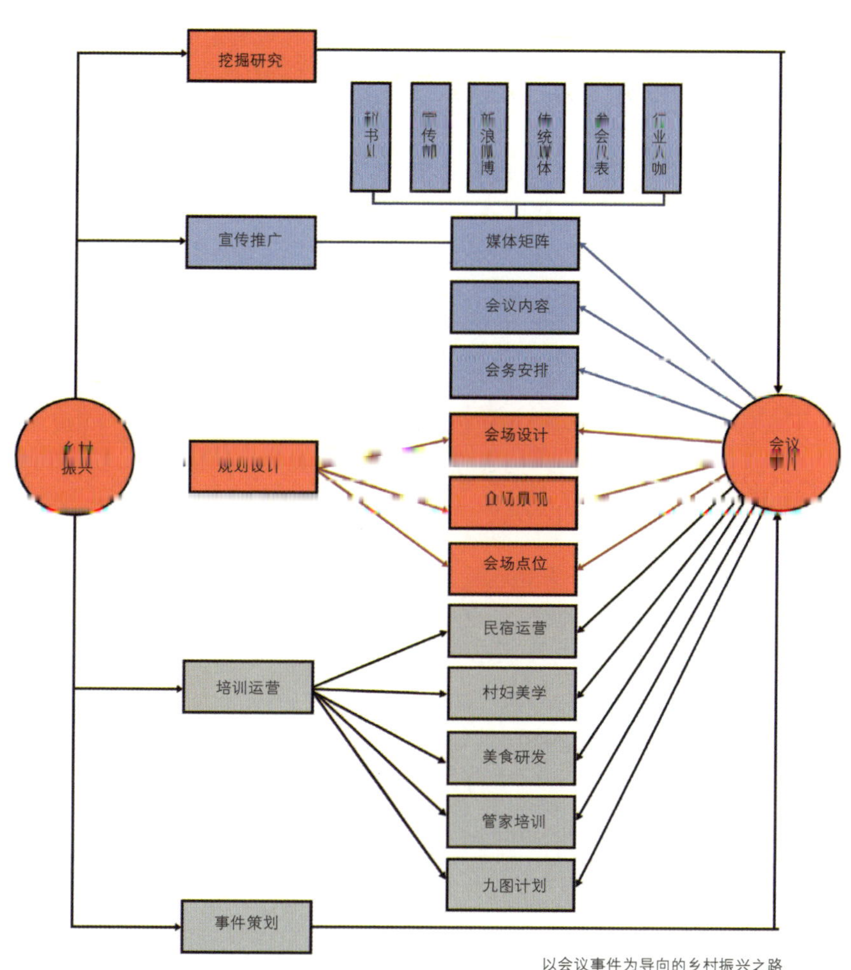

以会议事件为导向的乡村振兴之路

二、会议事件回顾

乡村复兴论坛的设想，缘起于 2015 年 11 月在乌镇举办的第一届古村大会。早在会前，组委会就有过是否可以将此次大会安排在某个村落的设想。但是在当时，能容纳 500 人大会的村落几乎是没有的，所以组委会退而求其次，选择了一个镇。第一届古村大会取得了很好的成效，成为一个现象级会议。这让我们对举办会议有了经验和信心，也重新评估了“在村里开大会”的想法，并且找到了愿意合作的地方政府。

乡村复兴论坛的第一次会议，于 2016 年 4 月在河南省新县的西河村召开。截至目前，会议共举行了九次，分别是在河南新县（西河村）、贵州桐梓县（中关村）、贵州台江县（交宫村和红阳村）、山东日照市（山海天景区）、广东梅县（侨乡村和松口镇）、陕西留坝县（城郊花海和火烧店镇）、福建永泰县（竹头寨和月洲村）、广东大埔县（百侯镇和北塘村）和山西沁源县（河西村化肥厂、韩洪沟村、黑峪村）。每次会议的正式会期是两天，参会人数在 350~500 人左右。

整体来说，历次会议的成效可概括为以下几点：

1. 促进行业交流

乡村复兴论坛邀请来演讲的嘉宾，都是在乡村振兴领域的各个行业有所建树的专业人士。借论坛这样一个机会，不同行业间可以彼此沟通了解，拓宽想法。

2. 培训地方人才

乡村复兴论坛的一半名额是分配给当地的，目的是把乡村振兴领域最前沿的知识和经验，传递给较少有机会外出学习的当地村镇工作者。

3. 提升乡村人居环境

通过针对会议会场、路线的规划设计及落地实施，村落景观环境和相关服务设施可得到明显提升，由此提高村民生活质量。

4. 引发社会关注

通过会议举办和会议期间的多渠道宣传，举办地会受到来自社会各界，包括乡村建设专业人士、政府官员、媒体单位、投资机构等相关方的广泛关注，有效提升知名度。

5. 发动村民参与

在规划设计阶段，村民参与落地实施可帮助恢复和提升他们对乡村的归属感。会议还可能带来后续的培训运营，这有助于在村内形成有效的管理运营模式，使村民切实参与到乡村的后续发展和治理。

6. 吸引社会资本

通过举办会议，村落的知名度和基础设施得到有效提升，这有可能吸引来社会资本，为村民提供新的就业、创业机会。本文作者提倡的观点，是在村落保护和乡村振兴事业中应主要吸引中小型资本。相较于大型资本不允许失败的强大压力和不得不追求利益回报的商业诉求，中小型资本更加具有多样性和创造性，更容易赋予地块活力（Florida，2002）。我们建议在一个村落中同时引入若干个中小型项目，这个做法相较于一体化商业建设的大型资本，因为其数量较多，出现相对更高（罗德胤，2016）。

三、会议内容与会务

高品质、具有时效性的会议内容和专业化、流畅的会务服务是评估会议成效的重要标准。乡村复兴论坛除了作为一个会议事件给村落带来活力外，其会议内容与会务安排可以起到培训村镇干部，助推乡村发展的效果。

1. 会议内容

内容是会议的核心。乡村复兴论坛的受众主要是在乡村振兴领域开展工作的相关人士、地方干部和潜在投资者，会议内容是围绕这些参会者的实际需求而展开的。论坛包含不同板块，便于参会者重点选取与自己领域相契合的内容，有针对性地参与学习。为了保证会议质量和参会者有所收获，论坛对演讲邀请第一看中的是他（她）近期在乡村建设事业中，是否做出了让与会者感到有启发性的案例，其次才是名声和地位。

论坛主办者安排出了较多时间，去考察全国各地不同类型的乡村振兴案例，以便跟踪和掌握乡村实践领域的前沿信息，并从中选择论坛的演讲人。另一方面，论坛举办地的政府也会推举在当地乡村振兴领域中有突出贡献的专家，作为演讲嘉宾。

2. 专业会务

一个成熟的会议，离不开一支专业化的会务团队。针对会议各个环节，会务团队进行持续的优化和创新，以不断提升会议的效率和体验感。这些环节主要服务于两个目的。一是维持论坛风格的统一性和独特性。乡村复兴论坛每次都在不同地方举行，需要会务团队保证论坛在对外形象上的统一性，并且始终保持自己的特色，不断强化会议品牌。二是要深入了解会议举办地的文化资源与场地条件，对可能出现的各种问题做出预判，并且做好应对的方案，以保持会议全程的顺畅。

四、挖掘研究

挖掘研究主要是指在进行会议举办地的前期考察时，要对当地资源和特质进行深入学习和挖掘，提炼出当地特色，以便在会议举办时加以利用，借此强化地方文化品牌。这主要包括三个方面：当地已有文化资源的推广、地方文化产品的研发和借会议事件创造地方品牌。

1. 已有文化资源推广

有些会议举办地可能已经具备一些优质的文化资源，需要借会议进行推广。举例来说，张良在论坛举办前就已经是陕西汉中留坝县的文化 IP。留坝有一座张良庙，庙宇内有一座“英雄神仙”碑，是 1919 年由地方军阀管金聚书写的。这四个字确实是对张良一生最简要的概括——他在成为英雄之后，又能够实现成为神仙的人生转化，很值得后代文人学习。顺着这个思路，我们重新设计了会议用的胸牌——用“英雄”来代替“演讲嘉宾”，用“神仙”来代替“参会代表”。同样是这个思路，我们在留坝会议期间的一个晚上，在张良庙里举行了两个小型的专题夜话，一个就叫英雄会，另一个就叫神仙会。

2. 地方文化产品研发

这方面可做的尝试是非常多的。比如，论坛通过和台湾美食家王翎芳老师的合作，在梅县和留坝的两次会议上都进行了当地食材的挖掘和研发。王翎芳老师还对当地厨师和村妇进行了培训，由后者制作出美食。这些地方产品可以作为特产进行售卖，也成为自带流量的纪念品。

张良庙“英雄会”© 乡村复兴论坛组委会

梅县“翎芳宴”© 乡村复兴论坛组委会

3. 借会议创造文化品牌

论坛在宣传推广上的放大效应，成为创造地方文化品牌的契机。福建省永泰县借会议的举办，强化了“永泰庄寨”作为一种新的传统民居建筑类型在专家和公众认识中的地位。永泰县文化部门在举办会议的前期，对本县文化资源进行了深入挖掘。他们发现历史上一位颇有名气的御医——力钧，是出生在永泰县，于是借会议举办的机会，研发了以“力钧宴”命名的一套药膳美食。

五、规划设计

与会议事件相结合的规划设计，与通常的规划设计工作模式有所不同。这样的规划设计具有以下特点：一、有明确的时间完成节点；二、有确定的基于会议事件同时也利于未来使用的设计项目；三、设计项目要有针对性和话题性。

1. 会场设计

会场设计主要包括三种情况，即临时搭场、改造会场空间和运用现有建筑。

临时搭场，适合于拥有良好自然景观的场地。在此类场地，参会者可以感受当地景观，提升景观感染力。留坝的会议，第一天是在花海中进行的；日照的会议则是在海边的沙滩上；台江的会议，两天分别安排在风貌不同的苗族村寨。搭棚的组件在会后收好保存，再供其他会议重复使用。

搭建在村内的会场，还有一个好处，那就是当地村民也会来“参会”。由于语言不通和文化背景等原因，村民们或许并不能全面理解会议的内容，但是他们只要在场就定能感受到会议事件给乡村带来的变化，这已经是一种参与。

留坝峰会第一天在花海中举办 © 罗德胤摄

改造会场空间，主要是对村内既有较大型建筑进行修复和改造。这样的会议空间，可以提供良好的空间体验。会议结束后，这些建筑可以用作村民中心、游客服务中心或乡村博物馆等功能。截至目前，乡村复兴论坛使用过的改造会场包括河南新县西河村用粮库改造的村民中心、贵州桐梓县中关村用烤烟大棚改造的村民会议厅、陕西留坝县火烧店镇用老供销社改造的游客服务中心、福建永泰县竹头寨用一个大型庄寨建筑改造的文化研究中心和广东大埔县百侯镇用一个老影剧院改造的多功能博物馆。

竹头寨上寨原貌 © 陈曦摄

竹头寨上寨的卧云庄，是一座防御与居住并重的大型传统民居，具有鲜明的地域特色。2017 年 11 月，乡村复兴论坛组委会和福建省永泰县村保办经过协商，将竹头寨卧云庄确定为永泰庄寨峰会的首日会址。我们对保存相对完好的主座进行了修缮，尽量保留其原貌；根据现场遗留的台基，我们按原有布局复建了厢房和倒座房；中间的天井，则在会议期间加上临时的玻璃顶，成为容纳 500 人的会议空间。这次会议的会场空间，给所有参会者留下了非常深刻的印象。

上寨会场室内 © 覃江义摄

2. 会场景观

会场景观指的是会场附近的景观，其规划和设计主要围绕参会者的进入线路和开会场地而进行。彻底全面地优化乡村的整体风貌，在中短期之内通常很难实现，因为需要巨大的资金和人力投入。我们需要将这个“终极目标”，分解为若干个“阶段目标”，这样就可以在每一个阶段内将有限的资源发挥出可见的效力，为下一阶段目标的实现打下基础。会场景观，可以扮演这个阶段目标的角色。围绕会场及其进入路线来做景观，可以在较短时期内让村落部分区域的环境得到明显提升。它在保证会议效果的同时，也改善了村民的生活环境，并且优化了访客的心理体验，从而让民众和政府在一个较短时期内获得可以感知的成果。

以梅县侨乡村为例，我们为会场景观所做的工作主要有以下几项。首先是会场附近的农田景观。由于村民外出打工等原因，有部分农田被抛荒了。这在乡村景观上是一个损失。会前的一段时间，通过当地政府和村委会的协调，这些农田的主人将使用权转租给了其他村民，使得农田都种上了水稻或者蔬菜，从而恢复了完整的农田景观。其次是村内主路，并不需要加宽，但是要改善路基，过窄的地方要尽量设法补齐宽度，以便车辆能安全顺利地通行。其次，会场周边的慢行系统也要改善，包括街巷小路和溪边小路，还包括部分田埂路。它们可供村民日常使用，同时要和主路相接，形成步行或骑行环线，还能连接起重要的建筑与景观节点（王芝茹；罗德胤，2018）。

3. 乡村景观

这里说的乡村景观，是指会议所在村落的整体景观。比起会场景观，乡村景观的范围要大得多，其规划设计要遵循低干预的“弱景观”设计原则，以最大限度地降低成本。主要包括三方面：其一是设计师角色的弱化，而从景观设计者退让为发掘者，发掘出被掩盖的传统村落潜力景观。其二是设计强度的弱化，注重对传统村落景观优越资源的恢复性、引导性，弱化设计师人为的创造性，慎重引入非原生的景观元素。其三是设计实施成果的消隐性，即设计后的景观隐藏于村落环境之中（李君洁；罗德胤，2018）。

新县西河村，经过设计的沿河景观 © 覃江义摄

4. 景观节点

景观节点指小型的花园或凉亭，通常设立在会场景观之中或附近，在会议期间可供参会者使用（参会者在景观节点内的拍照活动，也是一种有效的宣传）。对于现状条件较差但区位合适的节点，设计师可采用干预性强一些的设计策略（李君洁；罗德胤，2018）。重要的景观节点，应兼具观赏性和功能性，如竹头寨的旱溪花园平时是没有水的，但是在雨天可以满足排水功能。

旱溪花园 © 李君洁摄

5. 景观照明

乡村景观照明应遵循三个原则：其一是尽量减少灯具对乡村风貌的影响，最好做到夜晚只见灯光不见灯的效果。其二是当灯具无法隐藏时，其造型应与村落风貌相符。其三是在满足基本照明的情况下，尽可能维持一种静谧感强的夜景暗环境。在遵循这三个原则的情况下，景观照明的设计应围绕村庄特色进行。对于建筑特色较突出的村落，景观照明应服务于展现和凸显这种特色。在会议举行期间，为了保证参会者的安全，可添加临时射灯增加亮度。

竹头寨夜景鸟瞰 © 黄文浩摄

0. 亮点工程

亮点工程是指围绕会议所需，在会场附近选取几个点位进行重点设计，包括改造为会场的建筑、茶室、咖啡馆、书吧等。这些点位的作用除了满足会议、休息、交流的实际功能之外，还重在提升参会者的现场体验。在会后，它们可用于商业经营，提升当地经济效益，或用作文化公益，提高村民生活水平。

良好的会议体验，可以帮助参会者提高会议的学习效果。为此，会场点位应保证空间设计的美观与舒适，要给参会者留下深刻印象。当参会者愿意拍照分享时，会在很大程度上提升会议和地方品牌的宣传力度。

亮点工程也是探讨赋予老旧建筑新用途的有效方式。比如，借永泰庄寨峰会之机，设计团队将竹头寨一栋废弃的筒楼改造成了书吧。这座原本是防御用的小型建筑，在保留其防御建筑特性的同时，在功能上变成了一栋文化公益的建筑。它在为当地村民提供阅读和交流的场所的同时，也为旅游者提供饮品茶点。

亮点工程的后续运营，仍是需要妥善解决的问题。目前主要有以下三种用途：其一是供中小型机构入驻使用。其二是供村民自己经营，这种方式通常还需要非营利组织村民培训，在村民熟悉业务后再开展。其三是用作社区营造，成为村民日常使用和共享的场所。

由村民自己经营是比较理想的后续运营方式。它可以在为村落带来经济收益的同时，吸引在外打工者回乡，这在一定程度上可以缓解乡村空心化的问题。亮点工程的建筑，可以兼顾商业用途和社区共用。

月洲村咖啡馆“竹洲有月”© 覃江义摄

六、宣传推广（媒体矩阵）

会议相关的宣传推广，主要目的是产生爆发效应。为此，不同方式的宣传机构和宣传者可共同发力，形成媒体矩阵。这些机构和人员包括论坛秘书处、当地宣传部、新浪微博、传统媒体、参会代表、行业大咖等。他们在各自领域，发挥出各自的作用。

秘书处和当地宣传部在会议举办前大约三个月，要举行一次新闻发布会。从新闻发布会召开的那天开始，会议的宣传工作就正式拉开了序幕，此后就会逐渐加快宣传节奏。随着会议临近，宣传推广的力度继续加大，从一周一次到后期一天一次，最后达到爆发的效果。宣传的内容，除了会议本身外，还包括部分演讲嘉宾的经验分享和地方资源的挖掘推荐。

新浪微博已经签约成为乡村复兴论坛的独家新媒体。在会议进行期间，新浪微博会对论坛进行高密度的推广，将论坛在新媒体的影响力提升到最大。传统媒体如报纸、电视等，也会从传统的渠道进行宣传。

参会人员也是重要的宣传力量。所有参会人员，包括参会代表、演讲嘉宾、工作人员、志愿者等，在会议期间可能因为演讲者的某个观点、设计上的某个细节或者接待上的某件小事而被打动，并将其分享在网络上。这样的宣传，单个地看可能力量是不大的，但是集中起来同时出现，就会产生很可观的效果。

当地以及附近的乡镇干部，会以个人或组团方式来参会学习。他们回到工作岗位后，经常以学习心得等方式交流和传播会议内容和嘉宾观点，这会大大地提高论坛在当地县市的影响力。

行业大咖对论坛的认可，可谓是在专业领域内的最好推广。他们对会议内容的评论和对演讲嘉宾的反馈，经常会引发行业和社会公众对会议的二次关注，这有利于延长论坛的宣传时效。

七、结语

中农办原主任陈锡文认为，乡村振兴的核心任务是乡村功能的复兴和发扬，这主要包括农产品供给，生态和谐和文化传承（陈锡文，2010）。三农专家温铁军也认为，产业兴旺是五项总要求中的第一要素，通过一、二、三产业融合发展，展现乡村文化功能、发展创意农业和制度创新，可有效实现产业兴旺，也间歇性地响应了乡风文明和治理有效的总要求（温铁军，2018）。

本文针对乡村需求失效的问题，探讨了以“村里开大会”的方式，采取有的放矢的策略，达到村落保护和乡村振兴的目的。通过举办会议，将挖掘研究、宣传推广、规划设计、培训运营和事件策划这五个方面统筹在一起，共同发力，并且互相支撑。

挖掘研究的作用是寻找当地乡村的文化特色与潜在产业，并以此制订会议和规划主题。这一步对于乡村振兴二十字方针中的“产业兴旺”，是非常关键的，对于“乡风文明”也有重要意义。随后，规划设计要围绕该主题，策划和选择合适的工程项目，并且在较短时期内集中资源，完成项目，做出乡村发展的阶段性成效。这一步对于“生态宜居”的实现，有着重要作用。在会议期间，通过媒体矩阵所形成的爆发效应，使得会议举办地及其新近完成的设计项目，获得最大程度的推广宣传。这一步对于“产业兴旺”和“乡风文明”，都是一个强大的助推。

目前，乡村复兴论坛已经举办九届。通过九次“村里开大会”的经验积累，我们对于会议的前三个环节（即挖掘研究、宣传推广、规划设计），已经基本上能做到系统化。对于会议的后两个环节（即会后的持续运营和事件策划），虽然还处于探索阶段，但也已经取得了局部的有效经验。

论坛的第一次会议举办地——河南新县的西河村，在乡村旅游的成效上是收获颇丰的。对西河村近几年来的发展，当地村民普遍有“翻天覆地”的评价（这主要指的是村庄环境、经济水平和文化自信，不是指村落内的文化遗产），省级与中央媒体对于西河村的报道也保持了相当高的频次；在西河村、田铺大湾、丁李湾等村的带动下，新县作为将军县和大别山山区县的文化品牌，也已经具有了全国的知名度。

论坛的第二次会议举办地——贵州桐梓县的中关村，在最近两年由于有社会工作者进驻，也表现出持续向好的态势。第三次会议的举办地——贵州台江县红阳村，村民们在会后自发地延续了乡村旅游业，尤其在每年的暑假期间都能获得比较可观的收入。第五次会议的举办地——广东梅县侨乡村，在会后即有专业团队与村集体开展持续的合作运营。第六次会议的举办地——陕西留坝县，利用会议事件强化了“大秦岭山区县”的品牌，并且在开会的一年之后落户了“隐居乡里”的民宿品牌，开业两个月即成为汉中市以及陕西省的热门目的地。第九次会议的举办地——山西沁源县，尽管是最近一次开会，但是目前已经确定有两家全国知名的运营机构进驻（隐居乡里和宿集）。

2020 年，第十届乡村复兴论坛将于河南修武县的大南坡村举办。结合前九次的开会经验，我们为修武县大南坡村的这次论坛进行了全方位的预先布局。在会前一年左右的时间，已经确定有五家机构将会联合进驻：清华同衡村落所，承担了村落规划与老村部的改造设计；隐居乡里，承担了民宿设计、运营与村民培训；明月村乡村研究社，承担了社区营造；左靖工作室，承担了地方文化挖掘与策展；翎芳魔境，承担了乡村美食研发与运营。这五家机构，将会用不到一年的时间营造出一个与众不同的大南坡村。

我们相信，“村里开大会”作为一个整合资源，推动乡村振兴的尝试，已经具备相当的现实意义，也开始显现出一定的理论价值。

志愿者在贵州桐梓县中关村教村内儿童做手工 © 吴江摄

参考文献：

1. 陈锡文．实施乡村振兴战略，推进农业农村现代化 [J]. 中华儿女，2018(13)

2. 陈锡文．资源配置与中国农村发展 [J]. 中国农村经济，2004(1):4–9.

3.Florida R. The Rise of the Creative Class: And How It's Transforming Work, Leisure, Community, and Everyday Life[J]. Canadian Public Policy, 2002, 29(3):90–91.

4. 李昌平．乡村振兴最核心的任务是增加农民收入 [J]. 人民论坛，2018(21).

5. 罗德胤．村落保护：关键在于激活人心 [J]. 新建筑，2015(1).

6. 李君洁，罗德胤．传统村落需要“弱景观”——关于传统村落景观建设实践的探索 [J]. 风景园林，2018(05).

7. 罗德胤．在路上——中国乡村复兴论坛年度纪实（二）[M]. 中国建材工业出版社，2018.

8. 王芝茹，罗德胤．会议事件推动下的传统村落保护与更新研究——以广东省梅县区侨乡村为例 [J]. 城市住宅，2018,286（25）.

9. 温铁军．生态文明与比较视野下的乡村振兴战略 [J]. 上海大学学报：社会科学版，2018.

10. 温铁军，杨洲，张俊娜．乡村振兴战略中产业兴旺的实现方式 [J]. 行政管理改革，2018.

往乡村导入城市资源，向城市输出乡村价值

——三种文艺乡建模式的探索

Importing urban resources to rural areas and exporting rural values to urban areas

—Importing urban resources to rural areas and exporting rural values to urban areas

左靖：

策展人，乡村建设者，出版人。

在真正进入农村前，我对它的全部认识还停留在过去的经验而非体验上。这些经验的来源，包含在我这几十年来所接受到的有关农村的教育之中，是各种虚构或非虚构的存在。还有，我周遭来自农村的人们，他们对农村的真切描述：赞美、贬斥，抑或介于二者之间。其中，以当我还年少的时候，父亲对我的训诫最难忘怀——农村，是你不好好努力，就会被“发配”去的一个地方。简单地说，在从事农村工作之前，我不懂农村，也不懂农业，更不懂农民。

一、碧山

一眨眼，自2011年我们以“碧山丰年祭”的名义空降安徽省黟县碧山村迄今，已经有7年时间了，如果加上之前断断续续的筹备期，也差不多有10年。在最初那段时间里，被我们奉为圭臬的是梁漱溟、晏阳初、卢作孚、陶行知等乡建前辈的著述和行动，甚至我们把“谱系”上溯到米春明、米迪刚父子

村民们在工销社看黄梅戏

在河北定县的“村治”；但真正对我们行动产生直接影响的是台湾高雄的“美浓黄蝶祭”和日本新潟的“越后妻有大地艺术祭”。所以，在严格意义上，“碧山丰年祭”是后者的一个中国版本。这几年发生的事情很多，如果拿一件一以贯之的工作来谈，那只有从黟县百工到碧山工销社了。

碧山工销社信息栏

2011 年 7 月至 2013 年 10 月，我带领 10 多位安徽大学的学生历时两年多，经过近 10 次田野寻访，记录下 90 项安徽省黟县的民间手工艺（百工）。2014 年 6 月，《黟县百工》由金城出版社出版。在随后的几年时间里，黟县百工项目参加了包括第 15 届威尼斯国际建筑双年展中国馆在内的数个国内外展览。从百工的调研，出版到展览，[illegible]。出版和展览属于传播范畴，通过传播搭建桥梁，勾连起设计师与手艺人，提出设计和工艺改进的理念，以及在地化等问题，实现价值的融会与转换。这在《黟县百工》序言中，我就有提及。也就是说，碧山工销社的落地，本就是 2011 年黟县百工调研伊始的应有之意，每一步都是之前的预设，这也是我在贵州的茅贡计划中提到的，关于乡建的三个生产中的第一项——所谓的空间生产。这便是碧山工销社的缘起。

碧山工销社店铺

碧山工销社首展“早春二月”现场

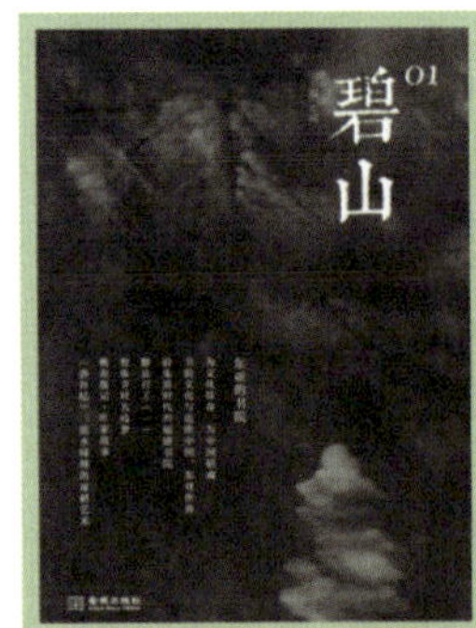

《碧山》杂志

2018年对碧山工销社来说，是非常关键的一年。5月，碧山工销社参展第16届威尼斯国际建筑双年展中国城市馆。9月，碧山工销社的第一个城市窗口——西安店开业，尽管最初是以展览的形式——“碧山工销社：从乡村到城市”。往乡村导入城市资源，向城市输出乡村价值，是我制定的整个乡建路径的一个闭环，西安店的开业意味着这个闭环已经初步建成。10月，我们和日本的D&DEPARTMENET PROJECT合作，开设了该店在中国的首家店铺。但，D&D与碧山工销社的合作内容不仅局限在店铺销售，除了介绍长冈贤明先生和团队精选的日本国内外的“长效设计”生活用品，还包括发掘中国的“长效设计”产品和具有黄山当地特色的产品，计划针对黄山地区地域特色进行长期调研和互动，编辑出版《d设计之旅·黄山》，组织面向世界的黄山、徽文化游学活动和国际手工艺交流展等等，使得D&D黄山店成为关注地域设计发展的综合活动空间。

那么，这些工作对当地产生了哪些影响？是否只是一群掌握了知识权力的人，借助农村场域进行的一种自嗨行为？我们煞费心思的空间改造、文化植入和产品流通，真的还是几十年前梁漱溟先生哀叹的那样“乡村运动而乡村不动”吗？答案是否定的。事实上，农民是极富生活经验的一个群体，对周遭世界敏感，能够对事物做出符合自己利益的评估，并很快找到可用于提升生活品质的机会。举个最显著的事例，在我们去碧山之前，整个村除了村口一家农家乐，再无别店。截至2018年11月，碧山村共有民宿40家左右，这在一个不收门票的普通徽州村落，算是一个奇迹了。

每个立志去农村工作的人，心里都会有一种与农民群体生活融为一体的愿望，因为这“政治正确”，且难受到非议。但，从近十年来的经验来说，我得承认自己做不到。“融入”农村社会，既与个人的性格攸关，又需要高超的技巧。再说，哪怕在城市，你也不可能要求每个人都去图书馆、歌剧院。偏偏在农民跟前的样子既不体面，事实上也不真实。我相信的是，平等的合作，潜移默化的影响。当然，我们必须做得足够好，具备足够的影响力，才能在文化上有所改善，这就需要一个很长的时间段。在农村，我们做的工作只是一种文化上的“微更新”，是影响而不是教化，此外，文化浸润的速度会特别慢，在某种程度上微不足道，因为大家最关心的是经济，而非文化。文化和艺术介入乡建，只是诸多方式中的一种，是一种特殊的思想与行动的方式，我们不可能——也没能力——面面俱到。但舆论会对我们提出超出能力和范围的要求，同时，我们还得承受各种无法辩解的误会——这就是农村粗粝的现实。

二、茅贡

2017年8月，当我们收拾完杂乱的茅贡供销社，把“米展”呈现给大家之后，我不会想到，那可能是我最后一次在茅贡工作了。

时光倒流到2015年5月，在元典美术馆“乡建在中国：碧山 & 许村”开幕的第三天，我和一群乡建工作者经过十几个小时的长途跋涉，辗转来到黔东南苗族侗族自治州黎平县茅贡镇地扪村。我没想到，这一意外的造访，使得我在贵州又开启了一种完全不同于碧山的乡建模式。地扪是一个非常特别的村子，早在2005年初，任和昕，前著名媒体的财经记者，就在黎平县地扪村创办了中国第一家民办的生态博物馆并担任馆长。生态博物馆一词来自20世纪70年代的法国，有点类似文化保护区的概念，在注重对村落生产生活的纪录和文化传习的同时，引入村民参与村落管理，强调村民是文化真正的主人，鼓励他们以民主的方式管理自己的文化，并依照可持续发展的原则利用自己的文化造福于社会。当然，这个西方概念传达的是种理想的状态。理想与现实总是相隔着一条无法越过的奔涌的河流，这也使得任和昕在当地的实践饱受争议。

经过一年十余次的探访后，我逐渐与任和昕馆长达成了在地扪生态博物馆的“管辖”范围，也即茅贡镇的行政范围内，开启被我称之为乡镇建设的茅贡计划，并且把最初的工作放在茅贡镇——一个管辖15个行政村的中国最基层的行政机构所在地。也就是说，我们把所有的资源都放在茅贡镇上，通过空间生产、文化生产和产品生产，开创一种混杂的文化经济模式，使外来的资源在乡镇所在地集中和生发，同时，当地的资源不再流失或者外溢。把内（在地的资源）与外（社区设计和商业模式）两个方面勾连起来，使乡镇的文化和商业功能足够强大，以便向周边村寨辐射。村寨有条件地接受适度的观光需求，不承载过度的旅游开发，最终使乡镇成为物质生产和消费、文化生产和消费的目的地。在我看来，乡镇建设的真正用意在于，通过合理规划和发展村寨集体经济，严格控制不良资本进村，保护好村寨的自然生态和社区文脉，以及乡土文化的承袭与宣传。在此基础上，可以考虑发展可持续的艺术形式，比如与在地文化相关的公共艺术等。经过若干年的努力，实现传统村落、生态博物馆、创意乡村和公共艺术的价值叠加，带动当地的文化和经济发展。

在空间、文化和产品三个生产中，空间生产先行。我的老搭档、建筑师梁井宇接受了我的委托，把镇上一个废弃很久的粮所进行改造，这是一个具有挑战性的专案，也是茅贡计划的开启之作。如何将茅贡镇作为辐射“百里侗寨”（以茅贡镇为中心，方圆百里有30多个中国传统村落）的商业、服务中心，承接前往原生态侗寨旅游的外来人流的消费，以及成为周边侗寨的农产品和手工艺品等产业的聚集地，同时减少在侗寨内部为扩大旅游接待能力而导致的破坏性发展压力，是茅贡计划的努力方向。对于乡建的态度，梁井宇要务实得多，在他看来，做乡建其实是要最大可能地和当地发生更多的经济

李玉祥：1980 年代的侗族乡土建筑

交换。就改造当地木结构建筑的角度来说，采购当地的木材，当地的林业农民就有可能获得更多收入；用当地人都会的建造手艺，农民在农闲的时候就可以相互帮助建房，可能因此也不需外出务工，家里的孩子也可能避免成为留守儿童。这时候的乡村才被真正的建设，而不是说一个建筑师在村里盖栋房子就算乡建。他的想法虽稍显理想化，但对我触动仍旧很大。与此同时，我又读到了南京大学历史系教授马俊亚的一篇文章《有实无名的乡村建设》，大意是，江南的一些工商业者早已在实践中完成了知识分子乡建派所追求的一些目标。由于他们没有标榜自己为乡村建设运动，这些工作没有获得应有的重视。这些工商业者拥有强大的经济资源，往往秉承中国传统的修齐治平伦理，集其资财，造福一方。他们注重改良农村产业结构、发展农村教育，并运用经济手段保证各项措施的落实。他们从事乡建活动的深度和广度，甚至远远超过知识分子乡建派的设想。

粮库艺术中心开幕现场

现在看来，我们所做的所谓乡建，名为知识分子的一厢情愿，既无过硬的政府政策资源，又没有强大的经济实力。虽然茅贡计划的最终理想之一是希望创造机会引导村民成为乡建的主体，以多种方式参与改造和发展他们社区的活动从而获得精神文化和经济上的回报，但在2017年的米展过后，由于缺乏资金，我们的计划陷入了困境。即便如此，时至今日，我仍然坚持认为，茅贡计划不失为一种适用于黔东南地区的传统村落保护模式，虽然我们离开了，但希望它并不成功的经验能够给后来者以启发。

三、景迈山

2016年10月，我们接受了云南景迈山古茶林保护管理局的委托，开始对景迈山地区进行乡土文化梳理和展陈工作，其中还包括部分新建建筑的设计和传统民居的室内改造，所有内容都属于景迈山千年万亩古茶林申报世界文化遗产工作的分支。这是一个正式委托的政府项目，整体上以文化梳理为基础，内容生产为核心，服务当地为目的。与我在碧山和茅贡不同的是，这次的工作有一定的资金保障。

茅贡米展

茅贡米展室外展区

2017年10月，作为一个阶段性的成果，“今日翁基”展在景迈山的翁基村开幕。针对当地村民受教育程度不高的情况，我们用绘本、图表、摄影和影像等表现形式，这样比较容易被当地人接受。一开始，我就把景迈山的展陈设定为地方性知识的一个通俗的视听再现，是一个“乡土教材”式的展览，通过展陈让村民，尤其是孩子去了解自己村寨的历史和文化，通过这种方式来实现乡村教育的功能。另外，在一年的调研过程中，通过近距离的接触，我们发现了当地人的活力。景迈村寨跟我们常接触的内地一些空心村非常不同，比如，芒景村和景迈村都是人口净流入村，各类人才不断向景迈山集聚，村寨的生产和生活生气勃勃。据我们经济组（来自安徽大学的农村经济专家）的调研，近年来，景迈山受益于古茶树茶产品价格的持续上涨，实现了农民收入的较快增长，农村居民可支配收入远高于其所属的惠民镇和澜沧县的农民收入。2017年，景迈山农村居民人均可支配收入达到2.54万元，是惠民镇的3.86倍，是澜沧县的3.33倍，其中，芒景村人均可支配收入达到1.2万元，而景迈村由于可采摘的古茶树更多，茶叶品质更好，人均可支配收入更是达到了3.6万元。农民收入较快增长和农民企业家群体的形成，不仅增强了农民的消费能力，也让农民更有余力和能力参与管理村级公共事务。这使得我们打破了最初的一些预设，不断调整工作方向。我们意识到：要在工作过程中不断增强村民的参与度，某些方面应该让村民来主导，展陈的内容也要随本地的发展共同“生长”。也就是说，“今日翁基”展，乃至以后在景迈山展示中心的“景迈山”展，都是可以不断进行更新的。我们团队希望能一直跟踪这个项目，和当地政府、村委会和村民一起协商，发展出一种可持续的模式，而不是项目“结束”了，我们就离开，然后一切又“回到”从前。目前这个想法已经得到相关部门的认可，正在进一步的落实过程中。

近十年来，我从一个“不懂农村，也不懂农业，更不懂农民”的艺术从业人员，到现在居然也慢慢摸索出一套乡村建设的体系和方法，这中间经历了太多的坎坷与艰辛。好在失之东隅，收之桑榆。虽然有些事情无疾而终，但我相信所有的工作都不是白做的，都让我在其中历练自己的意志与决心。如果说，在碧山我们着力于民间手工艺在当代的复兴，初步建立起一个集调研、展览、出版、游学、店铺，以及联结乡村和城市精神与物质需求的闭环；在茅贡“发明”了一种传统村落的保护模式，并提出空间生产、文化生产和产品生产三种具体的工作步骤；那么，在景迈山，“乡土教材”是其中的关键词。

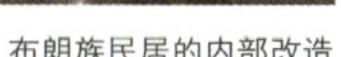

布朗族民居的内部改造

布朗族民居的室内改造

并且，我乐于在项目结束后，积极争取其他的社会力量，和他们一起继续参与当地的建设与发展。“持续参与”成为另外一个关键词。我希望我们的工作能够真正服务于当地社区，努力创造各种的条件，增加村民对自己家园的认识以及出力的参与度。然后，真正管理甚至主导建设和发展方向的应该是当地村民，或许再加上我们。大家共同来激发新的公共空间、文化和产品的生产，从而为增强地方的活力提供有益的思考和行动。对所有从事乡村建设的人来说，在地方政府的支持下，寻找一种可持续的发展模式，吸引社区成员参与，最后[illegible]应该是最终目的。

黄山西溪南村的“触媒”活化实践

——乡村产业与文化的“触媒”活化

Catalytic Regeneration Practices in Xixinan Village of Huangshan

—The catalytic regeneration of rural industry and culture

魏烨：

北京土人城市规划设计股份有限公司副院长。

佘依爽：

《景观设计学》编辑部主任。

中国拥有悠久而灿烂的农业文明，它们在乡村中沉淀与显现成丰富的物质和非物质的文化遗产。然而，在经历了近代中国30多年快速的城镇化之后，乡村发展日益缓慢，乡村遗产面临挑战；但同时，一波逆城镇化的趋势正在形成，北大俞孔坚教授将这股趋势定义为“新上山下乡运动”，即一种为追求新的生活方式而带来的新的人口流动趋势、新的城乡关系，继而影响新的土地制度、新的基础设施规划建设、新的乡村景观、新的经济与文化、新的美学，以及新的社会形态[1]。在俞孔坚教授的“新上山下乡运动”理念引领下，“望山生活”运营团队在黄山西溪南村开展了一系列乡村活化实践，以“诗意栖居慢生活”为理想，通过积极利用各方资源和一系列实践，寻找解决乡村复杂社会和经济问题的方法，将死的遗产变为活的资产，在当代产生新的价值，从而实现中国农业文明遗产的可持续保护和利用，真正实现乡村的复兴。

望山生活发现传统村落的保护和复兴关键之一在于激活。曾经辉煌的遗产村落往往有许多闲置的集体资产，如祠堂、粮库、学校、商店，利用这些资产引入活化遗产村落的“触媒（酶）”，植入有时代特色和活力的文化

西溪南村国家文物保护单位及其周边建筑

和产业，特别是创意文化和产业，是活化乡村遗产的关键。这些资产的首先利用，可以避免与村民的产权纠葛，保障投资者的利益。它们是激活遗产村落的关键“穴位”，使沉睡的遗产村落焕发青春，给沉闷的乡村生活带来激情，引发乡村的文化复兴。

西溪南村位于安徽黄山市徽州区西溪南镇，人口规模约3000人，坐落在新安江的上游丰乐河上。离高铁出口黄山北站约3千米，离北京的高铁时间约5个小时；杭黄高铁开通后，离杭州高铁时间约1.5小时，离上海的高铁时间约2.5小时。西溪南村在历史上是徽州地区农业文明的一个重要核心，文化遗产非常丰富，曾入选第3批“历史文化名村”。但这个号称徽州文化最为丰富的古村落，大部分青壮劳力外出务工，村里留下老人、妇女和孩子们，大量传统民居废弃。

西溪南村留守的老人和妇女

基于对“新上山下乡运动”的认识，俞孔坚教授及其团队认为它将是遗产村落保护和复兴实验的首选地。为此，团队通过融资，成立了一个实际的操作平台——“望山生活”于2014年正式开始践行遗产乡村改造。遵循秩序重建、本底精读、修补为用、触媒激活、比邻乡居、发展全域旅游这六个步骤，望山生活扎实地开展了保护与复兴工作。本文着重介绍这六个步骤之一的触媒激活部分。

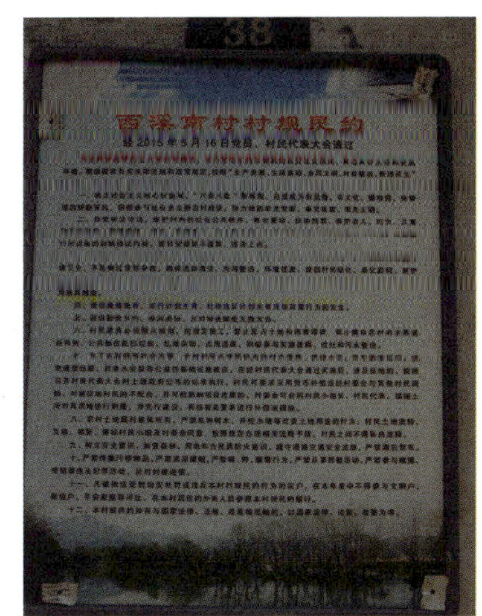

西溪南村的村规民约促进乡村秩序重建

在经历了秩序重建、本底精读和修补为用后，望山生活与西溪南镇政府及乡民，通过合约的方式，已正式建立长期合作关系，形成利益共同体，建立了共同管理遗产村落的机制。西溪南拥有非常丰富的文化遗产，包括水利、园林、建筑和非物质文化遗产四类。在这些基础之上，望山生活将当地的公社、学校等闲置集体资产，改造升级成为活化遗产村落的触媒，打造集文化交流、游学、精品设计酒店、特色产品、休闲农业等为一体的乡村文游综合体。在改造设计过程中，设计师尊重原有建筑布局和结构，保留了原有的遗产特征，甚至保留了原有的公社食堂锅台。用了“框”“填”和“加”的方法，修补旧有建筑，实现遗产建筑的保留、再生和再用，令其焕发生机，成为西溪南的新坐标。

丰溪八景——“古桐乔木”“梅溪书屋”“南山翠屏”“轴畴绿络”“清溪涵月”“西陇藏云”“竹林凤鸣”“山源春涨”，都和这片枫杨林有关。

西溪南现存水利遗产景观丰富，包括河道上的低堰，村中和田野边的水塘、村中的水圳等，以及由水、桥、大树、牌坊或亭台等构成的村落最重要的水口景观。

西溪南荷田里精品酒店之“框”。在原有的乡政府建筑基础上改造和再利用，甚至保留“并不美观”的建筑立面。

西溪南荷田里精品酒店之“填”。通过“填”的策略，将乡政府内部会堂改造成精品酒店的大堂。

随着环境、建筑逐一改善，望山得水居游一体的新型生活方式亟待被触媒激活，望山生活团队从以下四个方面入手，将产业和文化逐一注入。

水翁渔院

（1）栖·居部分。望山生活利用废弃的宅基地和闲置建筑，接纳城里来的新山乡人和引入服务业。目前，望山生活设计建造了钓雪园设计酒店（原丰干社）、荷田里精品民宿（原乡政府）、望山公社青旅（原西溪南小学）等，房间供不应求，吸引了城市游客，带动了当地的服务业，为当地居民做了很多良好示范，许多民宿应运而生。同时，得益于安徽省民居保护的“百村千幢”政策，已有多户来自深圳等地的“新乡民”在旧宅基地上修复或迁入民宅。这些乡村民宿和“新乡民”的新民宅成为触媒激活的物理载体，为其他系列活动提供了基础支持。

望山公社

（2）研·学部分。此部分主要依托望山生活的子品牌“土人学社”和“望山学院”展开。在美国哈佛大学、南加州大学、布法罗大学等全球名校资源的基础上，凭借团队丰富的行业经验和极具特色的当地生态环境，望山学院举办了上百场课程和活动，引导来自全球各地的学生、设计师和相关人士综合运用设计思维和科学方法，结合项目探究生态环境现实问题，寻找多样化的解决方案。代表的课程有土人学社系列工作坊、湿

由旧粮库改造的“土人学社”

地生态课程、古村寻宝课程、古建营造课程等。其中，西溪南村作为黄山市中小学生研学旅行基地，开发了“科普课程–项目式研学–创新科研”系统性、主题化的教育产品，以自然村落场景＋科学实验室（包括生态实验室、徽派建筑实验室等）和非遗学堂（徽墨、徽剧、徽雕、国学、版画等）的形式，引导学生拓展学科知识、探秘生态世界与人类文明。

“重走刘敦桢古建之路”高端学术论坛。全国6位建筑领域院士参加，故宫博物院院长单霁翔亲临西溪南。

“十人学社”举办地理设计国际研究班，哈佛大学教授指导，当地领导参与学习并结合当地实际举行规划研讨。

西溪南意大利音乐节

给孩子的建筑课——徽派建筑营造课程

系列亲子课程

（3）匠 · 造部分。望山文创和优农系列产品是该部分代表，团队引入标准化的现代企业管理体系，再造当地物产，并融入设计师创意，衍生出“设计大师草图丝巾”等特色产品，创意创新了当地传统乡村风物。

（4）行 · 旅部分。1952 年著名建筑学家刘敦桢先生开启史上第一次徽州古建筑考察，首站黄山西溪南村，由此，徽州建筑进入中国建筑史学研究的殿堂，成为中国传统建筑的重要流派之一。随着“重走刘敦桢古建之路”“徽州乡野跑”等特色旅行线路的策划与举办，建筑师、设计师、作家、摄影师等各行各业徽州文化的爱好者、关注者等群体集合于此，唤醒了沉睡和凋敝的遗产村落。

荷田里的“望山生活”和“[illegible]”的启动带来了城市里的观光客和栖居客，给村庄带来了活力

触媒的注入发挥了正向循环的刺激作用，带动了上下游的新增用地建设，新乡人和老乡人比邻而居，这样可以在原有遗产村落不被造成破坏的前提下，给村民带来服务业的收入以及文化和教育水平的提升，同时有利于带动遗产村落的环境和基础设施的改善。最终，以遗产村落为依托，发展全域旅游，包括：民宿发展、乡土美食开发、土特产品和乡土非物质遗产的发掘和利用、游览线路的组织和开发、环境解说系统的建立、艺术及设计展览及创意文化和产业的发展等等。通过遗产与新生活、新经济及新文化的联姻，带动遗产村落的全面复兴。在某种意义上，这是一种全域旅游的概念[2]，这是遗产村落复兴的最终目标。

在近代以前，年轻人通过耕读获取功名，离开乡村，老则叶落归根，诗酒故里，使乡村与城市得以近乎同步的发展，形成健康的循环关系。过去半个多世纪以来，由于城乡二元户籍和土地制度人为隔离了这种传统的、有机的城乡关系。耕读为了离乡，但叶落不能归根；乡村的精英只能出去，不能回乡，往日的乡贤不再，延续数千年的中国乡村文明日渐衰落，美丽的乡村日趋衰微。今天，一场“新上山下乡运动”正值风雨欲来春满楼，主动迎接这一大规模的新生活方式的转变，将是复兴中国遗产村落的唯一出路，同时也是中国新型城镇化的主要出路。

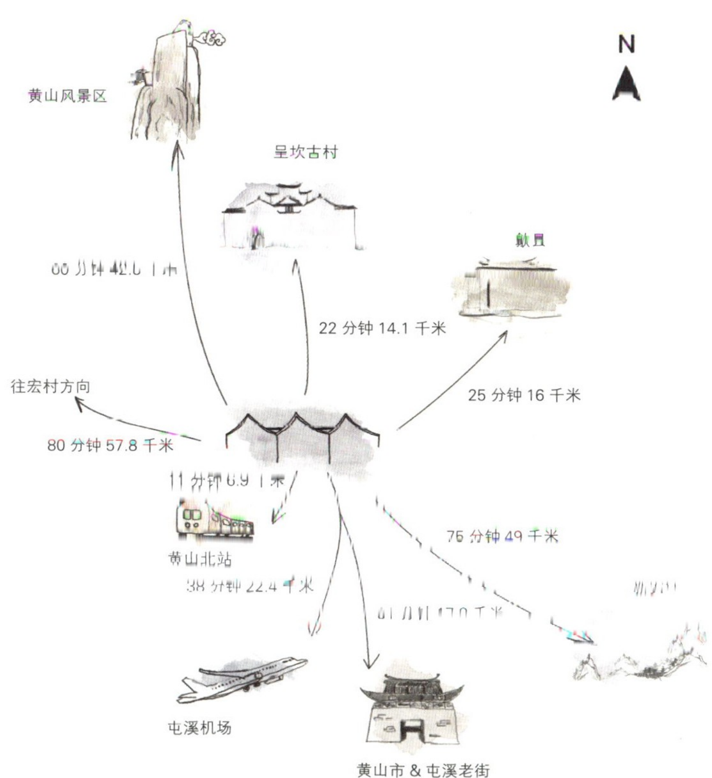

西溪南村行旅地图

参考文献

[1] 俞孔坚．“新上山下乡运动”与遗产村落保护及复兴——徽州西溪南村实践 [J]. 中国科学院院刊，2017, 32(7): 696–710

[2] 李金早．全域旅游的价值和途径．人民日报，2016–03–04. http://www.wenkuxiazai.com/doc/7d9fe142dd3383c4ba4cd2ef.html

图片提供：望山生活

隐居乡里

——乡村建设的共生模式与在地化运营

Seclusion in the countryside

—The symbiotic mode of rural construction and local operation

陈长春：

隐居乡里创始人。

几千年的农耕文明熔铸了人和土地之间一种特殊的情感——对乡村的渴望和留恋，是所有中国人共有的情绪。对于游走在都市中的乡村人而言，人与故土的区隔引出浓得化不开的乡愁，而无法融入都市，则更加深了那无时无刻不在的愁绪；对没有接触过乡村的城里人而言，田园或乡村是一种理想和精神的寄托，也是一种渴望返璞归真、远离扰攘烦嚣，获得心灵的放松与情感的滋润的象征。

由这种情怀引发的乡村度假旅游可谓越来越火，许多人都想自凋敝的乡村中分一杯羹，资本逻辑、乡土逻辑、个人利益、宗法传统间不停地发生着激烈的碰撞，很多现代化的高级民宿和都市景观被搬到了乡村，它们带着浓郁的商业气息和弥漫着的斧凿痕迹，却抹去了乡村最真实的面貌。成年人在城市打工，孤独的老人们则在乡村留守照顾孩子们，在乡村建设的过程中，享受资本与技术营造出来的情怀产品同时，有谁能真正关注凋敝的乡村和沉默的农民？又有谁能真正体会到城里人真正需要的简单而恒久的乡村情感？

我试图以自己的经历来解答这些问题，因为答案里就隐藏着中国乡村建设正确的模式和路径。

北京与河北交界处的南峪村

一、十年乡建的探索与实践

隐居乡里在很多人眼里是个民宿，或者是北方的小院子。但无论是现在还是做这个项目之前，我一直告诉自己：我不是做民宿的，我只是把民宿作为乡村产业链条里面的一个核心环节，通过它来做乡村建设。

十一年前我开始创业，创立了一个叫作“远方网”的网站。这个网站的主营业务是为 C 端的自驾游、自助游客户提供深度旅行攻略；也从 B 端着手，为很多政府、小景区进行乡村旅游的策划和营销；同时我们也会把乡村里面好的东西推荐给城市中间那些厌倦去热门景区、喜欢冷僻有深度地方的一些朋友。

在这个过程中，我非常有幸认识了乡建领域的李昌平老师和孙君老师。我跟随他们在大别山（鄂北、豫南一带）做了大量的乡村建设项目，其中有河南信阳的郝堂村、新县、湖北的樱桃沟、湖北的广水、襄阳的武山。这些项目前前后后经历了八年的时间，我也积累了大量的乡村工作经验，有了对乡村产业关系的一些理解。

孙君、李昌平早在十年前就已经预料到，中国的乡村会迎来一个非常好的发展机遇。他们利用自己对产业、艺术的认识，帮助当地政府规划、策划产业，将乡村资源进行重组，吸引城里人到乡村经营消费。

我的职责是为他们做营销，吸引更多城市里面的自驾游和自助游爱好者，到这些乡村来经营或者消费。但慢慢地，我发现问题来了，乡村已经被城市掏空。乡村的有为青年大多通过考大学或者外出打工离开了乡村，到城市里面去淘金，乡村只剩下老弱病残，他们不具备任何做产业的优势，也没有市场的思维，无论从体力上、智力上，还是观念上，他们成了最滞后、最不具备优势的一群人。因此，建设乡村，人才方面就很被动。

再者，从市场方面来说，由于这些村子作为整体样板，我们对它进行互联网式的市场宣传，能给这个地方带来非常强的市场导入。例如郝堂村，不到 100 户人家的村庄，最多的时候能够在一天之内涌入近 8 万人。可就是在这种情况下，村子依然发展不起来，为什么？因为村里的人没有办法去做相关的运营和设计，没有办法满足城里人诸多的消费诉求。因此，我们决定培训他们，帮他们提升技能，然后我们再导入市场。

在樱桃沟培训的时候，我们遇到一个很尴尬的情况。村民对乡村旅游、农家乐没什么概念，村支书把大家召集在一起，听来自北京的专家教大家怎么做农家乐的时候，老百姓竟然说：“来听课，可以，但要给 30 块钱的误工费。”

这可谓相当尴尬了，我们想着为乡村治理带来服务，老百姓却认为这是浪费他们时间，会给他们带来损失。我们当时很受伤，但转念一想，农民这样算账是很对的，毕竟谁也无法保证培训之后就能赚钱，但耽误一天劳作、不能赚钱，是确定的。对于确定的损失和不确定的收益，大多数人都会选择先填补好确定的损失，再去追求不确定的收益。所以，村民其实是很聪明的一个群体，虽然说他们的市场观念可能略微滞后，在创造方面有一些能力的短缺，但是他们在算账方面却很清晰。如此一来，我就觉得乡村实际上不是需要规划，也不是需要市场，而是需要运营。

盘活乡村的闲置资产，让乡村形成源头式的经济流动。我非常有幸能通过十年的积累，和三年实地的摸爬滚打，来跟大家一起分享乡村运营到底该怎么做。到底怎样才能把城市的市场和乡村的资源对接起来？怎样盘活乡村闲置资产，让乡村形成源头式的经济流动？

这才是我们在做城乡融合、乡村建设过程中，真正要解决的核心问题。如果这个问题不能解决，我们面对的永远是村里人不配合，社会资本一下乡就侵略，政府一鼓励，村民就靠着政府，这种很被动的乡村建设局面。孙老师说过一句话，最核心的是要让“农民”动起来。乡村建设的主体应该是当地的村民，而不应该是外围所有人，外围人都是来帮忙的。

真正的主人、真正的“新娘子”应该是村民，怎样让这个新娘子能够生下一个漂亮的宝贝来，其他人都说了不算，最多像随分子一样，来给捧捧场，来帮帮忙。支援建设自己的家乡，核心还是要让农民自己动起来。不过，只靠农民也做不起来，因为农民已经被挖空了，已经没有人才了。新的人才怎么来？除了“新娘子”以外，还需要“新郎官”。这个新郎官就是以运营的姿态，用共生的模式进入到乡村里面。只有新郎和新娘一起共同建设家园，我们才可能赢得乡村的经济发展。

二、隐居乡里为何成为爆款网红 IP？

2015 年，我在北方的一个小山村子里，和当地老百姓一起从一个小院子开始慢慢摸索，到现在，已经有 100 多个院子分布在北京周边。在一晚上 2000 元左右的平均房价的消费状态下，全年平均入住率到 76% 以上的。这的确是一个很火爆的状态，但今天我要和大家分享的不是我商业上的收获，而是我在城乡建设这个乡村产业运营方面的一些收获。

我的主题叫乡村产业运营的共生模式和在地化运营。我之前讲到新郎和新娘子那必须是共生的。如果不共生，且不说中央政策不允许资本侵略似的下乡，不允许城里人到乡村去搞房地产开发、搞圈地运动，就连农民自己都不会允许你在这个地方搞了一圈，赚了快钱，留下一个烂摊子。

1. 城里人什么都不缺，只缺一个活着的乡村

城市人缺什么呢？城市人缺回归自然的心态，缺一个回归诗酒田园、回归故乡的山口。所以，现在的乡村建设如火如荼，尤其从 2015 年之后，也就是我做乡村产业运营的第一个实验——山楂小院以后。

现在无论特色小镇还是田园综合体，全都风生水起，乡村突然之间变成了热流。可有很多人是把乡村往死地做，要么没做起来，要么做起来已经不是村子了。

做乡村首先一定要相信乡村是活着的。虽然农村在凋敝，虽然有很多房屋已经被闲置，很多年轻人已经外出，乡村已经显得没有任何生机，但事实上它还活着。而且，城市人需要的也是一个活着的乡村。

2. 乡村蕴含着巨大的商机

这张图是我在 2015 年 9 月份在北京延庆（冬奥会筹办所在地）做的第一个村子——下虎叫村中的第一个院子。9 月份跟村子谈合作，9 月中旬展开实际的合作，施工队进场施工，10 月份完工，11 月份开始测试，12 月底开始运营。这是一个北方闲置的农宅，十几年都没有人住的破墙烂屋。我们把它改造完成的时候，正好下了一场雪，于是拍了照片发到网上，没想到很快，这个小院子三个月以内的房间全部都被订空了。这个院子只有两个卧室，平均一个卧室每晚 1000 元，每个院子安排了一个我们培训好的农民管家，然后我们进行互联网的宣传和服务对接。

下虎叫村中的第一个院子

3. 保留自然环境，让大自然来做我们民宿的设计师

我们改造的院子，外部尽量保持乡土的原始氛围，包括玉米、瓦缸，几乎没有花太多的成本，尽量让房子外部放松，让大自然来做设计师。对内部进行了用心改造，让城里人有一个很舒适的居住体验，既不需要投大资，也不需要大拆大建，更不需要去改变太多人的习惯。

然后就呈现出一个既不属于城市、也不属于原来乡村的一个状态，它已经成为每一个人心目中的诗酒田园。村口的一棵老榆树，甚至房屋上的旧物都仍然保留着，这些是再高明的设计师也设计不出来的。

这些需要自然、岁月赋予它们足够的历练，才能够沉淀出这样的美感。我们第一个院子为什么叫山楂小院？因为那个村子满山遍野都是山楂树，只是随口一说，没想到很快就成了一个网红级 IP。

城里人为什么想去乡村？因为他想放松，城市工业文明让他们的心态越来越接近机器，而机器和人性是相悖的，他需要到乡村找回自己，找回那个像动物一样的自己，才能让他彻底地活得有个人样。所以，我们满山的野花、蘑菇，甚至一场秋收的劳动，让他们感觉到自己又回到了童年，又可以和大自然对话，又可以去接触像海子诗歌里面写的那种“关心粮食和庄稼”。

他们要很辛苦地去劳动吗？其实是叶公好龙而已，城市人已经离农作劳动很远了，但是他们喜欢去接触，这种接触对他们心理上是一种安慰。我们要给予他们足够的切入点。这是公园、楼盘没有办法给他们的，只有活着的乡村才能给予。

4. 每一个闲置的农宅，都曾是一家人的宫殿

在北方有数十万计的闲置农宅，但是没有人去发挥它的价值，反而有农民自己想要搞点农家乐——找个山清水秀的地方私搭乱建，刚刚运营没多久就被强拆。

实际上他们处于一种很纠结的状态，经常有村民在我跟他们讲营销课和策划课的时候，说摸不透政策边界在哪里，永远弄不清到底怎样盖房子做旅游才不会被拆。

城市人很渴望有个院子。在北京一个四合院要上亿，但是我们在乡村稍微修整一下，一个院子只需要花 30 万到 50 万的投入，就可以重新再造出一个城市人在乡村的家的感觉。我们当时只用了 30 天、30 万，就把一

改造的院子，外部尽量保持乡土的原始氛围。

个破院子修整成了一个小型度假体。大家可以看出，乡村那些闲置的农宅和那些闲置的土地蕴含着多大的价值。

三、乡村民宿最核心的五大问题

1.0版本的农家乐已经没有办法满足现在城市人对乡村的需求。城市的中产人群消费不断升级，而农民永远摸不到城里人不断升级的需求到底在哪里。这个时候就需要专业的运营团队和农民携手盘活资产。但盘活的过程中，村民认为把房子做得越豪华越好，比如他们认为安装一个五星级酒店的大吊灯，或者把饭菜做成法式大餐，客人会很喜欢，其实不是。城里人真正想要的是乡村的一个家，是在最传统的生活方式里面又有城市舒适的体验。所以，结合点在哪里？这就是我们的工作。

传统的生活方式里有城市舒适的体验，这才是城里人喜欢的乡村民宿。我们设计的院子是独院独租，院子里面不论两间房还是三间房，都是整租，不拆开单独。这样让大家有一个完整的乡村院落空间，像走亲戚一样。一个院子配一个管家，做饭、接待、打扫卫生全部包下。从客人的角度来说，就会有进入乡下亲戚家里的感受。这是我总结出来的经验，只要把这五点满足了，其他的都是花边，都不是最核心的。这五点直接决定了客人会不会跑，还来不来。

四、乡村发展关键：环保生态，健康自然

我们要保持生态文明，毕竟乡村垃圾处理能力很差。比如我们用手工肥皂、木制梳子、棉麻布草的杯垫、木质的牙刷。如果我们不从源头上控制垃圾，乡村必然有一天也变得跟城市一样难堪。既然乡村是一张白纸，我们利用乡村建设心目中的家园，从一开始就可以吸取城市建设的不足，对垃圾分类处理，这样，村庄才能够永续发展，形成生态

型的美好家园。

城里人的确有病，一种叫“自然缺失症”的病。

当时我们在改造村子的时候，都是找的一些杂草丛生、残垣破壁的房子，村里很多人不理解，以为我们要拍《聊斋》。他们问我们要在这里做什么？我说做旅游。他们听后哈哈大笑，说你做旅游不去四川的九寨沟，来我们这个鸟不拉屎的地方能搞什么旅游，怎么可能有人会来！

我说城里人会来的。当我们第一个院子建起来，城里人乌泱乌泱把三个月的房间都订满了的时候，老百姓更困惑了。因为他们只看到院子外面破破烂烂，没有进去过，不知道里面改造成什么样，所以他们又问我，这城里人是不是脑子有病？我们家盖的大瓦房，贴的防潮的瓷砖，他们都不来，居然喜欢住破破烂烂的房子，还花 2000 多块钱，你们简直是骗子。

我说城里人的确有病，一种叫“自然缺失症”的病。但为什么大家愿意花 2000 多块钱住一晚上就走？因为自然，因为大家缺失自然，需要回到这样的环境修养身心。这不是一个小需求，这是一个非常旺盛的普遍性的需求。而这种普遍性的需求，不仅仅是来自身体上的、生理上的，更多是来自心理上的。

五、如何培训管家？

我们十个院子由十个农民管家打理，只有一个管理人员，客人只能通过网上预订，定完以后你进入到院子里，只能看到当地的农民管家，看不到任何的工作人员（除非发

用心改造房屋内部，让城里人有一个舒适的居住体验。

城里人真正想要的是乡村的一个家。

生意外，工作人员会去解决处理了。如此一来，给城市人一个非常好的感觉——这些村民和我想象中的日本民宿一样，管家的服务比海底捞的服务员还要好。于是他们便问我，如何培训管家的？

1. 让农民收获最大利益，便是对客人的最好“服务”

其实农民只要赚到了钱，你让他装不高兴，他都装不出来。你告诉他，美好的生活方式是怎样的，当他把家门口的工作和他的生活融合在一起的时候，你想让他作乱，他都做不乱。人对正向能量的需求就像飞蛾遇见火一样。当我们把这样的环境呈现给客人，而客人又和村民产生很好互动关系的时候，我们这个产品就慢慢有了一种精神力量。这个精神力量是大家对乡村的另一种认知。

2. 用低廉的乡村资源获取不可思议的经济收益

山楂小院有很多山楂，满山遍野的山楂成熟了，当地老百姓都懒得去摘。山楂其实是个很好的东西，可以治小儿结石，可以美容养颜，能防治高血压，所以我们就想把山楂收回来，研发成山楂汁。其实很简单，就是把火候、浓度控制好，什么添加剂都不放，只放糖和适量的盐。开始是免费送给客人；后来客人很喜欢，要求买回去，一买就买几十瓶装满后备厢，喝着好喝，又要求网上预定，我们又把物流打通，在网上展开电商服务。

一斤山楂可以熬两瓶山楂汁，每瓶售价50元，而一斤山楂的成本只有五毛钱，以至于现在山楂汁的收益已经快超过房费的收益了。这就是乡村的资源、资产的潜力。但如果要靠农民以他们非常被动的市场认知力去做这件事情，恐怕永远做不出来。老百姓说，我们和你一起熬山楂汁，成立合作社来做这件事情吧。我相信也许有一天，我们这些院子，可能会因为某些商业的因素，交给其他人来运营。但是我相信山楂汁会成为一个比房地产还要有潜力的产业。还有当地野生的看上去奇丑无比的小苹果，也很受城里人的喜欢。后来我们把这些东西进行分类、改良包装，通过院子进行销售，形成了一个很好的产业链。当地的苹果和小米一生产下来，马上就销完，几乎都不用营销。因为我们现在有100多个院子，每一天差不多有1000多人要入住，消费这点东西简直轻而易举。这样一来，城市周边像卫星一样围绕的很多村庄，他们自己小农经济生产出来的这些物产，就能够给城市形成一个给养体系。极少人有机会吃到农民在自己田间地头中种的蔬菜和水果，味道很好，就像我们小时候吃到的水果和蔬菜的味道。

回收山楂，研发成山楂汁。

当地的有机小米。

六、打破不健康的供养关系

以前，农民眼睁睁看着自己种的菜，吃不完烂在地里；而城里人只能吃地沟油和化肥大棚菜，这就需要我们一起去解决城市和乡村的这个断层。工业化和以城市为主导的利益关系以及资源配置关系，形成了一种不把人当人的给养关系，而这种关系需要被打破。未来的生活必然是以乡村为主导，但乡村永远离不开城市。如果说城市是前 30 年共和国的长子，那么乡村就会是共和国更有发展潜力的年轻的次子。在这样一个继承的关系中，我们把城市的优势和乡村的优势结合在一起，乡村所有的东西都会变成宝贝。

我们做的这个事情，不仅仅是商业，更是一个改良社会的样板。在这个过程中，我们除了需要把乡村好的东西挖掘出来，也需要去改变城市人一些固有的思维。怎么改变呢？大家看这张照片，我们的一顿普通农家早餐，几个手工馒头，一碗小米粥，几种咸菜，蒸红薯和柴鸡蛋。

我们一开始就定下一个规则：所有客人到我们小院，鸡蛋只限量供应一人一颗，即便是贵宾，也不例外。为什么呢？我们要遵循大自然的规律。我们的鸡蛋都是当地农户自家散养鸡所生，每只母鸡每天下一个蛋，

小院的农家早餐。

冬天冷的时候还不下蛋，如果我们无条件供应客人所谓的“农家鸡蛋”，产量肯定不够啊，那只能以次充好、给客人假的东西了。

同样，客人提出要买鸡，我们也不卖，也不让村子其他人来规模养鸡，这又是为什么呢？我们做出第一个院子的时候，有客人曾经一口气把村子里15只鸡买走了。一个50户人家的小村子，总共才有多少鸡？当时村民就疯狂了，村民就跟我们正常市场经济下的行为一样，马上有八户农民在山上圈了八个山场，要大规模地养鸡。但是我就跟村书记说了，赶紧杜绝，赶紧拆除。我们好不容易把客人引来村里，就是想让大家享受这里的原山原水，结果你山上全部都建成养鸡场了，那客人还来干什么？所以，我们就告诉所有从城市来乡村的客人，要过一种怎样的生活——有品质的简约和有节制的奢侈。

我们现在已经做了12个村子，有15名经理，离职率最低的就是扎根乡村的这些经理。到目前为止，除了因为不合格开除了一些人外，员工主动离职率几乎为零，为什么？因为我们做的这个事情，它不仅仅是商业，更是一个改良社会的样板。而这个社会的样板，最大的吸引力在于我们引导着老百姓、引导着客人去实现。

七、城里人最重要的需求

城市人积累了大量的财富，这些财富没有出口（优质的生活方式），但是这些美好生活从本质上来说，就一直存在于乡村。我告诉我的团队：客人消费的绝对不是你的床板，而是乡村——比如大雪封山、炊烟袅袅。我们就把乡村的这些场景呈现给城市人，勾起他们心里对乡村的回忆。

1. 我们只想做大自然的收银台

大家知道农夫山泉的广告词——我们不生产水，我们只是大自然的搬运工。我告诉我的团队，我们要做大自然的收银台：我们建一个院子，收大雪封山的钱，收炊烟袅袅的钱，收晚归的燕子的钱，收满山小松鼠的钱，收郁郁葱葱山林的钱，收潺潺小溪的钱。

早在诗经时代，伟大的中国先辈就已经为乡村做了最好的文案。陶渊明、王维、孟浩然，他们就是乡村的代言人，他们用诗酒田园给大家传递信号，告诉大家乡村是美好的。所以，我们只需要把乡村里面容易让我们出戏的东西改变掉，就可以了。

2. 旅游就是要做好精神按摩

旅游的本质是什么？本质就是哄人。哄人和骗人当然有本质的区别。哄，就是你跟女朋友说爱她，你把天上的星星摘给他。谁都知道你不会摘星星，但是女朋友听着爽，觉得你爱她就够了，这不会造成多严重的责任，让她很舒服，让她的心理得到了按摩，这就叫哄。而骗就是说你明显蓄意要侵害别人利益，别人一旦醒悟会很愤恨。

我们做旅游，卖的绝对不是硬件（而且硬件容易被逾越），我们一定要学会做精神按摩，就是要像哄女朋友一样哄客人。我在培训管家的时候有一个原则，就是永远不要跟客人讲理。客人花钱不是来给你讲理的，就好像你和老婆吵架，不要跟她讲理，越讲越讲不明白，她本身就没想跟你讲理，只是想获得心理安慰。这个时候最好的方法其实就是顺着她，让她心里平静下来。因为来的客人最大的诉求是放松和平静，如果你跟他讲理，越讲他心里越不平静，这就和他要来乡村消费的那个点越来越远。

3. 让村民把客人当远房亲戚一样去服务

我最开始请了一个五星级酒店的培训师来培训村民。我想，城里面的服务员很多也是从农村来的，他们在城里面能做好五星级酒店的服务，在自己家门口也应该能做好。可是，当我真把五星级酒店的培训师拉来给村民培训以后，第一天农民就走了一半。

我很奇怪，那些农民为什么要走？他们说，这事我们做不了。你看吧，你们的经理培训我像空姐一样站，像士兵一样走路。我都活到 50 岁了，突然发现自己不会站、不会走。你让我干一天活我都不觉得累，你让我那样站着，我真觉得别扭，走路三个人一起走，前后距离得一样。他觉得自己像故宫里面的宫女一样，说自己老骨头一把了，这事真做不了。

后来，我就赶快把那个培训师开了，然后直接培训他们。我对他们说，首先，你不要把客人当上帝；其次，你不用做太多，掌握一些最基本的就行，比如你在给客人端饭端菜的时候，不要把手指头伸到汤里面，客人洗澡的时候，不要不敲门就破门。

村民大笑说，我们根本不可能那样做。我说，那不就行了，剩下的你该怎么做就怎么做，你就把客人当你们家远房亲戚，近了都不行，比如你不能把客人当你家老公，跟客人说“去把碗洗了”。近了不行，太远也不行，太远了你别扭生熟。就是当远房亲戚好久没见，突然来了很开心，我做好吃的给你，我把家里收拾干净，就这种状态，就可以了。

让村民把客人当远房亲戚一样去服务。

八、如何遵从乡村发展逻辑，打造乡村原生态生活？

我们搞乡建，从来不赶农民，因为赶农民成本极高。从商业和社会学来说，农民才是这个地方的主人，他们在当地生活了很长时间，和当地的自然关系和人际关系已经形成了一个很好的生态，而这个生态是值得我们去学习和理解、遵从，而不是需要我们去破坏和重构的。

1. 必须要遵从乡村的规律，才能在乡村把商业长出来

乡村的重构成本极其高，所以很多做特色小镇的和田园综合体的，玩到一半就玩不下去了。我们给一个地方做规划，怎么才能够做出一个真正让当地的商业能生长起来的规划。这其实是政府和规划人员都面临的一个困境，就是必须做一个可以落地的规划。现在很多人觉得规划落地是件很难的事情，其实不是规划难，而是我们判断错了规划的价值。

现在很多规划师和建造者的思维都被城市的工业化思维侵害掉了。工业化的思维就是，我想要个孩子，我就去拼，把谁的鼻子、谁的眼睛、谁的身子拼出来，就是孩子。这不符合逻辑。乡村的逻辑是，我播种一粒种子，在不确定性中寻找确定性，这才是乡村的逻辑，也是乡村的魅力所在。所有好的东西都是生长出来的。我们必须要遵从乡村的规律，才能在乡村让商业长出来。

2. 我们就想给城市人一个真正安宁的可以隐居的地方

我的很多客人，开车路过村子的时候，都想象不到村子里会有我们这样的院子。没有大牌坊，没有很酷的路标，什么都没有，所以叫隐居乡里——我们就是给城市人一个真正安宁的可以隐居的地方。因为只有这样才最放松，才符合我们商业的本质。有很多人说在村里太无聊了，没有玩的东西，尤其是孩子的娱乐设施。

很多人把我们这张照片作为一些农业杂志的封面和乡村旅游推文的头图。因为大家觉得这是比较令人向往的乡村生活状态。事实上营造整个场景花不了 5000 块钱，全是淘宝货，一串串灯，几个帐篷，一个毯子，除了投影仪贵一点。其实乡村真正能够吸引城市人的，重点是环境，用四两拨千斤的方法把它借用起来，用很低的成本，就能够构建出城市人想要的梦境。

用低成本构建出城市人想要的梦境。

3. 人性倾向自然，这是一个最基本的规律

这是一些幼儿园的小朋友在开同学会、生日会，然后各个家长带自己孩子来聚餐。细想一下，城市里面其实很难有这样的环境。在这里，人们和自然融为一体，整个环境的营造，是独一无二的。

这种院落式的居住环境是中国人非常高明的一种发明，让人和自然处于一种进可攻、退可守的关系——给我安全感，让我能够和天地对话；如果环境太恶劣了，我退一步就回到房间里；如果环境好一点，我需要劳作，就可以走到院子外面。这种三层递进式的建筑关系，只有在中国为源头的院落环境里面才能够实现。乡下的一个小院子，因为符合人心理上最基本的诉求，所以小孩子在里面就会非常的愉快。哪怕院里并没有什么非常奇特的娱乐玩具，但是就抓住了孩子的心。

人和自然融为一体，营造独一无二的自然环境。

人性倾向自然，这是一个最基本的规律。

九、乡村产业运营的社会价值和意义

我们从一开始把这当作一场革命。我和几个合伙人，从一个院子做起，虽然有很多的不理解，很多的困难，但是我们一路做了下来，尤其是我们最早的这三位管家。

1. 我们把村民们健康、自然、淳朴的笑容，转化成了商业价值

中央电视台一次采访农民管家，问他们一年家庭收入多少钱，他说少说有10万——两个人的工资，一个月七千多，一年下来就八九万；每年分到村上的房屋分红，能分到三四万块钱；每年卖农副产品也能卖两三万块钱。我很震惊，然后思考我们做的这个事情有怎样的社会价值和意义？我们的管家，从最早的三个，到现在已经有一百多位了。

这个世界没有谁会白给谁东西，任何的劳动需要价值，我们村民的劳动也需要价值；村民们保留好的山山水水，需要付出代价；村里淳朴的人情关系，也是有商业价值的。

很多人做乡村工作，意识不到村里留守老人的价值感，我以前也意识不到。只有我们发现老百姓和乡村真正的价值点，才能够实现四两拨千斤。如果把乡村的东西推倒重来，再构建城市的东西，那跟城市相比，没有任何竞争力。但是我们可以把村里不能做管家的老头老太太聚集起来，让他们种菜，然后用高出市场20%左右的价格来收购，卖给城里人。其实这里面我们也不亏，农民也很赚。现在每天早晨一堆老头老太太就提着一篮子鸡蛋、一篮子自己种的玉米、红薯、萝卜，排成一长溜，非常壮观。他们都很开心，因为他们体会到了强烈的价值感。

2. 将村民的优良品质变成一个很好的循环体系，传递给客人

我在村子里说，你们的菜有多少我收多少，我们小院消化不完，我就把它包装成伴手礼全部送给客人，客人很开心。当我把这个商业模式完善了以后，我发现他们把优良的品质变成了一个很好的循环体系，传递给我们客人。当我们的客人发觉送给他的伴手

将村民的优良品质变成一个很好的循环体系，传递给客人。

礼，是一个老太太用闲暇时间亲手一点点种出来的时候，他得到的绝对不是一顿好菜的满足感。

十、作为乡村运营商的主要工作内容

我需要更多做乡村的人能懂乡村，同时也懂城市，把城市和乡村链条通过市场化的方法连接起来，把乡村的价值真正的传递出去。我希望这种模式能得到普及，不是我有多牛，而是乡村本来就很好，我只是把它打通了。我们对乡村的尊重、对市场的尊重、对商业的尊重是一样的。我们的合作模式：

（1）村集体合作社＋运营商；
（2）村集体合作社＋扶贫机构＋运营商；
（3）村集体合作社＋政府＋运营商；
（4）村集体合作社＋银行＋运营商；
（5）村集体合作社＋投资商＋运营商。

1. 我从来不讲扶贫，我只是想把大家的价值连接在一起

这是我们和中国扶贫基金会合作的一个项目。农民成立合作社，收了 15 个闲置的农宅，由扶贫基金会投资 600 万，把农宅打造成民宿，交给我们来运营。

很快给农民的分红能够达到一年 120 多万，帮当地的农民卖蔬菜、卖土特产，能够卖到 20 多万；给当地农民管家付出的工资能付 90 多万。仅仅 15 个小院子，就可以给一个乡村支撑起一年 150 多万的收益。农民分红的时候，说：整天搞扶贫，这才叫实在。当时扶贫基金会的秘书长语重心长跟我说：我没想到你用市场的方法，这么轻而易举地就实现了我多年以来梦寐以求的“授人以鱼，不如授之以渔”的扶贫模式。

我只是想把大家的价值连接在一起，让城里人也开心，让农民也赚钱，让每一个劳动者得到他应有的回报。我们的定位是乡村运营商，负责乡村产品的研发和设计、村民培训、村民管理和市场营销。类似于滴滴体系，我们授课，制定标准，管理培训村民，让村民来做管家、提供服务。由村集体牵头成立一个合作社，把闲置的农宅收到合作社，原来的农宅业主通过分红和租金获取收益，我们通过运营获取收益，再跟合作社和管家来分成，管家以发工资的形式，合作社以分成的形式。

政府做好外围应急保障以及配套设施建设，这就形成了最早良性的乡村企业合作运转体系。村里人有资源和资产，由合作社来租农民的房子（我们作为外来的运营商，从来不租农民的房子），合作社成立资产管理

主体，按我们的标准修建好以后，交托给我们来运营。我们运营赚的钱跟村民来分，乡村的经济就靠几个院子盘活了。

2. 我们要做的乡村，既不属于原来的乡村，也不属于原来的城市，是一种新型的城乡综合体

乡村盘活以后，来的客人都是高消费人群。现在，我们村里的酒吧、向城里人开放的小商店、各种亲子娱乐教室和自然学校都建起来了，这样一个新型的乡村生态体系和商业体系就形成了。我们在乡村要做的事情，既不属于原来的乡村，也不属于原来的城市，是一种新型的城乡综合体，而这个新型城乡综合体必须要建立在以当地人为主体的前提下。

我一直跟我的村支书举例子说，村支书是董事长，掌握所有资产，我是 CEO，来帮你管理村子，这样一个协作的关系形成以后，一个村子做六个度假小院，只需要投入 210 万，但是一年的流水可以做到 280 万。这个数据已经是三年前的数据了。事实上我们现在的数据在不断地更新，现在农民的经营性收益已经有28万，一共能够达到近100万。就是我刚才讲的山楂汁、玉米等等这些收益。所以梳理一下我们的合作模式，村集体永远是主体，运营商永远需要，离开这两点，乡村转动不起来。

3. 归纳我们的工作方法，我一直称之为“针灸式改变乡村”

我们首先尊重乡村的生长规律，相信它是活的。它虽然生病了，虚弱，脏了乱了，但我们只需要把它擦干净，只需要逐渐打通它的穴位，把里面不畅通的地方变畅通，去激发它的自尊和活力，我们就能够获得一个活生生的乡村。

如果我们把乡村推倒重来，我们在事实上获得了一个僵尸，虽然这个僵尸被化妆得很漂亮，也是鸟语花香，但它永远不是乡村，你永远得不到邻居的问候，也永远得不到村民之间质朴的迎接。我们的工作方法：

（1）针灸式改变乡村；
（2）在地化培训村民；
（3）共生式运营发展；
（4）严格控制成本边界；
（5）做到能够标准化迅速复制。

4. 五年内争取在全国做到 3000 个小院

现在已经不需要更多的城市了，城市也不需要更多的公园，再多的公园也解决不了城市救赎自己的感受。我一直讲，乡村是目前为止救赎城市的唯一出口——因为城市

已经由工业文明把人性推到悬崖边上，如果再不找一个可以释放的出口让人回归自然、回归人性本身，我们可能就崩溃了。所以我立下一个目标，在五年内争取在全国做到3000个小院。

十一、我对乡村建设的一些感悟

乡村其实本来就很好玩，好玩的东西不是我们构建出来的，乡村真正吸引人的东西是刚才我讲的那些风花雪月、鸟语花香、大雪封山和炊烟袅袅，也是那些人情世故，那些村口扫雪的大妈和给你烙春饼的大嫂，这才是乡村。

1. 城市人需要的是诗酒田园，农村人需要的是不断赚钱

我们在提供农民服务的时候，如果让她练就一身空姐一样的姿势，和宫女一样的步姿，是不可能的。我们只有唤醒农民的自信，他们才能提供最优质的服务。这样一来，城市人需要的都是诗酒田园，农村人需要的就是要不断赚钱，只有农村人不断的赚钱和城市人不断地放松，我们的这个体系才能够慢慢地形成一个最平衡的点，城乡才能够流动起来。我们就像打太极一样，把这个城乡的阴阳关系重新进行调整。但是我们不只是做民宿，我们想要做的是原乡产业集群。

每个院子都安排一个培训好的农民管家。

什么叫原乡产业集群？我们将刚才讲的民宿小院来梳理一下：原乡产业集群就是用当地的劳动力，用当地的资源，让当地人也能够受益，让当地的文化能够得到滋养，环境不被破坏，同时又能够结合外来思维的优势，商业的优势，让这里面的文化得到滋养。就好比我们用的是当地40岁到50岁的大妈，这群令政府最头疼的人，结果在我们这成了村子里面类似乡村白领一样的最高收益的一群人，非常受尊重。

2. 其实在农村，大家对于资源的使用是极度节制的

我希望当我们面临一个商业在一个地方开始得到成长的时候，它的文化仍然能够继承。类似我妈妈把一个塑料袋都要打上补丁用的这种状态，她不是为了给谁看，她也不

知道什么叫环保主义，她只是出于自己的本心，觉得这个事情就应该这样做，这就叫文化。

3. 如果人心越来越坏，我们不如不发展乡村，就让它像一个处女一样保留在这个地方，让未来有能力的人再去开发它

如果说我们把一个地方商业做起来，换来的代价是当地出现了抢客、宰客、拉客，人心越来越坏，我们不如不发展乡村，就让它像一个处女一样保留在这个地方，让未来有能力的人再去开发它。比如说我们开始做姥姥家的时候，村支书就经常跟我吵架，他说他好不容易拉来的一百多万，顶着很大的压力，结果我还把姥姥家原来那个像破坟堆子一样的烂门头保留着。全部村民都骂我是个败家子。花那么多钱建了个破房子，没建成一个新的大瓦房。我就给他讲，我说这个已经不是给老百姓住的房子了，这只是一个生产工具，只要它能够赚钱就可以了。

4. 有一个原则，就是尽量地去恢复有机原种

房子只是一个点位，一产、二产、三产我们统一要升级。一产要升级的，就是原来的大规模作业，恢复到小农经济和大规模作业自然而然的状态，有大块地就做大规模作业，有小块地就恢复到小农经济的价值，但是有一个原则，尽量地去恢复有机原种。我们提倡当地当季不食不吃的生活。原乡理念下的三产融合。

一产：原种有机种植养殖为主的农业，例如：原种玉米、原种稻米、原种黄豆，有机蔬菜、林下养猪等产业。

二产：原乡作坊加工业为主的工业，例如：草编、竹编、染布、织布、果品加工、粮食加工等产业。

三产：原乡服务业为主的其他产业，例如：乡村民宿、乡村酒店、自然教育、亲子娱乐、田园商务区、文化创意等产业。

因为只有这样，才能把农产品由八毛钱提升到八块钱的价值。有机种植，化肥农药是没有污染的，甚至养殖也遵循自然规律，让大家少吃肉，吃好肉，不要进入到口欲的无限满足、健康的无限伤害里面去。二产，我们乡村很难再去引进大量的水泥厂、钢铁厂这样的污染型企业，更多的乡村其实就是发挥它的优势，做一些农民能做的手工加工的产业。三产就是城市人和乡村人共同再造的一些乡村民宿、乡村酒店、自然教育以及田园商务区、乡村联合办公等等。只有城里人才能运营的一些新型的重运营的产业。我觉得这样一来，大家原先的理念可能就清晰

了。我们想回到人之初性本善，回到对原始又优质的生活追求里面去。但同时我们要进行大量的人才的培养，去扭转大家的思维。乡村干部要有让大家发展产业的思维，能够作为乡村的产业带头人，理解产业，能够开放迎接外来的商家，同时培训乡村经理人，呼唤更多的年轻人回来。

5. 我们乡村不是需要更多的创业者，我们乡村需要更多的经理人

政府在讲大众创新，万众创业，鼓励年轻人返乡创业。我最知道创业是啥滋味了，九死一生。你没有学过的任何课都要用资金去填补那些外部的坑，不是任何人都能够创业，也不是任何人都能创业成功的。但是很多人通过勤劳和思考，是能做管理的。

原乡产业人才培养。

产业驱动型乡村干部：利用多种游学、考察、参观、探讨形式，拓展乡村干部的产业发展思维。

乡村经理人：由北方民宿学院牵头，联合北京各大知名民宿、有机农场、景区、酒店、自然教育基地，对各地返乡青年进行乡村管理的实训，塑造一批懂乡村、爱乡村，留得住的青年乡村管理人才。

乡村管家和服务员：开设北方民宿学院当地分院，对农村留守妇女进行深度服务意识的培养和生活方式的引领，让她们具备高品质乡村服务产业的劳动能力。

十二、原乡产业的运营模式

乡村管家和服务员就不用说了，就是我们培训村里面留守的人员。做管家和服务的，这也是最后的第一个重点，原乡产业。从这个模型里可以看到，乡村需要什么？

1. 乡村需要资本，需要钱，但是需要谁的钱？钱怎么花？

比如说政府成立的一些旅投公司，其实他们有很多支援乡村建设的投资任务，但是这些钱要投到乡村，往往都是渺无声息，在目前的局面来说，起不到太大的作用。我也接触了很多地方的农投和旅投公司，他们手里拿着一堆钱，不知道怎么在乡村使用。第二是社会资本，城里有很多地产开发商，或者说一些有钱的人，拿着钱想到乡村去找一片蓝海，去投资建设、运营，但是他们不知道该怎么进入乡村，且当政府还要不断划出各种红线来防止资本侵略式下乡，防止建大别墅和小产权房。村集体和村民更是不知道该怎样发展当地。

用当地的劳动力，当地的资源，让当地人受益。

2. 乡村其实最需要的是乡建投

我通过做民宿梳理出来，乡村最需要的是乡建投，有点类似于城市的“城建投”。这个平台它的价值在哪里？它的价值在于能够把政府、社会资金、集体的资金资源吸引来，共同形成一个暂时还没有回报的时期，但它有资产的沉淀。

把这些资产放在乡建投这么一个公司，或是一个松散的组织，把村民的个人资产如宅基地、农房这些纳入一个统一的体系，托管给外来有经验的运营公司来运营，这样一来就实现了一个很好的局面。社会资本不再具有侵略性，同时因为有政策资本进来，可以去改造一些基础设施，所以社会资本也就敢进来了。所以政策资本做引导、做配套，社会资本跟进，然后村集体和村民把利益抓进来，将来他们是利益主体。因为所有的事情到最后收益的必须是村集体合作社，这样一来就符合十九大讲的壮大集体经济。只有这样才能真正把外来的力量和内部的力量同政府的力量结合在一起。同时挑选运营公司。

3. 通过我们自己的实践和摸索，能够更好地优化这个模型，找到乡村的解决之道

通过这样的模型，整个乡村哪怕只有一个产业能盘活，如果再有更多的产业进来，它会像烧火一样不断地加柴，烧得越来越旺。所以我觉得这么一个模型抛出来，也许它还不是很完善，我希望跟读者实现更多的探讨。通过我们自己的实践和摸索，能够更好的优化这个模型，找到乡村的解决之道。

图片提供：隐居乡里

主编：李昌平 傅英斌
副主编：张桐
特约策划：吴静

编委会（排名不分先后）：
辛建伟、何慧丽、关　晶、申慧霞、胡跃高、龚剑华、罗德胤、左　靖、陈长春、魏　烨、佘依爽、付敌诺、彭　涛、彭自新、邓传禧、贾海鹏、刘凌燕、王俊宝、白严严、高璐璐、萧明哲、龚梦泽、张东光、马　迪、房木生、吴　静

图书在版编目（CIP）数据

中国乡建途径探索 ：从顶层设计到落地实施 ：汉、英 / 李昌平，傅英斌主编 ；杨莉译． — 沈阳 ：辽宁科学技术出版社，2021.1
ISBN 978-7-5591-1672-7

Ⅰ．①中… Ⅱ．①李… ②傅… ③杨… Ⅲ．①农村－社会主义建设－研究－中国－汉、英 Ⅳ．①F320.3

中国版本图书馆 CIP 数据核字（2020）第 136544 号

出版发行：辽宁科学技术出版社
（地址：沈阳市和平区十一纬路 25 号 邮编：110003）
印 刷 者：恒美印务（广州）有限公司
经 销 者：各地新华书店
幅面尺寸：170mm×240mm
印　　张：20.5
插　　页：4
字　　数：360 千字
出版时间：2021年 1 月第 1 版
印刷时间：2021年 1 月第 1 次印刷
责任编辑：宋丹丹 杜丙旭
封面设计：周　洁
版式设计：何　萍
责任校对：周　文

书　号：ISBN 978-7-5591-1672-7
定　价：168.00 元

联系电话：024-23280070
邮购热线：024-23284502
http://www.lnkj.com.cn